前瞻教育

叢書主編　黃政傑

中小學課綱
之國際經驗

黃政傑　謝金枝　主編

黃政傑　林子斌　林永豐　侯一欣
高新建　梁忠銘　張　華　李子建
葉蔭榮　霍秉坤　黃素君　謝金枝
合著

五南圖書出版公司 印行

主編序

　　中小學課程綱要（簡稱課綱），或稱課程標準、課程大綱、課程指引、學習指導要領，不同國家或地區或許採用不同名稱，惟均指各國或地區最高層級教育主管機關對中小學課綱所訂定的規範文件，要求地方政府和學校依照規定實施，以培養學生能力之謂。各國課綱的訂定機制不一，但大體是由特定機構及單位負責，採取一定的程序進行研發、規劃和審查，完成後公告實施；經過一段時間的使用後，評估成效和問題，再進行另一循環的修訂。

　　課綱公布後，政府或民間據以編輯及審定教科書和其他教材，提供學校師生使用，教師實施教學需定期評估學生學習成效，升學考試根據課綱選材命題。由於課綱影響力很大，其研發、規劃、實施的成效及問題的檢討，受到各界重視，如何改進也是焦點。課綱的訂定和實施，需要考量國內外影響因素的變遷，了解國際組織的改革方案和各國改革趨勢，結合本土需求和特色，始能符應全球和本地發展之需要。本書乃選定臺灣、新加坡、英國、美國、日本、中國大陸、香港、澳門中小學普通教育課綱為範圍，邀請專家學者專文，探討的重點為課綱的性質、定位、形式、內容和規範性，課綱制定的沿革、背景、理念及影響因素，課綱制定的權責機構過程，現行課綱內容重點、特色、實施、評鑑、問題與未來改進趨勢。

　　本書之能順利完成，要特別感謝各文作者熱心參與，包含中港澳和臺灣的學者專家，大家平常都十分忙碌，卻毫不猶疑地共襄盛舉，順利完成優質作品以饗讀者。在此謹向本書撰文學者致上最高的敬意：中國杭州師範大學張華教授，香港教育大學李子建講座教授和葉蔭榮高級講師、霍秉坤助理教授，澳門大學黃素君副教授和謝金枝助理教授，以及臺灣之臺東大學梁忠銘教授、中正大學林永豐教授、

臺灣師範大學林子斌教授、臺灣師範大學高新建退休教授和侯一欣博士。其次要感謝五南圖書出版公司慨允出版本書，嘉惠學術界及實務界。願本書之出版得以促進各地課綱之發展與進步。

台灣教育研究院社長
靜宜大學教育研究所終身榮譽教授
黃政傑

澳門大學教育學院助理教授
謝金枝

導　讀

黃政傑、謝金枝

　　本書探討的國際中小學課程，是指通過權責機構制定或修訂課程規範文件，要求所屬中小學校實施之課程。這類課程規範文件，在臺灣早期稱為課程標準，後來改稱為課程綱要，美國、新加坡、中國大陸亦以課程標準、課程綱要稱之，澳門稱為課程框架，香港稱為課程大綱（不同學習領域稱為課程指引），日本稱為學習指導要領，英國課綱則訂在教育法案之中。隨著國情之不同，課綱訂定的權責層級有別，關注的焦點有異，訂定之機制亦不太相同。

一、由臺灣中小學課綱出發看國際經驗

　　臺灣的十二年國教自2014年啟動，由九年義務教育向上延伸三年，採取免試入學、自願就讀、排富免學費的政策，稱為十二年國民基本教育（簡稱十二年國教）。十二年國教實施伊始，各級學校課程均以當時之課綱加以微調後實施，各界咸認其中之銜接性和整體性不足，且微調不能因應社會急劇變遷之需要，有必要進行中小學課綱整體檢視和修訂。新課綱現已修訂完成公布，於2019年實施，稱為2019課綱（以民國紀元則簡稱為108課綱），負責研修的主要機構為國家教育研究院（簡稱國教院），尚有其他單位分攤部分研修責任，惟研究階段自2008年國教院在籌備處時代即已開始，修訂期間超過十年。雖然2019課綱修訂有許多突破，為臺灣有史以來之最，但其中仍有不足之處；尤其是國際中小學課綱修訂之經驗，仍待深入探究，以收他山攻錯之效。

　　國際經驗可分成兩部分來看，其一為國際組織的角度，另一為相關國家的角度。各國進行中小學課程改革，都需要參考重要國際組織的教育改革方案，從中汲取世界各國改革課程的啟示，例如：聯合國教育科學文化組織之仁川宣言（翁福元、陳易芬主編，2019；黃政傑，2019；

UNESCO, 2015a, 2015b）、經濟合作開發組織（OECD, 2018）之2030未來教育與技能計畫（Future of Education and Skills 2030）。實際上這些組織的教育改革方案，常是整合各國教育研究人力進行研究、規劃，進而邀請組織成員參與研討加以修訂，再由各組織的成員進一步規劃其改革計畫付諸實踐。經濟合作開發組織（OECD, 2018）認知全球教育討論的緊迫需求，於2015年發起2030未來教育與技能計畫（Future of Education and Skills 2030），以建立教與學的目標和共同語言。此一計畫的目的在促進國際各國共同理解，二十一世紀為促成學習者自我實現並促進社區和全球福祉，需要培養學生哪些知識、技能、態度和價值。該計畫分兩期實施，第一期是重新設計課程，發展2030年的學習概念架構；第二期是課程實施，建立2030年的教學概念架構，兩者均由世界各地的決策者、研究人員、學校領導者和師生共同參與創立。為此OECD進行國際課程研究，先分析現有研究成果和OECD課程資料，實施課程重新設計的政策調查，建置課程內容地圖，進行深度的體育／健教學科分析，分析數學課程文件。OECD也有系統地分析和整合現有研究成果，進行國際課程實施之調查。

在國際組織之外，直接探討國際各地之中小學課綱經驗，加以借鑑，亦屬可行。其一為採取整合型研究模式，有系統地了解先進國家狀況，比較能針對臺灣課程之需求，以滿足自身需要，惟研究需要較長時間規劃和執行，也要有經費支持，才能進行。其二為先找到國際中小學課綱相關之專家學者，以其既有的研究成果和學識見解來寫出國際各地經驗，也可以提供很寶貴的見解給臺灣未來修訂課綱之參考。臺灣雖然不是聯合國之一員，仍然立足國際，教育改革必須藉由國際經驗反省自己，前瞻規劃，連結全球之思潮和行動，以建立國際級之教育標準和實際。

本書涵蓋的國際經驗包含哪些呢？臺灣自身2019課綱的改革經驗之外，鄰近之中國大陸、香港、澳門在課程改革上的努力和特色有目共睹，當然有必要納入，而新加坡之教育發展備受推崇，亦值得參考。影響這些地區極深的美、英、日三國，其課程改革素為全球各地所關注，其課綱經驗當然也應選入本書。比較可惜的是韓國經驗，經過許多努力仍找不到適合的作者來寫，希望以後有機會再探討。其他國家或地區的課綱經驗當然

很有價值，受限於語文和課程學術人才不足，而只能暫時割愛。本書從臺灣出發選定臺、新、英、美、日、中、港、澳等地，邀請專家學者撰寫其中小學課綱之內涵、特色及運作機制作為文章的核心，惟因各地課程改革各有背景且各具特色，仍由作者就其認定的重要方向撰文。希望全體參與的作者能汲取本書之內涵重點，作為其課程改革之參考，從本書獲益。

二、國際各地中小學課綱發展背景

各國課程改革的背景有其異曲同工之處，其中之各項影響力量把課程向前推進，有必要先進行了解，以下先就本書各章所述課綱之背景加以說明。

㈠臺灣

黃政傑教授撰寫「臺灣十二年國教新課綱的規劃與特色」，簡稱〈臺灣文〉。臺灣在其十二年國教新課綱的總綱中，指出2019課綱修訂之緣由為：「近年來家庭日趨少子女化、人口結構漸趨高齡化、族群互動日益多元、網路及資訊發展快速、新興工作不斷增加、民主參與更趨蓬勃、社會正義的意識覺醒、生態永續發展益受重視，加上全球化與國際化所帶來的轉變，使得學校教育面臨諸多挑戰，必須因應社會需求與時代潮流而與時俱進。」（教育部，2014，頁1）可見臺灣此波課綱修訂有其內外影響因素，惟其中未明講的是政治變動。2019課綱研修過程中，歷經政權輪替，2000-2008年由民進黨執政、2008-2016年國民黨執政、2016年之後政權又回到民進黨，兩個政黨對中小學課綱的理念有別，尤其是對臺灣主體之思維頗具差異，導致課綱修訂方向之變動。

根據〈臺灣文〉之分析，臺灣於2019課綱研修過程中，因2014年執政的國民黨政府同時進行普通高中社會及國文領綱微調，引發中國化及臺灣化路線之爭，各界對課綱微調未經正當程序頗多批評，視微調課綱為黑箱課綱，進而產生學界及學生反黑箱課綱運動，爭議沸沸揚揚。2016年總統和立法委員大選之後，民進黨得勝，政府改組，立法院修訂《高級中等教育法》和《國民教育法》，增修中小學課綱審議之相關條文，明定課綱須

經中小學課程審議會（簡稱課審會）之審議程序，政府代表之外亦將非政府代表（包含學者專家、基層教育人員、民間團體代表、學生代表）列為課審委員，其中更史無前例地將學生代表納為委員。其後各領域課綱草案經由課審會審議完成後交由教育部公布實施，成為2019新課綱。臺灣2019課綱之修訂（包含研修、審議），自2008年啟動基礎研究到新課綱總綱確定，再到領綱於2019年全部審議完成後於該年實施，前後達十一年之久，課綱修訂範圍廣大、程序繁複，為課綱修訂機制之重大變革。

㈡新加坡

林子斌教授撰寫「滾動修正、與時俱進的課綱制定：新加坡中小學課綱發展的模式探討」一文，簡稱〈新加坡文〉。文中指出，新加坡教育是新加坡立國迄今最重要的一個社會機制，塑造新加坡社會當前樣貌的主要力量。新加坡為英國前殖民地，其教育體制受殖民母國影響，但能走出一條新路，成為兼具英式色彩、亞洲傳統的學制，課程規劃發展出符合多族群國家與在地需求的內容。新加坡最近一次的課程改變，由能力導向轉向以學生為中心的價值導向教育。1997年，新加坡提出「會思考的學校、學習型的國家」的教改願景，更提出落實願景的三項作法，為其重要特色：1.透過資訊科技與學校課程整合，培養更多自主的學習者；2.在學校課程中引進批判與創意思考；3.提倡新加坡國家教育以強化新一代新加坡人的國家認同。新加坡教育受領導人影響很大，2004年李顯龍總理提出「教少學多」的改革作法，希望鬆動過去考試導向的新加坡教育，讓教師多著墨於培養學生探究、實驗、探索與實際應用的能力，顯示新加坡政治領導人物對中小學課綱具有實質影響力。

㈢英國

林永豐教授撰寫「英國中小學課程綱要發展的歷程與特色」，簡稱〈英國文〉。該文指出，在英國，官方的課程政策主要呈現在兩類正式文件及其包含的相關文件：其一是各類的教育法案（Education Act），是各種教育政策的根本基礎；其二，則是規範該階段課程具體內涵的法規命令

（legislative order）。值得注意的是英國中小學課程和選舉、民意具有密切關係，一旦大選後國會有了新的民意基礎，政黨輪替，新的執政黨往往透過教育法案的修訂，來落實其教育理念與教育政策主張。另一值得注意者爲，英國「學校課程」與「國定課程」的定義。學校課程指的是每一所學校爲學生所準備的所有學習方案與學習經驗，國定課程只是學校課程的一部分，因此學校得以規劃自己學校的課程內涵與特色。再值得注意的是依據國定課程架構中的界定，英國課綱修訂的決策關鍵在國會，任何法案將會在國會中經過國會議員辯論（debates）之後拍版定案。由於英國是內閣制國家，國會（即下議院）是最高民意機構，行政部門則由多數黨組閣。教育部在課綱修訂歷程中，委由專家學者爲主的專家小組負責各項草案架構的研擬、辦理各種諮詢座談、廣徵以證據資料爲主的諮詢，並負責彙整與斟酌各方意見，並提出回應的建議。

㈣美國

　　侯一欣博士和高新建教授合寫「美國各州共同核心標準的發展與推動」，簡稱〈美國文〉。文中指出教育權在各州是美國教育最大特色，中小學課綱的制定或採用都是權責在地方。自1950年代起，聯邦政府開始運用策略，積極介入教育領域。在1970年代後期及1980年代初期，各州政府的教育主管機關，紛紛針對課程的相關事務，採取不同的治理方式，扮演相當重要的角色。1980年代重視效率的時代趨勢，導致不少州擴張其對學校課程由上而下的控制與治理，以掌握其績效責任。在1993年，全美有45個州公布或發展州的課程架構。美國聯邦及州政府與社會各界憂心學生在國際評比長期落後，因而持續關注學校教育的實施成效及提升學生的學術表現。聯邦政府介入教育都是以立法方式處理，例如1999年的《兒童教育卓越法》（*Educational Excellence for All Children Act*）及2002年的《有教無類法》（*No Child Left Behind Act*），並以辦學成效判定績效責任，決定補助教育經費的多寡。藉此，聯邦政府因此涉入州層級的課程政策、標準化評量與教育績效，影響州、學區乃至於學校的課程實施。不過州層級的組織，像全國州長協會、州教育首長聯合會，積極主動地發起及參與共同核

心標準的訂定,更值得重視。該標準完成後,有40個以上的州採用。

(五)日本

梁忠銘教授撰寫「日本中小學學習指導要領制定過程及內涵」一文,簡稱〈日本文〉。日本的課程綱要稱為「學習指導要領」。2017年的第9次修訂,基本上是延續1998年及2008年強調的「生存能力」方針與問題,並加以調整,強化「確實的學力」所提示的三要素:1.基礎知識及學力;2.活用問題解決能力所需要的思考能力、判斷能力、表現能力以及其他能力;3.具有主體(自主)的學習態度,加上充實國際化和強化道德教育的元素。近年日本社會受到少子女化、高齡化、國際化的影響,地方教育能力崩壞,家庭教育弱化,乃重視學校要加強振興地方社區的經濟活化和國民主體性的認知與認同,強調外國語的重要性,進而要求深化教育課程內容,同時強化國家認同和道德教育。歸納而言,2017年的修訂要檢討課程上的四個問題:1.如何讓教科的意義明確化,檢討和改善教科之間橫向課程連結的問題;2.如何與社會連結以及各學校特色教育發展的問題;3.如何實現讓每個學童有更豐富的學習機會;4.檢討和準備改善充實學習評量的條件。

(六)中國

張華教授撰寫「構建資訊時代基礎教育課程體系——中國大陸課程標準研究」一文,簡稱〈中國文〉。〈中國文〉分析了中國自五四運動以降之課程改革,先討論1922年新學制與新課程改革為中國教育走向民主化奠定基礎,其次檢討1949年新中國成立以後,國家採用「一邊倒」照搬前蘇聯的意識形態、政治體制和社會制度。到1978年,中國大陸開啟了改革開放時代,這段期間的課程變革係為適應改革開放需要、加快經濟建設步伐。中國於1977年恢復大學入學考試制度,中小學應試教育傾向愈演愈烈。乃於2001年進行新課程改革,調整和改革基礎教育的課程體系、結構、內容,構建符合素質教育要求的種種改革;其基本價值取向是「為了每一個學生的發展」,其推進過程大致分為三個階段,即課程開發階

段、課程實驗階段、課程推廣階段。接著，〈中國文〉探討進入二十一世紀以後，中國社會的資訊化迅猛發展，爲回應此趨勢，課程改革再聚焦於普通高中課程標準之建構。中國教育部於2014年12月，在北京召開「普通高中課程標準修訂工作啓動會暨第一次工作會」，啓動2004年開始實施的普通高中新課程，同時回答：中國社會日益深入走向資訊時代後，基礎教育課程體系如何轉型升級。其後，歷經三年完成普通高中課程標準和課程方案的修訂工作，於2017年12月，正式頒布《普通高中課程方案（2017年版）》和二十個學科課程標準。〈中國文〉認爲，2017年課程改革進一步實現教育知識觀的根本變革，由事實本位的知識觀導向於理解本位的知識觀，以培育學生高級能力，一切學科均是學生不斷探究、應用、再發明以產生自己的理解或思想的資源，這時學生才可能發展高級能力。簡單的、重複性的、缺乏創新的常規手工勞動和常規認知工作，正由電腦或人工智慧所取代，人必須發展學科智慧、專家思維和複雜交往等高級能力，以便在這個時代生存。

㈦香港

　　李子建、葉蔭榮、霍秉坤三位教授，共同撰寫「香港中小學課綱的規劃現況與實施歷史：歷史和背景，以及規劃之整體特色」一文，簡稱〈香港文〉。〈香港文〉指出，香港回歸中國是課程改革的有力影響因素，教育和政治緊密關聯，其中之改革包含學制和課程兩方面。1997年香港成爲中華人民共和國特別行政區，香港的教育和課程開始實行不同階段的教育體制改革和課程改革。教育統籌委員會在2000年發表了《終身學習、全人發展——香港教育制度改革建議》，奠定了教育改革的願景和方向，確立了九年基礎教育課程的定位，建議高中和大學學制與相關課程（從高中過往2+2年轉變爲高中3年）的改革。課程發展議會（2001）隨著發表了《學會學習：終身學習全人發展》文件（學會學習1.0版），標示了課程發展的路向。香港是中西文化匯聚和國際的大都會，一方面受到全球化以至亞洲地區學校課程改革趨勢的影響，另一方面香港頗重視發展校本課程，或者課程在地化的作用。香港課程發展也在一致性與多樣性之間的拉力不斷

強化，學校收生的差異增加，教師需要處理學生的特殊需要和多樣性學習，惟社會仍流行為成就而學習和考試競爭的文化。值得注意的是，香港的課程發展和學校教育受到「新進步主義」和「人力資源」理論的影響，要培養年輕人面對未來需要具備的能力，這包含STEM教育、資訊科技教育和共通能力的培養。

㈧澳門

黃素君副教授和謝金枝助理教授，共同撰寫「中央－校本雙軌並行的課程發展模式：澳門正規教育課綱的制定、實施與評核」，簡稱〈澳門文〉。該文指出澳門回歸中國前後中小學之教育和課程變革。1999年12月20日回歸以後，澳門特別行政區政府的課程發展思路，從宏觀的層面調整了教育目標，並且通過受教權利和政府提供教育的義務建立起來，這明顯為政府介入課程取得了一個合法和合理的地位。而2007學年始全面推行的十五年免費教育，直接地建立了政府與私立學校的一種緊密的關係。此時澳門私立學校雖然名義上是私立，但實質上是屬於公帑營辦，這種改變為澳門課程的改革帶來了新的機遇。澳門回歸後的課程發展策略，特區政府從宏觀制度的建設上，經由種種權利義務關係的改變，重新建立「中央－校本」管治的關係，形成推動課程改革一股大的動力。在課程改革方面，於2014年公布了課程框架，簡稱《課框》，隨後按不同的教育階段，公布了基本學力，簡稱《基力》。澳門政府在新的一波課程發展上，面對回歸後的「後殖民化」和在全球化的新自由主義經濟中尋求「國家認同」的雙重過程，合理且合法地介入教材，出版小學《品德與公民》（試行版）教材、初中和高中的《品德與公民》、《中國歷史》澳門高中教材試行版。之後，特區政府更通過不同的國際測評介入課程的發展和評鑑。

三、本書各章重點

以下分成臺新英美日、中港澳兩部分說明之。

㈠臺新英美日

〈臺灣文〉以2019新課綱的總綱及普通型高中（簡稱普高）、國中、國小各領綱（含學科課綱）之修訂為主要範圍，分析新課綱修訂之緣起及過程，檢視新課綱之內涵與特色，討論新課綱之爭議與問題，也探討新課綱草案審議之各項問題，最後提出結語和建言。該文所謂新課綱之修訂，兼含課綱研修和審議兩部分，研修部分由教育部指定單位辦理，經由國家教育研究院所設之課程研究發展會（簡稱課發會）研議通過，送教育部課程審議會（簡稱課審會）審議，最後由教育部公布實施。十二年國教2019課綱之修訂，以中小學十二年級一次修訂的方式，希望各年級的課程得以更加連貫。至於課綱研修，也由國家教育研究院統籌普通高中、國中、國小課綱草案。〈臺灣文〉討論臺灣中小學課綱之修訂精神、理念和目標，指出新課綱的特色，也討論核心素養替代基本能力、議題融入、各教育階段課綱研修多頭馬車、學校實施課綱的彈性限縮、立法要求特定議題納入課綱等問題，同時也分析課綱審議遭遇到一些困境。

〈新加坡文〉，提出值得參考的新加坡課綱發展模式。〈新加坡文〉指出，新加坡的教育發展可分為快速擴張、效率導向、能力導向、價值導向四階段。新加坡為英國前殖民地，其教育體制受英國影響很大，但已發展出自己路線。在課程規劃上，新加坡發展出符合多族群國家與在地需求的內容，其中特點為重量重質、教少學多、政策延續、步調穩健、配套完備，避免給學校過多的擾動。新加坡最近一波新改革的規劃，其正式提出已經是2011年之後，朝向學生中心、價值導向的教育。〈新加坡文〉指出，決定新加坡課綱的主要是審議委員會，新加坡整體課程願景與各領域的課綱都需經由該委員會討論通過。該委員會負責找出課程改革之需求、指導與協調新加坡各學科領域常設委員會之運作。各領域的常設委員會通常是由教育部人員、師培機構國立教育學院代表、學校端與學者專家（大學學系專家）、考評局專家所構成，有很大一部分是學校現場輪調而來的優秀教師或具有領域專長的學校領導進行課綱的制定、規劃與執行。總綱（課程改革的方向）出來後，一般各自領域在三到五年內，所有領域都會

接著修改。

〈英國文〉指出，英國中小學課綱是以法案及法規命令的發布作為依據。中小學課綱是由專家修訂，提出草案，經由公共諮詢提供意見，再修訂草案，草案經國會立法程序通過才算確定。這個作法在英國可以運作順利，主要是國會代表民意，內閣由國會多數黨執政，課綱法制化不會遭到不通過的阻力。〈英國文〉認為英國中小學課綱訂定重視公平、均等原則。對於課綱的規範性，英國具有特別見解，認為規範太多會稀釋重要學科，降低學生水準，讓教師無法聚焦於他們要教的，而不是學生該學的。這種觀念與新加坡提倡的教少學多理念相通。英國課綱訂定主張留給教師足夠時間，發揮其專業能力，滿足學生需要。進而，教育政策希望能將課程內容瘦身，除了小學英文、數學與科學之外，所有學科的內容都大幅減少，新課綱聚焦於每個孩子應該具備的基本知識與技能，不再告訴教師該怎麼教，而讓教師有機會彈性地去安排符合學生需要的課程。新課綱重語文與數學，英數理三科的課綱內容較詳細，其他各科則簡化。國定課程只是學校課程的一部分，學校自身要在規定上去發展課程。

〈美國文〉指出，美國聯邦政府高度關切教育，頒布有關初等與中等學校教育法，但是，在立國之後的二百一十五年從未訂定國家教育目標或課程標準。直到1991年布希總統才公布六項國家教育目標，支持並補助與八個核心科目有關的全國性學術團體，分別發展各個領域的世界級全國學科課程標準。〈美國文〉簡要分析美國歷來訂定學校課程的背景，包括各級政府教育權責的沿革、聯邦介入教育的緣由及影響課程標準的作法等。其次從政治氣氛、績效責任、財政與自主及利益團體涉入等角度，探討各州合作建構共同核心標準的意圖及內涵、推動過程、推動的特色與爭議及未來展望與借鑑等。共同核心標準以英語文及數學兩科為焦點訂定，強調加強學生的大學及職涯準備度，以提升教育競爭力為訴求。實際內涵的發展任務，委由顧問公司並邀請多個學科的專業學會共同參與，以獲得其支持。研究報告完成後，送請各級政府官員、教育專業學會、非營利組織提供回饋，並徵詢網路意見及在各州召開公聽會，再由篩選各州所提供的學者專家，組成審核委員會，加以審定。因此，共同核心標準參酌了各州的

教育現況及國際成就比較情形，兼具民主與專業的審議、官方、民間及教師的投入。

　　〈日本文〉透過日本第一手相關資料的蒐羅與分析，分析日本學習指導要領的改革背景和研發審議機制，並探討其特質及影響因素。該文指出，日本教育基本上是爲了發展國家經濟與維持國家的競爭力，教育體系同時也成爲國家政治、統合或貫徹國民意志形成的重要工具。學習指導要領每次修訂，都會檢討教育大環境及其導生的問題，故而受到日本國內外狀況及學術發展趨勢所影響。〈日本文〉指出，學習指導要領是學校教育課程之基本準則，其訂定基於日本憲法、《教育基本法》、《學校教育法》及《學校教育法施行規則》，其主要機能是在於確保全國的中小學教育有一定的水準，確保教育機會均等與內容的中立性，促進各學校和家庭以及地方共同合作，讓學校的教育活動可以更充實。〈日本文〉分析，學習指導要領的修訂大約是以十年爲週期，透過其專屬的諮詢機構中央教育審議會提出諮詢，依據其報告書與教育理論來思考調整其結構，以符合國家社會發展需要。近年學習指導要領的修訂，與國際化及資訊化有密切的關聯，也強調學生爲學習的主體性，注重愛鄉愛國，紮根本土的必要性。值得特別注意者，〈日本文〉指出學習指導要領自公布到實施，約有三至四年的移行期間，以促成新舊課程的順暢銜接。

㈡中港澳

　　〈中國文〉從「發展」的觀點，依照年代的先後順序介紹了中國大陸四次重要的中小學課程綱要改革脈絡、重點及特色。課程綱要的變動也標示著不同階段的重要課程改革。最近一次是在2014年由中國教育部啓動的普通高中課程標準修訂工作。主要的動因在於因應「資訊時代」，希望對基礎教育課程體系進行「轉型升級」及「深化與發展」。此課綱的修訂過程是由中國教育部領導，經過數百位課程專家、學科專家及學科教育專家的努力後，經歷三年才完成修訂，於2017年12月由中國教育部正式頒布《普通高中課程方案（2017年版）》和二十個學科課程標準。〈中國文〉指出，此新修訂之課綱標示著哲學認識論從「事實本位」轉向「理

解本位」，從強調「課程目標」轉向「過程」。提出「學科核心素養」的概念是前述理念轉變的具體展現。「學科核心素養」本質上是一種解決真實及複雜問題的可遷移能力，是一種學科思維或理解。因此在《普通高中課程方案（2017年版）》中的二十個學科課程標準，皆以學科核心素養的呈現取代課程目標。例如：「物理」科有四個學科核心素養：1.「物理觀念」；2.「科學思維」；3.「科學探究」及4.「科學態度與責任」。此外，此次的課程標準也「凝練了學科大觀念，實現了課程內容的重建」、「強調學科實踐，實現課堂教學與學習方式的重建」及「研制學業質量標準，讓課程評價走向專業化」。

〈香港文〉指出，香港自1997年回歸之後所進行的中小學課程綱要（課程指引）的修訂背景、歷程、實施與特色。其中，小學的修訂最早於2014年完成，公布《基礎教育課程指引（小一至小六）》；而《中學教育課程指引》則在2017年及之後逐步更新。在香港的中小學課程指引修訂過程中，高中課程指引的規劃與實施可說是課程改革的核心，因為它涉及學制的改革，變動最大。修訂工作從2000年由教育當局成立負責檢視高中學制的專責小組開始，提出的建議被採納，確立以培養終身學習和全人發展為教育目標，改革高中學制、大專學制和課程。此次的高中課程改革包括五個重點：1.學制從五年中學及兩年預科改為六年制中學；2.公開考試制度以「香港中學文憑考試」取代原有的中學會考及高級程度會考；3.在中國語文、英國語文、數學三科傳統學科之外新增「通識教育科」，希望提高學生社會認知和思考能力；4.打破文、理、商分科的安排，讓學生選擇不同領域的科目；5.以「其他學習經歷」配合核心及選修科目，兼顧知識、能力與價值教育。由於香港高中課程指引的實施涉及學制的改變，在實施過程中牽涉較廣。香港教育局、課程發展議會等相關單位提出了配套措施。實施至今，香港教育局持續檢視實施成效，包括2013-2015年及2017-2019年所做的評估。整體而言，香港的課程指引發展是朝向中小學架構貫通，並且邁向「聚焦、深化與持續」；強調終身學習及全人發展，當中，學生的自主學習能力更受關注，也關注二十一世紀的技能與中國優秀傳統文化教育；課程發展邁向跨領域，例如：高中通識教育科及STEM

教育。

　　〈澳門文〉介紹澳門回歸前後兩次主要的課程綱要修訂。第一次是回歸前的1991年的澳門教育制度時期，第二次是回歸後，從2006年的《非高等教育制度綱要法》公布之後開始，也是最近的一次課綱的修訂。澳門特別行政區在1991年頒布《澳門教育制度》（法律第11/91/M號），啓動史上第一輪由政府推動的澳門基礎教育改革，將澳門教育帶上普及化、公共化和法制化。葡萄牙政府早在澳門政治過渡期前早已開始部署，藉著課程改革的命題，促進葡萄牙語言和文化在國外傳播，作爲殖民主義的延續。澳葡政府嘗試將教授葡語作爲必修科，並以此爲私立學校換取政府資助爲條件。2006年《澳門教育制度》經立法會通過並正名爲《非高等教育制度綱要法》，在2007、2008學年起，落實推行十五年的免費教育。在2014年公布了《本地學制正規教育課程框架》（簡稱《課框》），進一步對教育素質的積極干預，且又爲不同的教育階段公布了相關的《基本學力要求》（簡稱《基力》），以及指導學校實施課程的指導性文件「課程指引」。澳門實施十五年的免費教育，所以課綱的範圍涵蓋中學、小學及幼兒教育。而且幼兒教育課綱通常是最早訂定與實施。澳門的課綱（框）修訂皆以法令爲依據，由教育主管當局主導。

　　中港澳三地同屬於一個國家，同樣傳承中華文化，也都感受到國際競爭及科技的影響，歸納起來在課綱發展上有以下十點共同之處：

1. 課綱的修訂都受到本地教育改革的需要及國際改革趨勢的影響，也都參考了國際或鄰近地區的經驗。

2. 課綱修訂皆由當地最高教育主管機關發起（中國大陸爲教育部，港澳爲教育局）。

3. 課綱的修訂皆包含了中小學階段，也分出了不同位階的課綱。例如：中國大陸有《普通高中課程方案》及學科課程標準，香港有「學會學習」的不同階段及學習領域的「課程指引」，澳門有《課框》、《基本學力要求》及「課程指引」。

4. 課綱的性質從過去的「理想」層次轉爲基礎的素養要求，強調最低要求。

5. 就課綱的修訂趨勢而言，都具備「統整」或「綜合」的特質。例如：中國大陸提出「學科核心素養」，每一個核心素養都代表一個統整、綜合的概念；香港則在高中增加必修的「通識教育科」，內容以議題及主題的方式展現；澳門則把中小學的課程都以領域來劃分。

6. 三地的課綱發展都有一貫的趨勢。例如：中國大陸的義務教育課程階段（一至九年級）是九年一貫，香港採「十五年一貫的學校課程架構」；澳門過去中小學課程分別由不同的法令規範，現在整合為同一個法令。

7. 三地都受考試與評估的影響，修訂課綱之後，評核方式也需要調整。

8. 三地的學制已一致，港澳都已調為6334制。

9. 課綱發展更趨向以學生為中心，強調全人發展。

10. 三地的課綱修訂都朝向「中央─校本」關係的調和，雖然中央主導，但留給學校發展課程的彈性空間。

因政治制度及歷史背景的差異，三地雖同屬中國，但香港回歸前為英國管轄，澳門回歸前為葡萄牙統治，在教育制度及社會氛圍上各有其特點，在課綱修訂上出現兩個重要差異：

1. 課綱修訂發起者的權力程度不同。雖然三地的課綱修訂都由當地最高教育主管機關啟動，但中國大陸的主導性最強，香港次之。而澳門最為特殊，學校的課程發展自主權相當高，因此，教育當局在課綱的修訂上，比較是從與學校協商的角度來進行。所以，中、港有從中央走向校本的趨勢，但澳門則從校本走向與中央之均衡，方向有些不同。

2. 在課綱修訂歷程中，中國大陸因內部存在明顯不同的理論取向，出現理念的論辯歷程；但港澳內部並沒有如此明顯的理念差異，並未有強烈的論辯過程。

參考文獻

翁福元、陳易芬主編（2019）。**臺灣教育2030**。臺北：五南。

黃政傑（2019）。國際組織《教育2030》對國內教改的啓示。載於翁福元、
　　陳易芬主編，**臺灣教育2030**，頁11-14。臺北：五南。

OECD (2018). The future of education and skills: *Education 2030*. Retrieved from
　　https://reurl.cc/yZDeY6

UNESCO (2015a). World Education Forum 2015: Final report. Retrieved from
　　https://reurl.cc/Aq6R4p

UNESCO (2015b). Education 2030: Incheon Declaration and Framework for Ac-
　　tion for the implementation of Sustainable Development Goal 4. Retrieved
　　from https://reurl.cc/WdAXR5

參考文獻

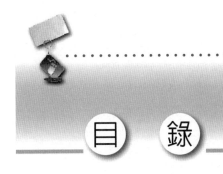

目　錄

第 一 章

臺灣十二年國教新課綱的規劃與特色

黃政傑

前言

　　臺灣十二年國民基本教育新課程綱要（簡稱新課綱或108課綱），自2019學年中小學各教育階段一年級起實施。新課綱修訂過程中出現的各項爭議看似逐漸落幕，緊接著是如何做好各項準備，好好執行，以求落實培養新課綱揭示的核心素養理念。只是隨著2020年總統及立法委員選舉的競爭，社會對新課綱的懷疑及爭議再度躍上舞臺，有的候選人甚至主張當選後仍要把歷史課綱改回來，可見新課綱存在的爭議不會完全抹滅。在此狀況下，對新課綱的修訂過程、特色、爭議，深入探討。個人曾參與新課綱草案的整個研修過程，對於此一過程有深刻的理解和體驗，也曾細心觀察草案之審議狀況，乃提出個人見解，期望有助於後續新課綱之實施及未來改革之參考。

　　本文以新課綱的總綱及普通型高中（簡稱普高）、國中、國小各領綱（含學科課綱）之修訂為主要範圍，分析新課綱修訂之緣起及過程，檢視新課綱之內涵與特色，討論新課綱之爭議與問題，也探討新課綱草案審議之各項問題，最後提出結語和建言。本文所謂新課綱之修訂，兼含課綱研修和審議兩部分，研修部分由教育部指定單位辦理，經由國教院所設之課程研究發展會（簡稱課發會）研議通過，送教育部課程審議會（簡稱課審會）審議，最後由教育部公布實施。

貳　新課綱修訂的緣起及過程

　　臺灣的十二年國民基本教育（簡稱十二年國教）於2014學年開始實施，把九年國民義務教育向上延伸三年，惟採取非強迫及排富免學費之設計。一開始十二年國教之課程綱要（簡稱課綱），沿用當時各個教育階段的課綱，但做小幅度調整，稱為十二年國教之第一波課綱，把2019年新課綱稱為第二波課綱。

　　課程綱要原來稱為課程標準，1995年行政院教育改革審議委員會提議修改為現行名稱。課程標準或課綱，中小學原來是依教育階段和類別訂

定，分別有國小、國中、普通高中、高職、綜合高中的課程標準或課綱，由教育部各相關業務司負責修訂業務，先成立課程標準修訂委員會，檢討課程實施之成果和問題，探討先進國家課程趨勢，提出國內課程修訂方向和原則。之後，成立總綱小組研擬總綱草案，總綱經委員會審議通過後，接著成立分科（或分領域）課程標準或課綱修訂小組提出各科（領域）修訂草案，經由修訂委員會審議通過後，公布實施。後來為加強國小國中的課程連貫，把國小國中的課綱合起來修訂，成為國中國小九年一貫課程實施之，但高級中等學校的課綱仍然單獨規劃。

　　十二年國教第二波的課綱修訂，採取九年一貫課程修訂期間逐漸成形的研修審議雙層級模式，惟以十二年一次修訂的方式，希望各年級的課程得以更加連貫。至於課綱研修，也由國家教育研究院統籌普高、國中、國小課綱。長期以來各界對於課綱修訂採取臨時編組方式，缺乏常設機構，迭有批評，十二年國教第二波課綱修訂乃加以改進。2010年國家教育研究院正式成立，其組織法規定該院掌理課程、教學、教材與教科書、教育指標與學力指標、教育測驗與評量工具及其他教育方法之研究發展事項（國家教育研究院組織法，2010.12.8），為此該院成立課程及教學研究中心，掌理課程及教學之基礎性研究、國內外各級學校教材教法之研究、課程及教學之實驗及其他有關課程及教學研究事項（國家教育研究院，2011.4.11、2018.5.24）。以該中心作為課綱研修主力，實際運作是動員其他單位參與，以補充有限人力，更重要的是動員全國相關領域學科的專家學者，借調中小學優秀教師來協助。

　　為建構永續的課程發展機制，國教院（2014）建立以八至十年為週期的課綱研修五階段，包括基礎研究（二至三年）、研修制定（三至四年）、配套建置（約三年）、課程實施及課程評鑑。國教院於2008年籌備處時期起，即陸續啟動中小學課程發展基礎性研究，作為課綱研修的基石。2003年完成《十二年國民基本教育課程發展建議書》（簡稱建議書）與《十二年國民基本教育課程發展指引》（簡稱指引）兩份文件，經教育部課程審議會（簡稱課審會）審議通過，作為研修總綱之重要依據（國家教育研究院，2014a、2014b）。

　　「建議書」針對十二年國教的課程發展提供較為完整的建議，其內容包含課程發展方向與課程架構、課程實驗與教學資源發展、課程實施與支持系統三篇。第一篇包含課程定位性質與理念、課程的連貫與統整、課程架構，與新課綱研修最為密切，而第二、三篇則屬課綱實施之實驗、資源、協作、支持、配套、領導等措施。「指引」探討課程發展的定位和目標、核心素養的定義與內涵、核心素養與領域／科目的關係、核心素養轉化到總綱及各領域／科目綱要的層次、領域／科目核心素養及學習重點編碼方式，並論及發展指引的實踐。透過這兩份文件，得以順利研擬新課綱的總綱草案，並引導後續各領綱的發展。

　　為研修十二年國教課綱，國教院於2013年1月成立十二年國民基本教育課程研究發展會（簡稱課發會），同年6月成立十二年國民基本教育課綱總綱研修小組（簡稱總綱小組），歷經約一年時間，2014年5月完成總綱草案，經課審會審議通過後，於2014年11月28日公布。總綱研擬期間，即同步進行各領域課綱修訂之前導研究作為後續啟動修訂之參考。十二年國教各領域／科目／群科課綱（簡稱領綱，含領域科目課綱、技高群科課綱，和高中進修部、建教合作班、特殊教育課程、藝術才能班、體育班、實用技能等實施規範），則於2014年6月開始研修，於2016年2月陸續公布研修完成的草案。領綱分批經課審會審議完成，教育部於2018年1月至2019年7月之間分二十四類公布。

　　2014年總綱通過之後，原預定2018年實施新課綱，但因為過程中出現微調課綱爭議，課綱審議有所耽誤，乃延後一年自2019年各教育階段一年級起實施（教育部令，2017.5.10）。

 ## 新課綱的內涵與特色

　　《十二年國民基本教育課程綱要總綱》，分成修訂背景、基本理念、課程目標、核心素養、學習階段、課程架構、實施要點及附錄八個部分（教育部，2014.11.28）。其中課程架構包含課程類型與領域／科目劃分、課程規劃及說明，後者分成國民小學及國民中學教育階段、高級中等

學校教育階段兩個部分說明，有普通型、技術型、綜合型、單科型四類。附錄列出高級中等學校共同核心課程規劃、高級中等學校團體活動時間規劃說明及注意事項。

一、新課綱的內涵

㈠課綱修訂之緣起

課綱之修訂，主要是爲了呼應十二年國教的訴求及社會變遷壓力，並期待解決過去以來的教育問題。雖然多年來教改如火如荼，但如何紓解過度的升學壓力、落實五育均衡的教育，仍是各界關心的議題。國內社會少子化、高齡化的趨勢，族群多元互動、資訊發展快速、民主參與蓬勃、新興工作變化多端、公義意識覺醒、環境永續發展的期待，加上全球化與國際化的衝擊，學校人才培育面臨各種挑戰，必須回應社會需求與時代潮流，與時俱進。持續強化中小學課程之連貫與統整，實施素養導向之課程與教學，落實適性揚才教育，才能培養學生的終身學習能力，關懷國內和全球社會發展，成爲現代優質國民。

㈡新課綱的願景和目標

新課綱之修訂，本於全人教育的精神，以自發、互動及共好的理念，強調學生主動學習，除自我的省思外，需要開展與他人、社會及自然互動的能力，並能致力社會、自然與文化的永續發展，共同謀求全體之幸福。具體而言，新課綱的願景是成就每一個孩子，使其得以適性揚才、終身學習；課程目標在啓發生命潛能、陶養生活知能、促進生涯發展、涵育公民責任。

㈢新課綱以核心素養貫串整個改革

爲落實十二年國教的理念與目標，新課綱以核心素養作爲課程修訂的主軸，促進各教育階段間的課程連貫，以及各領域／科目間的課程統整。核心素養主要應用於中小學普通教育的一般領域／科目，至於技術型、綜合型、單科型高中，則依其專業特性及群科特性之需要，亦可將核心素養

整合或彈性納入。

新課綱的核心素養有別於過去中小學推動的基本能力，是指個人為「適應現在生活及面對未來挑戰，所應具備的知識、能力與態度。」核心素養強調「學習不宜以學科知識及技能為限，而應關注學習與生活的結合，透過實踐力行而彰顯學習者的全人發展。」（教育部，2014.11.28，頁3）。

㈣規劃核心素養的三大面向與九大項目

新課綱之核心素養，要培養以人為本的終身學習者，分為自主行動、溝通互動、社會參與三大面向，呼應自發、互動、共好的課程理念。三大面向再細分為九個項目：自主行動，包含身心素質與自我精進、系統思考與解決問題、規劃執行與創新應變；溝通互動，包含符號運用與溝通表達、科技資訊與媒體素養、藝術涵養與美感素養；社會參與，包含道德實踐與公民意識、人際關係與團隊合作、多元文化與國際理解。

㈤各教育階段核心素養具體內涵及其落實

新課綱依照學生身心發展狀況，在國小低、中、高年級和國中、高中五個學習階段，訂有不同核心素養的具體內涵，以期學生得以循序漸進地學習。此外，核心素養也透過各課程類型的規劃，結合領域綱要的研修，落實於課程、教學與評量之中。各領域課綱研修需參照教育部審議通過的《十二年國民基本教育課程發展指引》，呼應核心素養的具體內涵，訂定領域／科目的理念與目標，發展各領域之核心素養及各領域學習重點。

㈥學習範疇劃分為八大領域

新課綱依據全人教育理念，配合知識結構與屬性、社會變遷與知識創新及學習心理之發展，將學習範疇劃分為八大領域，其部定課程規劃如下。

1. 語文：包含國語文（高中國語文部定必修含中華文化基本教材2學分）、本土／新住民語文（國小必修）、英語文、第二外國語文（高中選修）。

2. 數學：高中數學第二學年設計兩類課程，學生應依適性發展之需要，選擇一類修習。

3. 社會：高中分成歷史、地理、公民與社會。

4. 自然科學：高中分成物理、化學、生物、地球科學，每科至少修習2學分。

5. 藝術：高中分成音樂、視覺藝術、表演藝術，每科至少修習2學分。

6. 綜合活動：高中分成家政、童軍、輔導。

7. 科技：高中必修，分成資訊科技、生活科技。

8. 健康與體育：高中分成健康教育、體育。

另外有兩個科目比較特殊，一是國小低年級，整合社會、自然科學、藝術、綜合活動為「生活課程」開課，二是高中開設不歸屬於任何領域的「全民國防教育」科目。

在領域課程架構下，新課綱對各領域的教學型態有不同的規定。國小以領域教學為原則；國中得依學校實際條件彈性採取分科或領域教學，但要強化領域課程統整與學生學習應用；高中階段以分科教學為原則，但要透過跨域跨科專題、實作實驗課程或探索體驗等課程，強化跨域跨科的課程統整與應用。不論是領域教學或分科教學，都需領域學習內涵的統整。

㈦課程類型劃分為部定課程和校訂課程兩大類

部定課程是指由教育部統一規劃、各校一致，以養成學生的基本學力，並奠定適性發展的基礎為目的之課程，這包含國中小的領域學習課程和高級中等學校的一般科目、專業科目、實習科目。校訂課程是指由學校安排、各校得有差異，以規劃學校教育願景及強化學生適性發展之課程。這在國中國小是彈性學習課程，包含跨領域統整性主題／專題／議題探究課程、社團活動與技藝課程、特殊需求領域課程，以及本土語文／新住民語文、服務學習、戶外教育、班際或校際交流、自治活動、班級輔導、學生自主學習、領域補救教學等其他類課程。國中之其他類課程，包括本土語文／新住民語文、服務學習、戶外教育、班際或校際交流、自治活動、

班級輔導、學生自主學習等各式課程，以及領域補救教學課程。國中得視校內外資源開設本土語文／新住民語文，或英語文以外之第二外國語文課程，供學生選修；原住民族地區及原住民重點學校得規劃原住民族知識課程及文化學習活動。

由於普高課程變動較大，有必要再多說明。普高課程架構，把部定課程限定於必修，稱爲部定必修；把校訂課程分爲校訂必修、選修。部定課程、校訂課程以學分計算，另有團體活動及彈性學習時間以節數計算，各爲每週2-3節。

部定必修需要強化其與國中小課程的連貫與統整，鼓勵各領域研訂跨科之統整型、探究型或實作（實驗）型等主題的課程內容。校訂必修依學校願景與特色發展規劃，延伸各領域之學習，以一般科目的統整性、專題探究或跨域跨科專題、實作實驗、探索體驗、特殊需求課程爲主，強化學生知能整合與生活應用。選修課程包括加深加廣、補強性及多元選修課程，學生自主選修。高一應開設各類選修課程，合計2-10學分。

加深加廣選修乃爲滿足銜接不同進路大學院校教育的需要，由教育部研訂課程名稱、學分數與課綱。國語文（含中華文化基本教材）部定必修及選修至少須24學分，英語文部定必修及選修或加第二外國語文至少須24學分。教育部可規劃的加深加廣選修學分數，國語文8學分（學生應至少修4學分）、英語文6學分、第二外語6學分（學生得任選一科或合計至少6學分）。此外，教育部得規劃數學8學分、社會24學分、自然科學32學分、藝術6學分、綜合活動6學分、科技8學分、健康與體育6學分，學生依其生涯進路及興趣，自主選修所欲修習的領域／科目。補強性選修，乃爲補強學生在部定必修課程學習之不足，以確保學生的基本學力。多元選修，由各校依照學生興趣、性向、能力與需求開設，各校至少提供6學分課程供學生選修，可開設本土語文、第二外語（含新住民語文）、全民國防教育、跨域跨科課程、實作實驗及探索體驗、大學預修及職涯試探等類課程。特殊需求領域課程，乃指爲特殊教育及特殊類型班級學生所安排的課程。

普高團體活動時間，包括班級活動、社團活動、學生自治活動、學生

服務學習活動、週會或講座等，社團活動每學年不得低於24節。普高的彈性學習時間，依學校條件與學生需求，可安排學生自主學習、選手培訓、充實（增廣）／補強性教學及學校特色活動。充實（增廣）／補強性教學採全學期授課者，高一、高二每週至多一節。

㈧本土語文／新住民語文的推動

國民小學階段本土語文／新住民語文的課程實施，應依學生實際需求，選擇閩南語文、客家語文、原住民族語文或新住民語文其中一項進行學習。學校得依地區特性（如連江縣）及學校資源，開設閩南語文、客家語文、原住民族語文以外之本土語文供學生選習。新住民語文課程的開設內容，以來自東南亞地區的新住民語文為主。國民中學階段本土語文／新住民語文，學校應調查學生之選修意願，學生有學習意願，即於彈性學習課程開課。另為保障原住民籍學生民族教育之權益，應於彈性學習課程開設原住民族語文課程至少每週一節課，供學生修習。以上各種語文課程，得於假日或寒、暑假實施。

㈨跨域跨科課程的推動

除了領域課程強調跨域跨科的統整外，國中國小彈性學習課程及高中校訂課程，都強調統整領域之間及科目之間的學習，由學校自行規劃辦理全校性、全年級或班群學習活動，提升學生學習興趣並鼓勵適性發展。學校可選擇統整性主題／專題／議題探究、社團活動與技藝課程、特殊需求領域課程（包含特殊教育、特殊類型班級）或是其他類課程進行規劃，規劃跨域跨科或結合各項議題，發展統整性主題／專題／議題探究課程，以整合知能學習和生活應用能力。

㈩學校課程實施具有彈性

學校需依照各領域及彈性學習的學習節數進行課程規劃，每節上課時間國小、國中、高中分別為40、45、50分鐘，但各校得視需要彈性調節每節分鐘數與年級、班級的組合。學校亦得彈性調整或重組部定課程的領域學習節數（總節數的五分之一範圍內），實施各種學習型式的跨域統整課

程。每週一節課的領域／科目可調爲隔週上課2節、隔學期對開各2節課的方式調整。國中階段的自然科學、社會、藝術、綜合活動、健康與體育等領域，除實施領域教學外，亦得實施分科教學，且爲減少學生各學期修課數量，領域內各科目在總節數範圍內整合配置於不同學期開課，不必每個科目在各學期都修習。學校對領域學習課程的調整需經學校課程發展委員會審查通過，跨領域／科目之協同教學節數可採計爲教師授課節數。

(十一)提倡學校本位課程的新作法

學校實施部定領域學習課程得依其實際條件而有許多彈性，而國中小彈性學習課程和高中加深加廣課程除外的校訂課程，全由學校依實際狀況規劃。由此可見學校在新課綱實施時的規劃角色十分重要，學校基於實際需要規劃校本課程，必須涵蓋部定課程和校訂課程兩部分，不再像過去視爲等同於特色課程一樣。校本課程規劃需經學校課程發展委員會（簡稱校課發會）通過，因而校課發會的組織運作變得比以往更爲重要。

(十二)課程控制相當嚴密

課綱本身是學校課程規劃與實施的工具。新課綱擴充中小學校本課程的彈性，但前者又鉅細靡遺作了種種規定。其中最爲明顯的是學校課程發展委員會的審查角色。以普高爲例，需送校課發會通過才能實施的，舉例言之，就有各領域／科目授課年段與學分配置、校訂必修課程、校訂選修課程、團體活動和彈性學習的規劃等都是。另外學校課程計畫，包含領域／科目之選修課程教學大綱，經校課發會通過後，需送教育主管機關備查，並列入校務評鑑及輔導訪視重點。擔心校訂必修課程之安排朝向升學，規定校訂必修不得作爲部定必修課程之重複或加強；擔心各學期教學科目太多，建議學校得依實際條件就授課年段、學期或週數彈性開設部定課程，以降低學生每學期修習科目數，高一及高二各學期部定必修科目之開設在十二科以下。爲增加學生選修機會，規定普高開設的選修總學分數，應達學生應修選修學分數的1.2-1.5倍，並應提供學生跨班自由選修課程。

二、新課綱的特點

由前述研修過程和主要內涵的分析，可歸納新課綱的特點如下。

採十二年一貫設計模式，一次修訂中小學所有課綱，重視課程內容之連貫和統整，其中之普高和國中國小課綱研修由國教院統籌辦理，開始由常設的研發機構負責，符應各界之改革呼籲。其他課綱由教育部委由其他單位辦理，但均送課發會研議通過後再送課審會。

新課綱之研修訂定較為長期的期程，訂定研究、規劃、設計、實施、評鑑和改進之程序。其中之研究包含多項基礎性研究，檢視國內中小學課綱規劃實施之狀況和問題，了解國際中小學課程發展趨勢，並研訂中小學課程發展建議書和中小學課程發展指引，作為總綱和領綱研訂之依據。

新課綱原先訂定的研修期程受到政策上提早完成的影響，其中又遇到高中社會課綱微調的爭議，導致社會對當時課綱研修審議機制之不信任，經立法修訂課綱審議制度，其後審議又遇多項重大爭議，致使新課綱公布之時間大幅延宕，實施延後一年，實施之準備期仍被迫壓縮。

新課綱草案採研修、審議雙層級的機制辦理，依《高級中等教育法》和《國民教育法》之規定，中小學課綱由教育部訂定之。此次教育部將研修工作分別交給國教院和其他單位辦理，要求所有草案均送國教院成立的課發會研議，之後再提送教育部課審會審議通過後，公布實施。

新課綱之領綱研修前，組成領綱研修前導研究小組，提出領綱研修之方向和重點，作為領綱研修參考。領綱研修除成立各領綱研修小組負責外，亦成立跨領域小組，其中包含連貫統整、核心素養、議題融入三個工作圈，進行領域之間的協調。跨領域小組的人力包含各領域研修小組副召集人，以求掌握領域研修情形，促進各領域貫徹跨領域關注的三個工作重點。

新課綱高中階段採學年學分制，國中國小階段為學年學時制。新課綱劃分部定課程和校訂課程，前者全國一致，均屬必修，學校可有實施之彈性，後者各校自訂，高中階段得分成必修選修但以選修為重，完全展現各校之特色。新課綱推動的校本課程，涵蓋部定課程，學校可有彈性的規劃

部定課程的實施規劃,也可自主規劃彰顯學校特色的校訂課程。

選擇十九項重要議題,未單獨規劃議題課綱,而是由各領綱依性質挑選議題項目融入其核心素養及學習重點(包含內容和表現)之中,再經由教科書編審以確保教師的教學能教到相關議題。

新課綱總綱以核心素養為核心,以終身學習為目標,訂定自主行動、溝通互動、社會參與三個素養面向,以及九個核心素養項目,呼應自發、互動、共好的課程理念,並要求各領綱據以修訂,以求貫串起來共同落實素養導向教育。

新課綱關注學生自主學習,各領域以探究與實作作為領域核心素養和學習重點規劃的要項,普高學生需修習「跨領域/科目專題」、「實作(實驗)」或「探索體驗」等課程類型之相關課程至少合計4學分,學生於校訂必修修習同類課程則可合併計算。此外亦關注跨域及跨科學習,提示以跨域跨科專題、議題、實作、實驗、體驗及活動,規劃國中國小彈性學習課程和普高的校訂課程。

 ## 肆 爭議與問題

新課綱研修過程中,有幾個比較大的爭議存在。首先是核心素養替代基本能力的問題,主張者認為可以讓新課綱具備新面貌,符合國際重視素養的趨勢,改變基本能力實踐時常忽略情意教育的現象;反對者認為這個改變只是換湯不換藥,即便改用核心素養,實踐時仍然會有類似現象。另外國內一項國民素養研究計畫,曾提出五大項素養,包含語文素養、數學素養、科學素養、數位素養及美感素養(曾志朗、柯華葳、陳明蕾,2015)。在用詞上,國民素養和核心素養何者適當,與會者亦有意見,希望若採用核心素養一詞,也要和國民素養的定義有所聯絡和區隔。核心素養的定義見仁見智,素養一詞本來就難以界定,放在教育實務中可能會產生理解和詮釋問題,終而影響其於教育現場之落實。基本能力包含情意教育,出問題的是執行,且課程改革老是變來變去,對改革的實踐反而造成斷裂的後果。

　　雖然有許多不同意見，新課綱的總綱仍決定以核心素養為改革主軸。總綱公布後，各領綱研修小組據以修訂領綱，提出疑問說，領域及其所含學科過去以來陸續發展出學科素養，例如：科學素養、歷史素養、國文素養、音樂素養等，領綱修訂時如何面對核心素養和學科素養兩邊的要求？領綱小組也提出，核心素養規劃三面九項共二十七格的素養，是否都要填入？不必全部填滿可否？這一點涉及總綱是宣示課程改革方向的文件，其落實有賴於各領綱研修時加以緊密連結，不然，改革的理想勢必落空。研修時相關決議是各領綱一定要連結於總綱所訂的核心素養，也可將學科素養納入，至於三面九項各格可以不需填滿。總綱規定核心素養作為新課綱研修的核心，以普通教育為主，技職教育的專業課程並未嚴格要求實施，導致普通教育有素養，技職教育無素養的批評，導致後續之修改。

　　新課綱實施前後之間，核心素養意涵為何的爭議並未結束。有的批評說，素養指生活應用是有問題的，例如：虛數、2的開根號、向量、三角函數，在日常生活中用不到，不能說這些不重要；要應付現代和未來生活的科技快速變化，應該教孩子們將基本學問學好，才能應付挑戰（李家同，2019.6.27）。有的說，108課綱強調的素養包山包海，資深學者有生之年都做不到，怎能拿來要求孩子（李家同，2019.9.7）。更進一步說，高懸多數人做不到的素養目標，反而造成家長和學生恐慌，造成補習盛行補素養。另有批評說，大部分主要領綱都配合九項核心素養訂定細項，課綱設計複雜、素養融入教學困難、課程內容過多，教學時間與教師專業不足，要達成素養目標，等同緣木求魚；領域為配合核心素養讓教學目標失焦，更讓領域學科本質失去重點（張國恩，2019.8.23）。還有批評指出，總綱多處提到「知識、能力與態度」，但OECD DeSeCo計畫所列出素養還包括價值觀，判斷是非、善惡、美醜的本領至為重要，被總綱忽略掉是一遺憾（劉源俊，2020）。

　　議題融入遭遇的問題也不少。議題融入在新課綱研修時採取不另訂議題課程綱要，而在領綱研修時予以納入，為研修委員之共識。研修時先要確定社會關注的議題有哪些，選擇出來加以探討，分析其目標和內涵，再由領綱小組依領域和學科性質選擇適合的議題項目，融入於領綱核

心素養和學習重點之中。問題出在社會關心的重大議題太多，隨著社會快速變遷，層出不窮，各議題主張者都仰賴教育作爲解決問題的重要途徑，不斷要求課綱研修必須予以納入，研修時會產生疲於奔命的感覺。更有問題的是議題主張者直接走立法路線，利用政治遊說，奪得先機，把議題教育納入法條，例如：《性別平等法》、《環境教育法》、《家庭教育法》都是。重大議題的範圍大小不同，議題工作圈必須在分析後予以整併，另考量有的議題已有單獨科目負責教學，有的早已是領域內涵的一部分，這類議題可歸給既有的領域或科目併入規劃。新課綱總綱研修總共選定十九項議題，包含性別平等、人權、環境、海洋、品德、生命、法治、科技、資訊、能源、安全、防災、家庭教育、生涯規劃、多元文化、閱讀素養、戶外教育、國際教育、原住民族教育等，以前四項爲重大議題，進行詳細規劃，供各領綱小組自十九項議題中選定適合者納入規劃之參考。只是在課審會審議決議不支持單獨列出四項重大議題認爲，十九項議題都同等重要。不論新課綱如何融入議題，學校現場必須面對社會上不斷出現的議題，例如：有人建議新課綱納入金融素養（林福來、林正昌，2019.12.30），也需要在教學時有所因應，教學者是否切實教導學生也是關鍵。

　　新課綱研修過程中，遭遇程序性問題是普通教育正規學制課綱研修由國教院統籌辦理，其他學制則由教育部委託其他單位辦理，雖均交由國教院成立的課發會研議，但其整體一致性仍出現不少問題。其中曾協調是否把技術型高中的一般科目和普通型高中課程併同規劃，但未能做到，整體規劃落空。課發會研議時間壓縮，面對大量課綱草案，委員難以深入了解及討論。此次新課綱修訂，創了研議一詞，其定義爲何？權責包含哪些？是否合適？有必要後續檢討。研修過程中，中小學課程發展建議書及中小學課程發展指引究竟扮演何種角色，總綱和領綱研修有無必要完全遵循，窒礙難行時如何處理。領綱前導研究對領綱修訂提出方向和重點，領綱研修小組有無必要全部遵循，研究提出之改革關鍵未進行政策討論，未形成教育部之課程政策，導致後續的嚴重爭議，值得未來改進。國教院爲教育部附屬機構，其業務要受到部內單位的領導和節制，國教院成立的課發會

要審查教育部委辦的課綱草案，其定位和角色落實有無問題，其協調各單位課綱研修的力度如何，同樣值得深入了解。

　　課綱用詞本來想要比課程標準提供給學校更大彈性，但新課綱規劃出來之後，其篇幅更多，對於學校課程規範更加詳細，亦即學校課程實施必須遵循課綱內很多細節規範。且為了讓學校確實遵守課綱規範，學校總體課程計畫必須送給主管機關備查，其中還有審查小組進行檢核。課綱屬於行政規則，其用字遣詞力求精簡，不易閱讀，如何宣導課綱，讓行政人員、教師、家長及關心的社會各界理解，恐非易事，宣導迄今成效如何，宜再加以檢視。閱讀新課綱，若有何疑義，該由誰來解釋，也需要有所規劃（林永豐，2020）。

　　國小教新住民語文，受到肯定，與本土語文並列為國小必修，但新課綱國中和高中並無本土語文／新住民語文必修的規劃。主張本土語文應納入國高中必修者，透過《國家語言發展法》（2019.1.9）第9條規定：「中央教育主管機關應於國民基本教育各階段，將國家語言列為部定課程，學校教育得使用各國家語言為之。」這是以立法途徑，要求國中和高中增加必修課程，據此新課綱才開始實施，又得要配合新法進行課綱微調。跨域跨科學習及探究與實作，在新課綱研修過程中受到重視，總綱之中論及之處很多，稱為探究與實作課程，並未單獨設科教學，但自然科學領綱研修接手規劃時，列出自然科學探究與實作一科，受到課審會質疑要求依總綱規定調整過來。跨域跨科學習，要有跨域跨科之課程規劃，並實施跨域跨科之教學，總綱規定國小採取領域教學，國中得採領域或科目教學，顯示期待在國中小階段得以落實。照理自然科學和社會領綱必須有這兩項領域課綱的設計，實際上是否做到，需要進一步檢視。

伍　課綱審議問題討論

　　國教院研修完成之新課綱草案送進教育部，原來是依據教育部（2014.7.25）組成的課審會進行審議，總綱草案於2014年11月28日審議通過公布。這段期間，教育部進行普通高中數學及自然領域微調課綱、高職

化工群／商管群／動力機械群及設計群群科微調課綱、綜合高中數學及自然領域四學科課綱微調、普通高中國文及社會領域課綱微調（簡稱高中國文社會課綱微調），除最後一項外，微調課綱均順利通過審議並公布實施（黃政傑，2015）。唯獨高中社會領域微調課綱出現爭議，民間發起反黑箱課綱運動，高中生更積極串聯，成立高中生反黑箱課綱聯盟。2016年1月16日總統及立委選舉，民進黨獲勝。2016年4月，立法院要求教育部暫停課綱之研修審議（大紀元，2016.4.29），此時除社會領域外，各領域課綱草案均陸續修完待審。2016年5月民進黨政府就職後終止社會領域微調課綱之實施，重新啓動社會領域課綱之研修（旺報，2016.5.22）。2016年6月立法院修訂《高級中等教育法》和《國民教育法》有關課綱審議條文，其後教育部據以組成課審會，審議各領域課綱草案，2019年6月22日全部完成，課審會審議大會歷時二年六個月又二十九天（聯合報，2019.6.23）。以下討論新修訂之課審會相關條文規定重點。

一、課審會的法源依據

《高級中等教育法》（2016.6.1a）立法通過，賦予高級中等學校課綱審議的法源依據。該法第43條規定，中央主管機關應訂定高級中等學校課程綱要及其實施的有關規定，作爲學校規劃及實施課程依據，其訂定除由中央主管機關常設課程研究發展機構外，其他教育相關領域之機構、學校、法人及團體，亦得提出課程綱要草案，併案委由課程審議委員會審議。該法並訂定尊重族群多元、性別平等、公開透明、超越黨派，爲課綱研究、發展、審議及實施的原則。

該法增訂第43-1條，要求中央主管機關應設課程審議會（以下簡稱課審會）審議課綱，課審會分爲審議大會及分組審議會。課審大會委員41-49人，其中政府機關代表不超過四分之一，餘爲非政府機關代表。前者由教育部提名中央與地方機關人員後，由行政院院長聘任，並依職務任免改聘；後者由行政院提名教育專家學者、教師／校長和家長組織成員、其他教育相關非政府組織成員及學生代表，交課審會委員審查會（由立法

院推舉11-15名社會公正人士組成）過半數同意後，再由行政院院長聘任之。中央及地方各級民意機關代表不得擔任課審會委員審查會的委員。該法第43-2條規定，審議大會負責審議課綱總綱、各領域科目群科課綱、學校課程修訂原則，以及其他依法應決議事項。

《國民教育法》（2016.6.1b）同時修訂，其第8條規定，中央主管機關應訂定國民中小學課程綱要及其實施之有關規定，作為學校規劃及實施課程之依據，其研究發展及審議準用《高級中等教育法》的相關規定。

二、課審會的組成與運作

教育部（2014.1.9、2014.7.25）原訂有高級中等學校及高級中等學校以下之課審會組成及運作辦法，依該兩項新修訂之法律條文授權，修訂完成新的《高級中等以下學校課程審議會組成及運作辦法》（簡稱辦法）（教育部，2016.7.20），組成課審會以審查各領綱。

辦法中規定，審議大會政府機關代表身分之委員為10-12人，教育部部長及國教院院長為當然委員，非政府機關代表31-37人。課程、教學或評量之專家學者，一般類型教育16-20人、特別類型教育3人、教師／校長／家長組織各2人、其他教育組織2-4人、學生代表4人。

分組審議會依各教育階段及特別類型教育，前者分成國民小學、國民中學、普通型及單科型高級中等學校、技術型及綜合型高級中等學校四個分組；後者分成特殊教育、體育、藝術才能及其他特別類型教育課綱等四個分組。分組審議會之任務有四項，包含各該教育階段或特別類型教育課程綱要總綱、各領域科目群科課綱、課程修訂原則之審議，以及審議大會交付事項之研究或審議。

各教育階段四個分組審議會，各置委員43人；其組成為召集人1人、副召集人2人、課程教學或評量專家學者6人、領域學科群科之專家學者9人、領域學科群科之教師15人、教師組織和校長組織各1人、家長組織2人、教育組織或社會公正人士1-2人、學生代表2-3人、其他各教育階段分組審議會推舉之代表3人。部分委員得由教育部選聘審議大會委員兼任

之。

各特別類型教育分組審議會，各置委員23人；其組成為召集人1人、副召集人2人、課程教學或評量專家學者3人、特別類型教育之專家學者5人、特別類型教育之教師7人、教師／校長／家長組織各1人、教育組織或社會公正人士1-2人、學生代表1-2人。

課審會學生代表擔任的委員，由教育部公開徵求學生自行登記為候選人，教育部輔導學生組成遴選委員會；遴選委員會之委員由教育部公開徵求學生自行登記擔任。

三、實際運作遭遇的問題

根據新法組成之課審會及其運作方式，因是針對反黑箱課綱運動之回應，其中含有強烈的政治角力成分，實際運作時各界提出許多問題。

㈠學生代表委員問題

學生代表委員引發爭議，當然有正反兩面主張（上報，2016.7.29；中央通訊社，2016.7.19；中時電子報，2018.8.13；世界民報，2016.7.28；民報，2016.7.28；黃映溓，2016.7.28；聯合報，2019.6.23；ET today新聞雲，2016.6.19；ET today關鍵評論，2017.10.16）。主要批評點為學生代表的代表性、專業性、政治色彩、反黑箱課綱色彩、正當性等，而其違法寄血衣恐嚇亦遭議論（中央通訊社，2019.8.10）。這次負責課綱審議的課審會納入學生代表委員，採最開放方式，連國中小學生都來報名，最後雖僅選出高中生以上擔任委員，仍顯示立法和運作都有窒礙難行之處。高中生審課綱，變成仍在學習的高中生要審議其所學課綱的現象，因而被視為專業性不夠。許多評論指出，高中生接受國民基本教育，若讀技術型高中也只是接受職業準備教育，現在升級來審課綱，是否會太過勉強？即便是就讀大學的學生委員，他們正接受專業或者文理科教育，是否能勝任課綱審議，也備受質疑。由於學生委員的遴選採自由報名，再由學生組成遴選委員會選擇，外界也認為不足以確實代表其他學生的意見。

其實學生參與審課綱並不是最重要的事，更重要的是課綱修訂要調查

在學學生學習需求並提出積極的回應，也可以調查畢業學生的意見作為修訂之參考。至於課綱研修過程中若有實驗的規劃，可以在學生參與學習的過程中，了解其學習歷程和結果，並分析其學習困難和意見，這都是課綱研修值得參考之處。這次新課綱草案的審議完成，學生代表委員的表現受到教育部肯定固然是好事，惟更有意義的是進一步分析學生發言內容，確認其參與課審會運作的真實價值。其他委員的參與及表現，也應該同時進行分析和評價，作為後續遴聘之參考。

㈡外行審內行問題

外行審內行的爭議，起因於課審在研修小組的專業之上，以非專業組成的課審來審議其提出的領綱草案，在國文課綱草案審議的爭議最大，但實際上這是各領綱都會出現的事。外行審內行的意思，是指課審會的組成並非專業導向，而是政治導向，著重委員的代表性，而不是學科學術的專長（聯合報，2017.8.27、2017.9.24）。易言之，課審委員不具課綱審查所需要的學術能力，卻把一些政治社會的意識形態摻雜進來，讓課綱草案不利於學生學習和社會需要。以自然科學領域而言，自然專長的課審委員十分有限，如何專業地審查自然科學課綱呢？數學領域也是一樣，課審委員不知有幾個懂得數學專業，若一樣很有限，又如何審議數學課綱呢？相對地，語文、社會、藝術領域的課綱審議狀況也相近，只是常有人覺得這些課綱草案的內容他們多少懂一些，而可以多多少少發表意見，事實上仍然欠缺這些領域的專業，發表的意見是否切合實際，常令人懷疑。課綱審議當然不單純只需要具備學術專業，具有教育專業或社會科學專業也很重要，但以非學術專業為主的課審會，來審以學術專業為主的領綱研修小組的課綱草案，且什麼都可以審的話，就會出現很大爭議。學生非專業人員，學生審課綱被視為非專業，故而是外行審內行的一部分，只是外行審內行的批評，是把其他類別委員的專業性全部併進來看。

臺灣學術界的規模有限，中小學十二年一次修訂課綱，在研修階段幾乎把許多合適的人才都用上，如果在課審會的組成再就學術或學科專業能力來遴選，一則找不到這麼多人，二則有沒有必要雙層重複作業，也需要

思考。這次新課綱草案的審議,由非學術專業審學術專業,耗費許多時間在文字檢視上,雙方的大衝突則出現在領綱修訂方向意見不同。領綱研修時有公聽會、意見徵詢、專業審查,行政人員就可以檢核,課審會沒必要重複檢核動作。那麼社會代表到底要審什麼呢?這就有必要檢討研修審議雙層對立的機制是否有必要存在。

㈢**課綱審議之政治性**

此次新課綱草案在審議過程中出現多項政治性的議題,其中最明顯的是國語文課綱文白比例爭議和中國史課程安排(中央通訊社,2017.10.14)。以文白比例的爭議來看,高中文言文原訂為45-55%之間,但課審會審議時不滿意這樣的規劃,認為文言文占比太高,這會讓學生所學不符合生活需求,也難以滿足社會需要。因而課審委員提案要求降低文言文所占的比例。文白比例的爭議,除了比例之外,還包含選文問題,課審委員希望增加臺灣本土有關的文章,背後涉及中華文化和臺灣文化的爭執,而要提高臺灣主體性,又進一步被簡化為統獨爭議和論述。

這次爭議的參與者包含學生、國語文的學者、本土語文專家、中小學教師和校長、學術組織、民間團體、立法委員、監察委員、國內各政黨,甚至連中國國台辦也在內。爭論採取的方式包含媒體受訪、文章評論、座談、立委質詢、記者會、臉書發文、新聞澄清、陳情抗爭等,所有能用的手段全部都用了出來(上報,2017.9.14;中央通訊社,2017.9.10、2017.9.23;中國評論新聞網,2020.1.1;民報,2017.9.10;莊珮柔,2017.9.11;陳奕璋,2017.12.6;黃政傑,2019;聯合報,2017.8.20、2017.9.23a、2017.9.23b、2017.9.23c)。爭議過程中連審議大會的表決也被質疑,教育部甚至還要聘請律師坐鎮會場,以確保會議程序合法無虞。再就社會領綱之歷史爭議來看,這一次歷史修訂特色為主題式,中國史納入東亞區域史來教,被視為有被消失的嫌疑,有許多批評提出來。批評者主要為國民黨、共產黨、國台辦、統派歷史學者等,其中有人喊出自己的教科書自己編自己用的主張。歷史課綱的爭議,在2020年總統大選階段,仍然持續不斷,有總統候選人的政見,訴求選中之後要把歷史課綱調回來,

背後論述是反文化臺獨。弔詭的是，根據新課綱所編輯、且於108年甫審定通過的高中歷史第二冊一出來，立即招致批評，學者指出（聯合報，2019.12.25）：

> 因編者非東亞史專家，國內相關史料也少，新版教科書對日本、朝鮮、越南等鄰國著墨少，有些重要章節甚至隻字未提，「東亞史淪為假議題」，換湯不換藥，仍大多在講中國史，「教科書如期審完卻不如質」。

　　由此一發現，依新課綱編出來的高中歷史教科書，仍然是中國歷史為主，原來課綱把中國歷史放入東亞脈絡的構想，未能落實，反對新社會領綱的人似乎對「去中國化」白擔心了，而主張區域史替代中國史的人，恐也是白高興了。課綱修訂時需要考量國內東亞史研究的實況，在學術上及早加強這方面的研究成果，鼓勵東亞史的專書出版，編寫教科書時才有材料可以參考，否則高懸理想，最後不免還是落空了。再者，出版社找編輯委員，要考量其學術專長，既然高中歷史要教東亞史，就要有專長東亞史的作者進來參與，出版社對新加入的東亞史，在編輯上也要進行探究。只是問題也出在社會領綱2018年10月才公布，有限的編輯時間內來不及進行教科書編輯需要的研發，因而課綱公布到實施之間預留的期程也很重要，有充分的時間準備，才能產生優質的實施。最後國內歷史人才的培育及研究，也要配合新課綱的修訂方向而有所轉型，一般講新課綱配套措施常都忽略了這一點。

四、課審機制問題

　　課審會在這一次課綱修訂扮演的角色，乃是最後的決定者，此一決策機制是值得特別注意的。課審會組成人員，有12位是教育行政人員，屬於教育部的人馬，加上其信賴的各分組正副召集人，教育部應能掌握會議的決議方向，也就是透過新法修訂組成的課審機制，教育部實際上掌控有

新課綱內容通過與否的決定性優勢，以配合課綱政策方向。問題是整體過程中看不出領綱政策方向是事先訂出來，讓研修小組依據政策進行研修，而似乎是等到領綱草案提出來，再來決定領綱政策。這就令人不解，為何不及早訂出領綱政策作為課綱研修準則，而是先由領綱小組去發展，再到課審會耗時費日爭執，延宕整個課綱修訂及實施的期程，連實施的各項準備也遭波及。在課審會爭執的過程中，外界質問教育部到底扮演什麼角色，教育部作為最高教育行政機關，對於中小學課程政策，不是應該仔細規劃，提出觀點，指導課綱研修才是嗎？可是今天課綱的決策好似落在最多幾十位課審委員手上，利用會議形式，決定影響中小學生學習的重大決策，也讓政治力介入影響決策方向。領綱政策宜在研修前先確定下來，課審只要確定政策在領綱草案中落實規劃即可。

課審會召開那麼多會議，每位委員都疲於奔命，教育部長絕大多數會議都親臨主持，事前還得閱讀準備。每次都利用週末時間來審議，似乎為了學生受教權，但學生及其他委員在會前需要多少時間準備呢？不需要休息嗎？真的不會影響學業嗎？課發課審兩層對立且以課審為尊的機制，首先需要檢討，而課審委員如何決定、如何聘用，也需要檢視。目前由行政院長提名，經立法委員推薦組成課審委員審查會審查非政府委員通過，再由行政院長聘請全體政府和非政府課審委員的作法，有人質疑這樣就架空了教育部部長的職權，對於課綱審議產生何種影響，也值得深入探討。政府代表的人數和比例，加上正副召集人的規劃，有利於執政黨之控制，是否為好的規劃？若政黨輪替，是否會失去原先之算計？課審會和課發會的成員有一部分可重疊，如何計算，在課審的過程中也出現爭議，而重新組課審會，這部分對課綱研修審議會產生什麼影響，也可以檢討作為未來改進之參考。審議過程中，委員資格爭議頻傳，諸如課審會委員與課發會委員重疊比例不當而重選延宕課綱審議、課審會委員的學生代表資格不符民主機制且因恐嚇罪遭提起公訴、課審會委員藍偉瑩資格爭議、國文選文黑箱作業且小組成員90%不具國文專業背景等，也值得注意（龔繼衛，2019.11.7）。

結語與建議

　　這一次十二年國教新課綱的修訂，自2008年啓動，歷經研究、研修、審議、前導、配套建置等程序，2019學年度開始實施。此次課綱的修訂堪稱臺灣有史以來最大規模，中小學一般類型教育和特殊類型教育課綱一次修訂完成，實屬不易。其中，教育部附屬機構國教院整合全國可用人力，研修新課綱總綱和普高、國中、國小領綱草案，教育部另指定其他單位研修其他課綱草案，並由國教院成立的課發會研議通過，送教育部課審會審議通過後，始公布實施。新課綱呼應十二年國教的理念，開展許多特色，其中最重要是以自發、互動、共好爲願景，以終身學習爲目標，在總綱訂定三面九項的核心素養主軸，引導各領綱之發展。此外，新課綱重視議題融入各領綱之中，推動探究與實作、跨域學習、自主學習等改革方向。

　　十二年國教新課綱研修審議過程中雖有不少爭議，實施前後各方對核心素養的定義及其學習評量提出質疑與建言，但整體而言瑕不掩瑜，社會各界仍相當肯定此次課程改革方向。然課程改革乃是持續不斷的過程，研發、研修、審議、前導試行、配套建置，只是整個系統工程的部分環節，課綱實施啓動，實施過程的協助、追蹤，實施成果的評估，以及後續同等重要的課程評鑑，都需要賡續進行，相關權責單位切不可停下腳步（國家教育研究院，2014）。而這一輪課綱處於運作過程中，下一輪課綱修訂的準備又將開始，課程改革的滾輪必須向前推進。

　　十二年國教課綱的修訂採取研發審議雙層機制，經歷過程中民間團體和高中學生反社會課綱微調的運動，導致立法院修訂《高級中等教育法》和《國民教育法》的課綱審議相關條文，提高課綱審議的法律位階，期望其公開透明、超越黨派。不過，課審新制開始運作，期間審查各領綱依然出現學生審課綱、外行審內行、課審政治化及課審機制難以運作之現象，課綱全部審議完成後，不到幾個月學校開學就得實施新課綱的狀況。

　　以下建議希望教育部和國教院能參考辦理：

1. 檢討十二年國教新課綱研修審議制度及運作之利弊得失，作爲下次修訂參考。

2. 提供充分資源支持新課綱素養導向之校本素養課程規劃，及素養教材、教學與學習評量的發展。

3. 提供充分資源推動跨域教學、領域議題融入教學、探究與實作教學相關教材教法。

4. 提供經費建立中小學師資培育教師跨域跨科教學的平臺，藉以培育能跨域學習之師資。

5. 推動呼應新課綱特色之中小學師資職前教育和教師在職教育之教材教法改革。

6. 檢視新課綱重要內容和特色實施所需之配套措施和支持系統，並持續予以改進。

7. 鼓勵新課綱重要內容和特色之基礎研究，以充實課程實施所需之教材資源。

8. 檢視中小學實施新課綱各領域各科目教學師資之質與量，並據以改進。

9. 依據本次課綱研修審議之經驗，檢討中小學課綱修訂的期程，使其更加切合實用且能應變。

10. 檢討教科書在有限時間編審的問題，改進後續之教科書編審品質。

11. 加強及改進新課綱之宣導措施，強化教師、行政人員和家長對新課綱之理解和實施能力與意願。

12. 建立新課綱疑義之解釋機制，為教育工作者除疑解惑，藉以促進新課綱實施成效。

13. 規劃新課綱實施之調查研究，藉以提供實施之支持和改進。

14. 規劃中央、地方及學校層級之課程評鑑，藉以了解新課綱之實施成果與問題。

參考文獻

ET Today新聞雲（2017.10.16）。課審會學生代表「零專業還投票？」　學生：專業傲慢更可怕。取自https://reurl.cc/EKlxk0

ET Today關鍵評論（2016.6.19）。課綱審議會方向轉彎，國中小學生有機會當代表。取自https://www.thenewslens.com/article/42312

上報（2016.7.29）。「自己課綱自己審！」10天開3會學生代表才出爐。取自https://www.upmedia.mg/news_info.php?SerialNo=1265

上報（2017.9.14）。中國表態挺文言文　指台灣文白之爭是「去中國化」。取自https://www.upmedia.mg/news_info.php?SerialNo=24759

大紀元（2016.4.29）。台立院決議暫緩12年國教課綱。取自http://www.ep-ochtimes.com/b5/16/4/29/n7786324.htm

中天新聞（2017.8.25）。高中國文課綱去中陸批文化自宮。取自https://gotv.ctitv.com.tw/2017/08/647817.htm

中央通訊社（2016.7.19）。李家同批國中小生審課綱　教部持開放態度。取自https://www.cna.com.tw/news/ahel/201607190357.aspx

中央通訊社（2017.9.23）。文言文比例降　搶救國文教育聯盟：痛心。取自https://udn.com/news/story/6885/2719065

中央通訊社（2017.9.10）。高中文白比例不變　課審會學生代表感失望。取自https://reurl.cc/24GkZa

中央通訊社（2017.10.14）。《文白之爭餘波蕩漾》課審會15日召開「推薦選文」仍將激戰。取自https://www.storm.mg/article/344279

中央通訊社（2019.8.10）。課審委員寄冥紙反送中　教長：依遴選規範處理。取自https://www.cna.com.tw/news/ahel/201908100094.aspx

中時電子報（2018.8.13）。學生代表蕭竹均與綠同陣線！新聞透視──課綱審議委員正當性遭疑。取自https://reurl.cc/jdZzLp

中國時報（2018.6.10）。文白之爭　台版文化大革命。取自https://reurl.

cc/0z0A7K

中國評論新聞網（2020.1.1）。中評：「文白之爭」彰顯台灣政治凌駕專業。取自https://reurl.cc/L1ryOK

今新聞（2019.9.7）。**批108課綱素養包山包海　李家同自嘲「有生之年沒素養」**。取自https://reurl.cc/W4QZk5

世界民報（2016.7.28）。**課審會學生代表選出22人　教育部盼8月底前啟動**。取自http://www.worldpeoplenews.com/content/news/7574

民報（2016.7.28）。**課審會學生代表22名單出爐　2反黑箱課綱成員出線**。取自https://www.peoplenews.tw/news/58b88190-8d39-440c-b68a-785a5f-bbb373

民報（2017.9.10）。**文白之爭學生連署：文學應貼近記憶與生命**。取自https://www.peoplenews.tw/news/643866e8-1906-4104-9c34-157ef45c0424

自由時報（2016.4.29）。**撤回課綱微調教育部：尊重表決結果**。取自https://news.ltn.com.tw/news/politics/breakingnews/1680288

李家同（2019.6.27）。**我沒有新課綱內的素養　何謂素養？**取自https://reurl.cc/lLrj9v

旺報（2016.5.22）。**新教長首道命令　暫停103課綱**。取自https://reurl.cc/QpArrO

林永豐（2020）。誰來解釋課綱的疑義？**臺灣教育評論月刊，9**(1)，20-25。取自http://www.ater.org.tw/journal/article/9-1/topic/04.pdf

林福來、林正昌（2019.12.30）。**缺漏金融素養教育108課綱欠前瞻**。自由評論網。取自https://talk.ltn.com.tw/article/paper/1342442

高級中等教育法（2016.6.1a）。取自https://reurl.cc/Gky8MZ

國民教育法（2016.6.1）。取自https://reurl.cc/Gky8MZ

國家教育研究院（2011.4.11）。處務規程取自https://reurl.cc/GkyWkG

國家教育研究院（2014）。**十二年國民基本教育課程綱要總綱—規劃理念、設計與實施準備（簡報）**。臺北：國家教育研究院。取自https://is.gd/NyvUR7

國家教育研究院（2014a）。**十二年國民基本教育課程發展建議書**。臺北：

作者。取自https://reurl.cc/8lMEdy

國家教育研究院（2014b）。十二年國民基本教育課程發展指引。新北：作者。取自https://reurl.cc/k5YxDL

國家教育研究院（2018.5.24）。處務規程取自https://reurl.cc/EKlEK0

國家教育研究院（無年代）。【協力同行】認識新課綱。取自https://www.naer.edu.tw/files/11-1000-1580.php

國家教育研究院組織法（2010.12.8）。取自https://reurl.cc/RdGxdg

國家語言發展法（2019.1.9）。取自https://reurl.cc/zyR3m6

張國恩（2019.8.23）。回歸學科本質 救108課綱。取自https://udn.com/news/story/7339/4007086

教育部（2014.1.9）。高級中等學校課程審議會組成及運作辦法。取自https://reurl.cc/1QAyx8

教育部（2014.11.28）。十二年國民基本教育課程綱要總綱。臺北：教育部。取自https://reurl.cc/A1mVvY

教育部（2014.7.25）。高級中等以下學校課程審議會組成及運作辦法。取自https://law.moj.gov.tw/LawClass/LawAll.aspx?pcode=H0000133

教育部令（2017.5.10），臺教授國部字第1060048266A號。

莊珮柔（2017.9.11）。文學作為一種文化載體：你以為文言與白話文之爭是文學之爭嗎？取自https://www.civilmedia.tw/archives/68085

陳奕璋（2017.12.6）。觀點投書：以文白之爭遂行政治目的，犧牲的是教育。風傳媒。取自https://www.storm.mg/article/366834

曾志朗、柯華葳、陳明蕾（2015）。104年度「十二年國民基本教育實施計畫提升國民素養實施方案」研究報告。取自https://rh.naer.edu.tw/cgi-bin/gs32/gsweb.cgi/ccd=E212Qq/record?fulltext=%2583oW_GOW_GOW%255CPYcJ&dbid=%2583oW_GOW_GOW%255CPY&irh_search=1

黃政傑（2015）。課綱微調之研修審議評析。臺灣教育評論月刊，4(9)，83-92。

黃政傑（2019）。評課綱研修審議的政治性。臺灣教育評論月刊，2020，9(1)，1-7。取自http://www.ater.org.tw/journal/article/9-1/topic/01.pdf

黃映溓（2016.7.28）。學生參與課審滑天下之大稽。**觀策站**。取自https://re-url.cc/vnOYRL

劉源俊（2020）。正本清源說素養。**臺灣教育評論月刊，9**(1)，13-19。取自http://www.ater.org.tw/journal/article/9-1/topic/03.pdf

聯合報（2017.8.20）。**課審會學生代表：歌頌唐宋八大家是在「造神」**。取自https://udn.com/news/story/7314/2653070

聯合報（2017.9.23a）。**管碧玲：我以準阿嬤身分　要求大幅調降文言文比例**。取自https://udn.com/news/story/6887/2718517

聯合報（2017.9.23b）。**課審會「翻案」再審文白比率　教育部說明為什麼**。取自https://udn.com/news/story/6885/2718451

聯合報（2017.9.23c）。**文白比率翻盤　台文學會：語文教育改革的起步**。取自https://udn.com/news/story/6885/2719075

聯合報（2017.9.24）。**觀察站／課審政治戲　專業靠邊站？**取自https://udn.com/news/story/6885/2719328

聯合報（2019.12.25）。**東亞史是假議題！高中歷史第二冊教科書仍多數教中國史**。取自https://udn.com/news/story/6885/4249160

聯合報（2019.6.23）。**國教課綱二年審完　教長肯定：學生代表可以審課綱**。取自https://udn.com/news/story/7266/3887874

聯合新聞網（2017.8.27）。**王彩鸝／國文課綱審議3奇蹟**。取自https://udn.com/news/story/7586/2666460

龔繼衛（2019.11.7）。**應重新檢視課綱委員資格規定**。取自https://www.npf.org.tw/1/21738

第二章

滾動修正、與時俱進的課綱制定：新加坡中小學課綱發展的模式探討

林子斌

一、前言

十二年國民基本教育的改變，帶來一套由小學一年級至高中結束的新課綱，在進一步統整大學前課程的同時，也將臺灣的教育正式導向素養為主的方向。這次的變動帶來許多不安與挑戰，因此自總綱公布開始到新課綱上路的五年時間，教育部、各級學校（包含與考招議題息息相關的大學）、教師、學生與家長都密切關注課綱的發展與可能帶來之影響與衝擊。因為教與學是教育體制中最直接的師生互動，也是最直接影響學生的一個教育環節，而對教與學的日常有最深影響的課綱，就成為核心的關注點。

在反思此次課程綱要發展與實踐的歷程，有著不少的爭議與討論，在一些媒體的討論中可見一斑：

> 108課綱新聞不斷，包括：「大學端及高中端對大學考招新方式有歧見」、「課綱審議委員組成爭議」、「社會課綱爭議」……，不斷出現的各種爭議，看在多數父母的眼裡覺得霧煞煞，真是無所適從。（王惠英、黃啟菱，2019）

在這樣的情況之下，透過參考其他國家的作法，是否能提供臺灣一些不同的思考？期能讓下一套課綱的研發過程與實踐能夠更順利，接受度更高。在此一前提下，本章將以新加坡為例。首先，說明新加坡課程綱要發展的機制與主事單位。其次，將討論最近一波新加坡課程綱要制定的背景與主要理念，接著說明課綱之重點與特色。最後會論述新加坡課綱發展與制定過程中的重點，期能提供臺灣未來進行參考，也因此本章中的討論多以臺灣現行的新課綱作為參照點進行比較。當然，本文中的討論應可提供其他地區有興趣的讀者一些想法與觸發討論。

本章選擇新加坡作為主要探究國家的原因在於：近年來新加坡教育儼然成為東亞教育成功的代表（林子斌，2017），除吸引東亞鄰國之目光外，更引發歐美研究者希望了解新加坡教育的渴望，這個現象某種程度反

應在與新加坡教育相關的書籍、期刊與媒體文章數量的持續增加上。而在臺灣，新加坡教育亦爲學術研究界與教育相關媒體報導的焦點之一。舉《親子天下》爲例，2017年以教育五冠王爲名稱，討論新加坡教育成功的關鍵（李京諭，2017）。

　　但是，我們真的對新加坡了解嗎？在新加坡目前高度經濟發展與教育制度持續有良好表現的情況下，在驚羨其成就的同時，在臺灣的我們不該忘記任何現有的良好表現皆有其發展的背景、脈絡與歷程，若要對一個國家的教育現狀有更好的理解，必須了解全套而非片面的表現。一個鮮明的例子就是臺灣在談雙語教育時，幾乎言必稱新加坡，卻忽略掉英語在臺灣與新加坡所扮演的角色截然不同，更忽略掉新加坡雙語教育發展的歷程與背景（詳細討論可參考：林子斌，2019）。因此，本章期望向新加坡學習課綱制定的發展歷程時，能提供一個更全面的理解。

　　本章的資料除文獻、新加坡教育部與相關的網站之外，由於課綱制定的過程並沒有太多的資料與文獻，因此在課綱制定流程上，有採用訪談法蒐集資料。本次訪談的對象爲一現職新加坡學校領導（此後稱爲C），過去曾在教育部任職並且擔任課綱規劃與制定之工作。訪談於2019年7月分在新加坡進行，訪談時間約爲1小時。第一手的訪談內容補足許多文獻中無法看到的內容，期能豐富本章的討論，而更具參考價值。

二、新加坡教育發展簡介

　　教育是新加坡立國迄今最重要的一個社會機制（social institute），更是塑造新加坡社會當前的樣貌（如社會規範與價值）的主要力量（Gopinathan, 2015; Ministry of Education, n.d.）。教育在新加坡政治人物的口中，是國家發展最重要的基石（Shanmugaratnam, 2008），因爲優質教育所培育的人才是新加坡最珍貴的資產（Ministry of Education, n.d.）。而其教育之優異表現亦受到國際認同，正如在《全球最優秀的學校系統如何持續進步》（*Howthe World's Most Improved School Systems Keep Getting Better*）這份報告中，新加坡僅次於芬蘭與加拿大的安大略省而名列第三，成爲亞洲傑出教育系統之代表（Mourshed, Chijioke, & Barber, 2010）。

　　新加坡爲英國前殖民地，其教育體制受殖民母國影響迄今仍清楚可見，尤其在教育學制上。然而，新加坡在教育上的努力與改革的歷程，已經走出一條新路，成爲兼具英式色彩、亞洲傳統的學制，而在其課程規劃上更是發展出符合多族群國家與在地需求的內容（林子斌，2017）。新加坡教育發展可分爲四個主要階段：快速擴張、效率導向、能力導向與現今的價值導向階段（Boon, 2018）。最近一波的教改始於1997年，由當時的吳作棟總理提出「會思考的學校、學習型的國家」（Thinking Schools, Learning Nation, TSLN）的教改方針後，啓動以能力爲導向的教育改革（Ng, 2008; Tan, 2008）。本文將聚焦在最近一個階段之課程改變，由能力導向轉向以學生爲中心的價值導向教育。

三、課綱制定的脈絡：從能力導向到價值導向的課程改革

　　在「會思考的學校、學習型的國家」（TSLN）的教改願景於1997年提出之際，新加坡教育部還同時提出三項新的作法。在二十世紀末的當時，資訊與通訊科技的發展已經不容忽視，因此科技教育宏觀計畫（IT Master Plan）是在「會思考的學校、學習型的國家」願景下被提出的主要改革內容，期望透過資訊科技與學校課程之整合，培養更多自主的學習者。其次，開始在學校課程中引進批判與創意思考，而第三個新課程內涵則是提倡新加坡國家教育（National Education），以培養並強化新一代新加坡人的國家認同（Gopinathan & Mardiana, 2013）。這些改變對於新加坡的課程都有深遠的影響，尤其是國家教育的提出，更是爲下一階段的課程改革奠定基礎。在國家教育中，開始形塑新加坡價值，而這在日後成爲價值導向教育的源頭。

　　2004年新加坡李顯龍總理提出「教少學多」（Teach Less Learn More, TLLM）的改革作法，希望鬆動過去考試導向的新加坡教育，讓教師們多著墨於培養學生的「探究、實驗、探索與實際應用」的能力（Gopinathan & Mardiana, 2013: 26）。「教少學多」這個課程與教學上的典範轉移提出之時，明確地標示新加坡教育由重量轉成重質（Boon, 2018）。而且教育部還同時推出「啓動教少學多！」（TLLM Ignite!）資源包給學校，讓學

校進行校本課程之設計與實踐（Gopinathan & Mardiana, 2013）。同時，新加坡教育部也對小學與中學兩個教育階段進行系統性的回顧，在新的改革作法推動之前，先對現有的義務教育階段進行盤點與回顧。在2004年對於新加坡教育現狀開始盤點之際，教育部內已開始醞釀新一波的課程變革，而這一波新改革的規劃正式提出已經是2011年之後，朝向學生中心、價值導向的教育（Boon, 2018）。

　　由前述兩個改革的啟動案例，可以歸納新加坡教育改革的特色。首先，改革願景一定有相對應的配套政策與作法。舉師資養成為例，新加坡師資培育機構必須依照教育部要求隨時調整師培課程，以確保所培訓之教師能了解並落實新的課程政策（林子斌，2011）。甚至在課程與教學典範轉移之時，推出讓學校可直接使用之資源包，確保學校有足夠資源跟上改革的進度。其次，政策有延續性，「教少學多」通常被視為是「會思考的學校、學習型的國家」願景在課程與教學上的落實策略，前後兩任總理在教育上的施政有清楚的延續性。第三，改革步調穩健，避免給學校過多的擾動，前述三個大的改革作法，期間皆約有七年左右的間隔。正如Ng（2017）提到的，新加坡在教育上有改革的意願，但也會守住教育的基礎，進行改變的同時也會關注到政策的延續性。換言之，好的基礎不能放棄或改變，但是跟不上時代就要調整，教育政策可以與時俱進，但是前後必須連貫，而這或許正是新加坡教育能持續進化與提升品質的關鍵之一。

四、新加坡課綱的主要推手：新加坡教育部課程規劃司

　　新加坡教育的成功，教育部的高品質規劃與有效率的執行絕對是功不可沒的。以教育部的組織來看，其分為三個主要部門：專業部門（Professional Wing）、計畫部門（Planning Wing）與服務部門（Service Wing），三者分工明確。專業部門掌管整個新加坡教育系統的專業相關業務（包含課程發展、學校管理等），常被稱為教育部的柱石，而其他兩部門的業務多是規劃與支援的性質，負責一般教育政策、財政與經費相關議題與人事。

　　新加坡為內閣制，因此教育部長由執政黨之國會議員擔任。整個

教育部最高的文官是常任祕書（Permanent Secretary），其下有三位文官，其中僅有專業部門的負責人才能被稱爲總司長（Director-General of Education），另外兩個部門最高負責人則叫做副常任祕書（Deputy Secretary）。由新加坡教育部的架構與編制來看，專業部門是最大單位（Ministry of Education, 2019a）。在總司長底下又分三個副總司長，分別掌理課程、學校跟專業發展。課程司則是在專業部門裡的第一司，可見新加坡教育部對於課程發展之重視。

在新加坡與課綱制定相關的部門，包含課程規劃與發展司（Curriculum Planning and Development Division, CPDD）、課程計畫處（Curriculum Policy Office, CPO）、課程發展委員會（Curriculum Development Committee, CDC）。以下分別論述各單位之任務與角色：

1. 課程規劃與發展司（CPDD）主要任務，在於發展一套符合新加坡國家、社群與個人需求的課程，肩負著下列職責：設計並檢視各領域課綱的發展並監督其執行、推動符合課綱內容的教與學並設計符合新加坡教育目標（Desired Outcome of Education, DOE）的評量模式、規劃並負責如資優教育等特殊課程之執行等（Ministry of Education, 2019b）。課程規劃與發展司因其任務分成兩大組，第一組負責所有母語、科學相關學科領域及資優教育，而第二組負責英語文與人文相關領域。以科學領域爲例，其下會細分學科如數學、科學與應用科學的科目。簡言之，各學科領域的課綱都在課程規劃與發展司及其所轄單位進行制定與調整。

2. 課程計畫處（CPO）的主要任務，在發展與檢視所有與新加坡國定課程相關之政策，協助完善、均衡、有目的性與效率的課程、教學與評量實踐（Ministry of Education, 2019c）。

3. 課程發展委員會（CDC）爲決定新加坡課綱的主要審議委員會，新加坡整體課程願景與各領域的課綱，都需經過這個委員會討論通過。教育部內的課程發展委員會最早成立於1967年，負責找出課程改革之需求、指導與協調新加坡各學科領域之常設委員會（subject standing committee）之運作（Ang, 2008）。而課程發展委

員會中會有哪些代表組成，其包含教育部不同單位之代表、國立教育學院（National Institute of Education, NIE）之代表等，而其中國立教育學院就是新加坡唯一的師資培育機構。這可以看到，教育部在課程調整與更動之時，皆有注意到師資培育這項重要的配套。

綜上所述，在課程綱要的制定上，課程規劃與發展司扮演著非常吃重的角色，而課程發展委員會則是拍版定案與協調各領域的角色。各領域的常設委員會通常是由教育部內、學校端與學者專家所構成。在此必須指出，新加坡教育部內雖然如臺灣有部分文官，但是在與課程相關的單位，有很大一部分任職的人員是由學校現場輪調而來的優秀教師或具有領域專長的學校領導進行課綱的制定、規劃與執行。正如受訪的C提到，在不同的學科領域裡，大約可分為兩類人員。

　　（一個領域）裡面的人基本上分兩大類，一類像是specialist，有點類似像專科督學這樣概念的人才，他們最基本要求是至少要有相關領域之碩士學位，而大部分是有博士學位的。我們（教育部）都讓他們到（國內外）不同大學去念相關博士回來。這些人大概占一個領域課綱制定團隊總人數之四分之一至三分之一。而其他人數則是由學校調任過來，這樣可以平衡，因為有些人是做長期規劃，而且一定要經過相關專業培訓，但又一直有學校老師調派至教育部去，所以你會有新想法，會較清楚學校到底在想什麼。

正因為如此，新加坡的課綱才能很接地氣並符合第一線教學之需求。因為採輪調制，人員會更新，一方面能帶進目前學校現場之經驗，另一方面也能讓之前在教育部負責規劃與推動課程的這些教師回到第一線教學現場落實課綱的理念。學者專家或其他的文官，在課程與教學專業上，多數扮演諮詢、協助的角色，整個課程是由領域專業且有經驗的專科督學與現場輪調至教育部之教師們來進行規劃。

五、課綱的制定歷程：尊重專業、滾動修正

新加坡的課綱制定歷程與臺灣不同，新加坡並沒有明定幾年就該有一套新課綱，所以不會經歷類似臺灣十年左右，所有領域學科有一套新的課程綱要。如C指出：

> 我們（新加坡）在改課綱的時候，我們非常重視不能一次改太多，一定要循序漸進的來改。我舉小學來說，因爲小學科目少。比方說，小學有語文、數學、科學、美術、音樂跟體育。每次改，我們大概不會同時改超過兩個（領域），因爲不只要照顧到科任教師能否適應？從校長角度來看，也是要照顧我們能否反應過來，因爲我們在學校最主要的工作是要領導課程改革，我們雖然不是教一個科目的教師，但是作爲校長，我們需要統領課程改革，那如果一下子都改，當然有優點，比方說假設現在是2019年，然後2024年大家知道課程要全改，然後2020年已告知學校方向，學校至少有兩年時間作準備。可是新加坡的想法是說，我不要這樣子改，我可能每次只是改一點，所以我們沒有所謂一次改到完的先例。

由前述的說明可見，新加坡在制定新課綱時，很認眞思考學校教師與學校領導是否能負荷全面性的改革。因爲在系統中進行大規模變革，正如臺灣這種一次全改的模式，在組織行爲研究中已被證實會遭遇更大的阻力且失敗機率較大（Senge, 2005; Kaplan & Owings, 2017）。而新加坡在課綱的調整上，選擇與臺灣走上不同的道路。

其次，新加坡在尊重專業的前提之上，在課程改革將啓動之前，會讓各學科領域常設委員會知道改革的方向，而由常設委員會成員們決定各學科領域課綱調整的時程與幅度。換言之，每個學科領域的課綱調整與否及何時調整，這都是在課程規劃與發展司內的各領域專家與教師有自主權決定的。對此，C做出下列的說明：

　　我們有一個不明文規定，當你（教育部）的總綱（課程改革的方向）出來後，一般各自領域在三到五年內，所有領域都會接著改。不是說這個大綱（總綱）出來之後，你下面領域就可以完全不動，只是說我們改的時間不一樣。然後，如你剛才問到的，各科目會不會有一個規定時間（要完成）？這要看領域的不同，不同領域會有不同的作法與決定。而在所謂的總綱上，我們沒有固定時間（一定要改總綱），我們是因應需要而修訂。

　　像我之前在的XX領域，我舉XX領域做例子。要修訂課綱時，首先新加坡不叫課綱，叫做課標，就是課程標準，但其實（跟課綱）是一樣的東西。我們一定要成立課標委員會，課標委員會沒有明文規定，它的成員要包括哪些，但是我們會希望要廣納不同人的意見。所以我們會盡最大的可能，找不同的人來參與這樣一個課標委員會。以XX科（領域）做一個例子，會有大學代表，而且我們不只找師培的大學代表，比方說我們會找國大XX系、南大XX系、NIE（國立教育學院）XX系，都會有相關的代表。另外一定要有考評局的代表，因為考試重要。要有（教育部）師培處代表，然後一定要有校長作代表，一定要有主任作代表，而且一定要確保遴選到沒有擔任（其他行政）職務的教師作代表，因為他們是站在最前線，我們也需要照顧到他們的需要。然後我剛才所提到，如果這個委員會覺得有需要的話，他們也可以找一些非教育領域的，可是對教育學科可能會有想法、貢獻的人進來，我知道說，比方自然、數學領域就會做很多，他們可能會請相關業內人士進來做，所以在這個層級是有可能找非教育相關的專業人士，所以這個委員會就要負責審定課程司所發展的課程，符不符合他們當初所定下來的目標？這些課程是不是需要做修訂？這都是由此委員會來做指導工作。

此處C所指出的委員會就是前述課程規劃與發展司下轄的不同領域之常設委員會，由此可見不同委員會在課綱修改進行討論時，可以有很高的自主權決定要諮詢哪些類別人士。此外，也可以看出新加坡並沒有規定一定時間就得產出一套新課綱，反而是根據實際需求，有需要再調整。這樣的作法與臺灣現行的方式，有著很大的差異。以臺灣爲例，108課綱方於2019年9月分上路，負責課綱研擬的國家教育研究院已經以十年爲期，第一個五年盤點現行課綱的實施成效，而第二個五年要研擬下一套課綱。這樣的規劃看似合理，但是十年期限一到眞的需要一個全新的課綱嗎？這十年之期限是如何得來的，也是非常值得在臺灣的研究者們進行省思的！

當領域常設委員會擬好課綱草案後，是否有相關審議機制？對於這個程序，C進行以下說明（R代表研究者的提問與回應）：

> C：課程發展委員會是會定期審批我們所謂的課程，然後這個課程發展委員會，有各司司長、考評局……相關機構單位，一定都要派人作代表，所以這個委員會是蠻大的，我當時進教育部的時候，這個委員會大約有20人。
>
> R：可以請問課程發展委員會裡面，就是有副常任祕書？
>
> C：是副總司長。
>
> R：所以裡面是一位副總司長當主席？
>
> C：對。
>
> R：然後他會有其他單位的人？
>
> C：對。
>
> R：那這些人都是教育部底下的人嗎？
>
> C：不一定是，因爲他要有比方說考評局之代表，他要有（國立）教育學院之代表。
>
> R：教育學院就等於是師培單位之代表？
>
> C：對。所以他要有師培單位的代表，要有考評局單位的代表。因爲在新加坡這麼重視考試的地方，你所有課程改革沒有相關考試的配合的話，就等於是白做了。

　　R：我知道，因為考試會引導教學。

　　C：對，雖然我們一直覺得不應該是這樣子，但是我們不得不向現實低頭。所以他一定會有相關這樣的代表，然後這些大部分都是公務員，不一定是教育部內部，但基本上都是所謂司長級的。然後他們會對每個課程提出意見，然後有時候會叫我們拿回去修，有些可能是，比方說，他會告訴你，我的師資培訓沒有辦法，達到他們的要求，比方說你的計畫兩年，可是你的人力不夠。或者科技司的就會說，你的要求理念很好，但目前的科技是做不到，太貴了，沒有辦法支持。那計畫就要回去重新思考調整，所以內部不完全是課程專業的人組成這個課程發展委員會，其實有方方面面各個代表，包括學校司也要有一個代表，因為他們就必須負責來協調跟學校之間的關係。新加坡跟臺灣很不一樣，剛剛我聽的感受，跟臺灣的課改是你改所有的東西就一次都改，是這樣子嗎？

在此，C很清楚說明領域課綱如何在課程發展委員會中被討論的，師培、考評與科技等不同部門，都會就領域提出的課綱草案進行配套可行性的討論，在反覆討論中進行修正。當然，其中提到的考試引導教學之現象，在同屬華人文化圈的臺灣也是相當嚴重的。從108課綱上路後，考招連動的議題就是考試引導教學議題的一種延伸與體現（相關討論可參考江宜芷、林子斌，2020）。

　　如前所述，不同領域修訂課綱的時間不一，C也就這點進行更清楚之說明：

　　　　可是我剛剛還要提到一點就是說，新加坡（跟臺灣相比）可能會做的比較細緻一點點的是在不同領域的學科，修訂課標的週期不一樣。比方說自然領域跟數學領域的修訂週期，是三到六年就要做一個修訂。語文領域可以長達十年都不需要做修訂，因為嚴格上來說，語言你不需要改，語言不太會在十年內

有大變動，因為好像比方說，我們的華文課本來說，我十年前編跟十年後編其實不會有很大的改變。舉例來說，我們要教司馬光的故事，不可能十年後司馬光就不在了。

新加坡的課綱制定會依照不同學科領域的特性，進而規劃課綱修改的時間，並不會一刀切，因為政策而在同一個時間點要求所有領域與學科要提出新的課綱。這樣的彈性就是留給各領域的常設委員會決定與討論。

> C：我自己覺得這些新加坡課程比較理性，也有很人性的地方，因為有時候擬出這樣的大綱領，不是每個學科都做得到，比方說你剛剛說的媒體素養，媒體素養我們在司署裡面叫做information literacy（資訊素養）。不全然說是相同的概念，但（與媒體素養）有一些是重疊，這個information literacy（資訊素養），把它放在語文科它的表現，跟把它放在數學科，它的表現是完全不一樣的。所以你是要怎麼去詮釋？怎樣去納入課程，你需要把目前現有的單元，來做增強、變化，還是說設新內容，這些完全是看各科的督學，他要怎樣去做。
>
> R：所以說，即便有像總綱政策出來，不是所有總綱內容都要反應在每一個學科裡面？
>
> C：不用，因為你可以依照學科特性選擇你要回應或是包含哪些內容。

當有新的課程政策或者類似臺灣總綱的文件出現時，新加坡教育部也允許個別學科領域能夠自主決定是否要納入該學科的課綱。這些再再都顯示出對於學科領域專業的尊重，正如研究者在提問時舉的例子，對於媒體素養或資訊素養這一類屬於議題式的內容，放在不同學科中會有非常不一樣的表現，甚至不一定適合每一個學科。因此，給予學科領域彈性，的確是比較符合現實的作法。

綜上所述，新加坡的總綱制定不會先定好時限，而是覺得有需要就可

以調整，當然也可以選擇不調整。而在調整時，不會是系統性大規模一次改動，而是考量學校的負擔、課程領導者的能力，以部分調整的策略進行推動。這種滾動式修正的微調，讓課綱的制定與實施上的阻力變小，現場教師與課程領導者也更容易推動並且獲得成功。再者，從訪談的摘要內容可見，各學科領域是否要調整課綱？多久調整一次？總綱裡的議題是否要全部納入？都屬於常設委員會專業判斷的權責，呈現對領域專業的尊重。

六、課綱實施成效評估

課綱變動的同時，新加坡教育部會進行不同的配套，例如：前述的「啓動教少學多！」（TLLM Ignite!）資源包這類提供不同範本或示例給學校參考的配套。或者，師資培育的配套與現職教師的專業發展的配套都有充分準備情況下，當新的課綱上路後，成效如何評估？誰來評估？關於這點，C的說明如下：

> 我們可能會通過兩方面來評估，一個就是課程規劃與發展司本身，我們要定期下學校，蒐集老師意見。我們需要寫報告說，我們自己下去的時候，我們要從哪方面來看。第一、直接跟教師做小組討論，由教師來告訴我們，這個課程（綱要）設計的好還是不好，聽校長反饋，因爲我覺得校長最知道發生什麼事情，另外一點我們要去試學，我們要回去寫試學報告，像以前我每年要做二十堂試學。

此處的試學就像臺灣的觀課，也就是當新的課綱在學校實施時，在課程規劃與發展司的這些學科領域專家與教師必須到現場去觀課或與教師座談，透過訪談與觀察蒐集第一手的資料，以觀課報告的形式回饋給課程規劃與發展司的長官。如C指出「我要回來寫報告，因爲這個報告會告訴我的司長，這個課程實行方面有沒有難度，那這個難度是出在哪裡，是出在教師培訓不足？還是我們提供的資源不足？」教育部制定課程綱要的人員必須去現場了解課綱施行是否有困難；若有，原因何在。

　　但是，編制課綱的人是否會因爲想得到正向的回應而挑選表現良好的學校呢？在新加坡這樣的情況不會出現，因爲到哪些學校去座談與觀課，不是課程規劃與發展司的人決定，而是由教育部裡另一個單位「研究與資訊管理司」（Research and Management Information Division）來規劃相關的成效評估。這個司下屬的資訊管理部（Management Information Branch）的職掌之一，就是透過資料蒐集與分析掌握新加坡教育系統的最新狀況。資訊管理部會規劃哪些學科領域該到哪些學校進行新課綱的成效評估，如此可避免課程規劃與發展司落入球員兼裁判的情況。

　　在進行課綱成效評估時，資訊管理部會依照各學科領域提出的要求來篩選學校，「我們可以提出要求說我們要看多少所，我們大概要看什麼類型，我們要看什麼年級，然後我們會把要求寫給資訊管理部，然後由資訊管理部來告訴我們說，比方說，我們要選20所學校，他們一般會給我們25所學校，我們可以再從中挑選，我們再去聯繫學校。」然而，課程規劃與發展司到學校進行課綱施行的成效評估，校方並不一定會同意。當被選取的學校覺得有困難時，是可以將成效評估延期，但理由必須充分。C以他的學校領導經驗，給出一個實例：

　　　　學校覺得有困難，我們還是可以向教育部說，今年你不能來，明年你再來我可以。我們學校全校只有四個地理科教師，然後剛好有一年兩個老師去生產，輪流去生產、生孩子。那時候他們（課程規劃與發展司）要來看的時候，我就很直接的跟他們說今年可能真的不可以，你要來看歷史科可以，你不要來看地理科。因爲我覺得對另外兩個教師來說，他們的壓力會很大，因爲他們已經要負擔比較多課程，你還要來看。所以我們還是有我們的自主權。……還有我們（學校）三個美術教師都很優秀，過去幾年他們都是用我們學校做示範單位，可是今年我們就拒絕了，因爲我們三個美術老師，一個去生孩子。

從C提供實際學校和課程規劃與發展司的互動可以發現，教育部給予學校

一定的自主權，在合理的範疇內學校可以延後或拒絕新課綱的成效評估。這某種程度上也反映出教育部與學校之間的關係，並不是權威式上對下的關係，反而教育部與學校比較像夥伴關係。

七、代結語

過去研究者在新加坡任教的經驗中，與新加坡教育部、各級學校都有不少互動，對於新加坡教育也有親身的觀察與理解。此次專注在課綱制定的主題上，透過文獻搜尋，卻鮮少看到詳細說明新加坡課綱制定的過程。在缺乏資訊的情況下，一開始還天真地猜想，新加坡與臺灣相較，在政府治理上，國家的權力更為集中，課綱應該也是一條鞭由教育部制定並到學校執行落實。在這半年多資料蒐集與訪談的所得裡，發現與研究者先前的印象相去甚遠。新加坡的課綱制定非常有彈性、接地氣、尊重學科領域專業的判斷，這些作法都讓課綱在學校的推動容易成功。教育部與學校領導者，都會衡量第一線教師適當的工作量，再啟動課綱的更新與成效評估。換言之，是一種以人為本的課綱制定與實行。

參考文獻

王惠英、黃啓菱（2019）。課綱：全台家長非懂不可108課綱影響多大？
（190306更新）。取自：https://futureparenting.cwgv.com.tw/family/con-
tent/index/10643

江宜芷、林子斌（2020）。當「大學選才」遇見「高中育才」：大學多元入
學考招改革的批判論述分析。教育研究與發展期刊，**16**(1)，1-34。

李京諭（2017）。新加坡教育成為世界冠軍，是花**20**年做對這**5**件事。取
自：https://flipedu.parenting.com.tw/article/3441

林子斌（2019）。新加坡教育國際化的助力：雙語教育之發展與啓示。教育
研究月刊，**305**，116-125。

林子斌（2011）。新加坡師資培育制度與教師素質。載於楊深坑、黃嘉莉
（主編），各國師資培育制度與教師素質現況（頁277-296）。臺北市：
教育部。

林子斌（2017）。新加坡教育的發展探究——C到A+的歷程。載於溫明麗（主
編），亞洲教育的挑戰與展望（頁111-136）。臺北市：國家教育研究院。

Ang, W. -H. (2008). Singapore's textbook experience 1965-97: Meeting the needs
of curriculum change. In S. -K. Lee, C. -B. Goh, B. Fredriksen, & J. -P. Tan
(Eds.), *Toward a better future: Education and training for economic develop-
ment in Singapore since 1965* (pp. 69-95). Washington DC: The World Bank.

Boon, Z. (2018). *Singapore school principals: Leadership stories*. Singapore:
World Scientific Publishing.

Gopinathan, S. (2015). *Education*. Singapore: Straits Times Press.

Gopinathan, S. & Mardiana, A. B. (2013). Globalization, the State and Curricu-
lum Reform. In Z. Deng, S. Gopinathan, & C. Lee (Eds.), *Globalization and
the Singapore curriculum: From policy to classroom* (pp. 15-32). Singapore:
Springer.

Kaplan, L. S. & Owings, W. A. (2017). *Organizational behavior for school leadership: Leveraging your school for success*. New York: Routledge.

Ministry of Education (2019a). *Organisational Structure*. Retrieved from: https://www.moe.gov.sg/about/org-structure

Ministry of Education (2019b). Curriculum Planning and Development. Retrieved from: https://www.moe.gov.sg/about/org-structure/cpdd

Ministry of Education (2019c). Curriculum Policy Office. Retrieved from: https://www.moe.gov.sg/about/org-structure/cpo

Ministry of Education (n. d.). *About us*. Retrieved from: https://www.moe.gov.sg/about

Mourshed, M., Chijioke, C., & Barber, M. (2010). *How the world's most improved school systems keep getting better*. Retrieved from https://www.mckinsey.com/industries/social-sector/our-insights/how-the-worlds-most-improved-school-systems-keep-getting-better#

Ng, P. -T. (2008). Thinking Schools, Learning Nation. In J. Tan & P. T. Ng (Eds.), *Thinking Schools, Learning Nation: Contemporary Issues and Challenges* (pp. 1-6). Singapore: Pearson.

Ng, P. -T. (2017). *Learning from Singapore: The Power of Paradoxes*. New York: Routledge.

Senge, P. M. (2006). *The Fifth Discipline: The art and practice of the learning organization*. New York: Currency & Doubleday.

Shanmugaratnam, T. (2008). Foreword. In S. K. Lee, C. -B. Goh, B. Fredriksen & J. P. Tan (Eds.), *Toward a better future: Education and training for economic development in Singapore since 1965* (pp. ix-x). Washington, DC: The World Bank.

Tan, C. (2008). Tensions in an ability-driven education. In J. Tan & P. -T. Ng (Eds.), *Thinking Schools, Learning Nation: Contemporary Issues and Challenges* (pp. 7-18). Singapore: Pearson.

英國中小學課程綱要發展的歷程與特色

林永豐

一、前言

　　課程綱要（以下簡稱課綱）通常指的是國家在中小學課程政策的主要文件，是官方課程最主要的代表。為了顯現該國對中小學教育內涵的期待與要求，課程綱要的修訂往往必須歷經非常慎重的歷程，亦即可能會有較高的立法層級、較長的修法時程，以及較廣的民意基礎。

　　在英國，官方的課程政策主要體現在兩類正式文件：其一是指各類的教育法案（Education Act），是各種教育政策的根本基礎；其二，則是規範該階段課程具體內涵的法規命令（legislative order），以及其所包含的相關文件。上述兩者均需經由國會的通過，差別是其所規範的內涵不同。若對照我國的教育政策文件，則我國的中小學課程綱要總綱（簡稱總綱）與領域課程綱要（簡稱領綱）在性質上比較接近前述英國的法規命令，但英國這些法規命令的修訂，又必然有教育法案的授權為基礎。

　　以目前英國現行的中小學國定課程（National Curriculum）為例，即包括下列兩份重要文件：

　　㈠ 2011教育法案（Education Act, 2011）

　　㈡ 2013國定課程法規命令，其全名為The Education (National Curriculum)(Attainment Targets and Programmes of Study)(England) Order 2013

　　英國是內閣制的國家，大選之後由國會的多數黨組閣，並擔任首相。因此，一旦大選後國會有了新的民意基礎，而政黨輪替的結果，新的執政黨也往往會透過教育法案的修訂，來落實該執政黨的教育理念與教育政策主張。此外，所謂的英國指的是大不列顛聯合王國（United Kingdom），主要包括英格蘭、威爾斯、蘇格蘭與北愛爾蘭。下文中所指的教育政策，則以英格蘭地區的教育制度與政策為主。

　　下文中將先介紹英國的政體制度與立法特色，繼之說明教育法案與國定課程的基本形貌，再以現行的國定課程之修訂歷程為例，說明英國課程政策文件的形成機制，最後綜合本文所述，歸納出英國課綱制度的特色。

二、英國的政體與立法特色

英國的國會有三大部分：國王、上議院（House of Lords）與下議院（House of Commons）。除了國王或女王代表國家之外，上議院與下議院則為實際掌握政權的最高機構。立法與審議的歷程，則起於下議院，經上議院複審，最後再由國王／女王公布施行。立法的程序大致呈現如下（UK Parliament, 2019）：

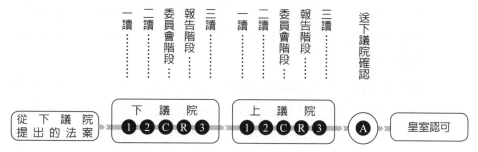

圖1　英國國會立法程序

資料來源：UK Parliament (2019). Bill starting in the House of Commons.

下議院全名為「大不列顛及北愛爾蘭聯合王國下議院」（House of Commons of the United Kingdom of Great Britain and Northern Ireland，簡稱下議院）。下議院由650名國會議員（members of Parliament, MP）組成。國會議員由各選區的選民選出，任期最長五年。依內閣制國家的精神，下議院的多數黨將進行組閣成為執政黨，閣員與首相也都是下議院的議員。首相領導的英國政府，必須向下議院負責，而一旦失去下議院的支持，首相就必須下野。

下議院針對法案的處理，一般都遵循三讀階段的程序。依序說明如下：

1. 一讀階段：形式性地將法案正式提出，並不進行法案內容的實質辯論。

2. 二讀階段：將針對議案的原則性問題進行辯論，乃由政府發言人或負責此議案的議員提出說明，然後接受在野黨議員的質疑或批

評，辯論結束後由國會議員透過表決來決定議案是否通過二讀。通過二讀後，政府部門就可以開始規劃法案的各種推動與實施之準備。

下議院中，傳統上往往以呼聲的形式進行表決，議員高喊贊成（aye）或反對（no），再由議長根據聲音的大小來確定。當然，議長若對自己的裁決沒有把握，或是有議員提出質疑，將透過分立來表決（亦即站到議事桌的兩側，分別代表贊成與反對的兩方）。當代的議事運作則多以計票方式進行，以避免爭議。議長通常不參與表決，但若投票的結果是正反相當時，議長則會投出關鍵的一票。

委員會階段：將對議案的詳細內容進行審議，法案會被送至指定的委員會進行逐條（line by line examination）審議與表決。此階段中，首相與其他非本委員會的國會議員將不會參與議案的修稿或提出修正案。

報告階段：這個階段則開放所有國會議員進行進一步的修正與討論，此過程則以辯論的形式進行。

3. 三讀階段：此階段是國會議員對法案進行辯論的最後機會，但主要針對既有的法案內容進行論述，而非提出新的修正建議。由於已經經過前述的討論，也凝聚相當的共識，通常此一階段歷時不會太長。最後得以對議案是否通過三讀進行表決。法案若經通過，則付諸上議院進行審議。

上議院全名爲「大不列顛及北愛爾蘭聯合王國上議院」（House of Lords of the United Kingdom of Great Britain and Northern Ireland）。上議院的成員來自世襲、指定或因爲具有某種官方身分而來。每屆國會開議時，女王也會在上議院發表演說。

上議院審議法案的程序也是遵照三讀的流程，大致與下議會的程序一樣。針對下議院所送交的法案草案，上議院可以進行審議、可以延遲法案通過的進度，也得以將法案退回下議院重審，雖然在少數情況下，上議院可以否決下議院的草案，但在尊重下議院決定的原則下，上議院對大多數

的法案草案仍會予以支持。

通過上議院審議過的法案草案，將會再次被送回下議院討論，並確認法案的內容。法案必須同時經過兩院的認可，才會送交國王／女王進行皇室認可（royal assent），並正式發布成爲所謂的國會法案（Act of Parliament）。倘若發生兩院意見不一致，真的無法達成共識，該法案就會被撤案。

三、教育法案與國定課程

國定課程始於1980年代後期。1987年當時的教育部長Kenneth Baker宣布將推動國定課程，因此先制定了1988年教育法案（Education Act, 1988），並據此授權，第一次在英國推動中小學學校共同的課程與科目架構。而目前國定課程的法定基礎，則爲2011年教育法案（Education Act, 2011），復經多次的修訂至今。

在英格蘭地區，所有公立學校都會遵循國定課程的規範，其辦學績效也需透過呼應國定課程的考試或測驗來達成。不過，透過2011年教育法案的授權，仍有爲數不少的學苑（academies）與自由學校（free schools）等則保有較大的彈性，得以將國定課程只作爲參照的架構，不必全部遵守，但其課程仍需符合「廣博而均衡」（a broad and balanced curriculum）的原則，並接受皇家督學（Her Majesty's Inspectors, HMI）的視導。

具體代表國定課程內涵的正式文件，乃是指「英格蘭的國定課程：架構文件」（The National Curriculum in England: Framework Document，簡稱國定課程架構）。經教育部啓動相關諮詢與草擬後，提交國會認可通過，其在國會的正式文件名稱，即爲前述所提到的「2013國定課程法規命令」，其全名爲The Education (National Curriculum)(Attainment Targets and Programmes of Study)(England) Order 2013。

國定課程架構這份資料共264頁，主要的章節如下，爲了便於了解其文件的篇幅樣貌，茲附上其頁碼與頁數於每章之後以供參考。

第一章、前言（第4頁，共1頁）

第二章、英格蘭的學校課程（school curriculum in England）（第5頁，共1頁）

第三章、英格蘭的國定課程（national curriculum in England）（第6-8頁，共3頁）

第四章、教育包容（inclusion）（第9頁，共1頁）

第五章、算數與數學（numeracy and mathematics）（第10頁，共1頁）

第六章、語言與讀寫能力（languages and literacy）（第11-12頁，共2頁）

第七章、科目大要（programmes of study）與成就目標（attainment targets）（第13頁，共1頁）

1) 英語（第14-107頁，共94頁）

2) 數學（第108-167頁，共60頁）

3) 科學（第168-224頁，共57頁）

4) 藝術與設計（第225-226頁，共2頁）

5) 公民教育（第227-229頁，共3頁）

6) 電腦運算（第230-233頁，共4頁）

7) 設計與科技（第234-239頁，共6頁）

8) 地理（第240-244頁，共5頁）

9) 歷史（第245-251頁，共7頁）

10) 語言（第252-256頁，共5頁）

11) 音樂（第257-259頁，共3頁）

12) 體育（第260-263頁，共4頁）

在上述架構中，主要分兩大部分。前六項說明整個課綱的整體架構與特色，相當於我國的總綱。後半部的第七章，盧列了國定課程十二科目的內容，相當於我國的領域課程綱要。茲分述說明如下：

(一)國定課程的總說與架構

國定課程架構的這部分共六章占9頁，僅含二十六項相當簡要的敘述。主要的重點有三：

第一、區別「學校課程」與「國定課程」之不同。依據國定課程架構中的明文界定，「學校課程」指的是「每一所學校為學生所準備的所有學習方案與學習經驗，而國定課程只是學校課程的一部分」（Department for Education, 2014: 5）。可見，國定課程並非學生學習的全部，而依據這樣的學校本位（school-based）精神，大多數的學校得以在國定課程的規範之下，進一步規劃自己的課程內涵與特色。

上述此一概念很類似我國中小學課程總綱中，對於「部定課程」與「校訂課程」的區別。部定課程是國家所要求的規範，而除此之外，學校仍得以透過校訂課程有規劃相關課程的空間與彈性，以構成整體的學校本位課程。

第二、明確界定國定課程的架構與科目。英國的國定課程依照年段的不同，劃分為四個關鍵階段（key stage），規範了每個階段應該納入的學科，是一個典型的學科本位（subject-based）的課程。

英國國定課程的架構與科目規範（表1），很類似我國中小學課綱中的科目與節數一覽表，但一個最大的差別，是並未規範每個科目的每週授課時數。學校得以依照自己的情形與學生需要，規劃出適切的課程樣貌。

表1　英國國定課程科目一覽表

	關鍵階段一	關鍵階段二	關鍵階段三	關鍵階段四
年齡	5～7	7～11	11～14	14～16
年級	1, 2,	3, 4, 5, 6,	7, 8, 9,	10, 11,
核心科目				
英文	✓	✓	✓	✓
數學	✓	✓	✓	✓
科學	✓	✓	✓	✓
基礎科目				

	關鍵階段一	關鍵階段二	關鍵階段三	關鍵階段四
藝術與設計	✓	✓	✓	
公民			✓	✓
電腦	✓	✓	✓	✓
設計與科技	✓	✓	✓	
外語		✓	✓	
地理	✓	✓	✓	
歷史	✓	✓	✓	
音樂	✓	✓	✓	
體育	✓	✓	✓	✓
其他				
宗教課程	✓	✓	✓	✓
性教育與人際關係課程			✓	✓

資料來源：The National Curriculum in England: Framework Document, Department for Education (2014), pp. 6-7.

第三，強調教育公平與均等。在國定課程架構文件中，專章強調了教育包容。亦即強調學校課程的規劃應該關照每個孩子，不管其種族、性別、身心狀況、宗教信仰等差別。尤其，一方面應該考慮資優的學生，另一方面也需考慮學業成績表現較低的學生。另外，具有特殊教育需求的學生、其母語並非英語的學生，也同樣需學校為其規劃合適的課程。

國定課程這部分的論述，在我國課程總綱中並未專章呈現，而是散落於《教育基本法》、《國民教育法》與總綱的不同章節中。

第四、重視語文與數學基本能力。國定課程包含三個核心學科，即英語、數學與科學。即便如此，在國定課程架構中，還另立專章強調數學與語文的重要，目的是凸顯這兩項能力乃是各學科都應關照的重點。國定課程架構中提到：「教師應該利用每一個學科來培養學生的數學力」（Department for Education, 2014: 10）、「教師應該培養學生口說、閱讀、寫作與字彙能力，融入在每一個學科之中……英語不僅僅是一個學科，也應該是各科教學的媒介」（Department for Education, 2014: 11）。

㈡國定課程各科目內容

國定課程架構的後半部則分別列出十二個學科的內涵，相當於我國的各科領域課程綱要（簡稱領綱），共占252頁。但從各科所占的篇幅來看，差異很大，其中占幅最多的屬於核心科目的三個學科：英語、數學與科學，分別占94、60與57頁。相較之下，基礎科目的九個學科篇幅都不多，最多的地理科也僅7頁，最少的藝術與設計則只有2頁。由上述篇幅上的差異，可見英國國定課程對於核心科目與基礎科目的設計理念有很大的差異。對於核心科目，透過較為詳細的、有關內容的要求，顯現了國家對該課程有非常高的「規範性」（prescriptive），相對來說，對於基礎科目則只有原則性的提示，而留給學校與教師非常大的設計彈性。

每個科目都訂有「科目大要」（programmes of study）與成就目標（attainment targets），依照國定課程所設定的四個關鍵階段，各自載明該科目在該關鍵階段中的內涵重點。其中包含幾個要項：

1. 學科目的（purpose of study）
2. 課程目標（aims）
3. 成就目標（attainment targets）
4. 學科內容（subject content）

上述的科目大要與成就目標，類似於我國課綱中的領域課程綱要，都在規範各學科的課程內涵。但，最大的差別在於詳簡程度大為不同。英國這些科目大要基本上是一些非常提綱挈領的表述，體現了英國課綱強調「非規範性」（non-prescriptive）的特質，也彰顯了學校得以發展自我課程樣貌的學校本位課程設計的精神。

四、2014年中小學課綱修訂的歷程與機制

現行的英國中小學課程是2014年起實施的，而這份課綱的整個修訂歷程，則源於2010年的大選，選後由執政的聯合政府自2011年起陸續啓動相關法案與各學科內容的修訂，至2013年修訂完成，並於次年起實施。本節中依序說明此次課綱的修訂歷程，以及其所涉及的相關機制。

英國自1997年來由工黨（the Labour）執政，復又贏得2001年與2005年兩次大選，繼續執政。但2010年，工黨未能贏得大選，同年5月之後原執政團隊下野，新的聯合政府由保守黨（the Conservative）與自由民主黨（the Liberal Democrats）組成，首相是保守黨的黨魁David Cameron。2015年的大選，保守黨取得國會多數席次，因此不再與自由民主黨合作而單獨組閣。而後歷經2017、2019年兩次大選，保守黨仍維持是國會中的多數黨，因此得以繼續推行其教育政策。

在聯合政府上台以前，作為原執政的工黨已經委託Sir Jim Rose進行並完成了新的國定課程檢討，預計於大選之後推動。但大選之後取得執政權的新政府雖然也肯定這份報告，卻認為這份課程草案要求學校必須授課的國定科目太多，規範了學習成果（outcomes），當然也必然占有了一定的時數，是一個規範太多（too prescriptive）的課程。

新政府認為，要求學校得教授的內容過多，反而使得老師們無法聚焦在他們覺得應該要教的。舊政府提的草案將稀釋許多重要的學科，例如：歷史與地理，甚至已經到達了無法接受的地步，因而可能降低學生的學業水準。因此，新政府主張國定課程應該瘦身（slimmed down），只需包含核心知識（essential knowledge），不需要占據上學期間的絕大多數時間，如此一來才能留給老師足夠的時間，能夠發揮其專業的判斷來設計課程，方能更適切地滿足學生的不同需要。為了能讓國定課程體現新政府的教育理念，時任教育部長（the Secretary of State for Education）的the Rt. Michael Gove MP乃決定啟動另一波教育與課程的改革，因此有必要提出新的教育法案。

㈠新教育法案的制定

2011年教育法案是聯合政府所制定的第一份教育法案。2010年保守黨與自由民主黨贏得大選後，即立即準備新教育法案的立法，並於半年後的2011年1月26日，由當時的教育部長Michael Gove首次向國會下議院（House of Commons）提出草案，為新一輪國定課程的修訂拉開序幕。

進入下議院的教育法案草案會先經過一讀的程序，兩週後的2月8日，

下議院大會開始進行二讀，亦即由各黨派的國會議員針對該法案的一般性原則進行辯論。然後進入「委員會階段」（committee stage），即將該法案付委給「公共法案委員會」（Public Bill Committee），該委員會由跨黨派的國會議員們組成，歷經兩週仔細的逐條審閱其文字內容，再於5月11日送回國會大會，進行「報告階段」（report stage）的辯論與修正提議，然後再進行最後的法案三讀。

下議院通過的法案會送交上議院，進行另一輪的三讀程序。教育法案草案自6月14日起在上議院展開辯論。在上議院的大會（grand committee），由所有的議員進行仔細的討論，再由內閣進行修正。最後於11月9日進行三讀完成在上議院的審議。之後，法案再度送回到下議院，確認是否同意所有相關的修正。而11月4日通過後，會送交皇室認可（royal assent），並於次日起成為正式的法案。

2011年教育法案中包含了十章（parts）、八十三節（sections）與十八條附則（schedules）。主要的十章涵蓋了執政黨希望在各階段與各層面推動的主要教育政策方向，茲列舉如下：

1. 學前教育（early years provision）
2. 訓育（discipline）
3. 學校教育人員（school workforce）
4. 證書資格與課程（qualifications and the curriculum）
5. 教育機構（educational institutions: other provisions）
6. 學苑（academies）
7. 高級中等教育（post-16 education and training）
8. 教育經費（direct payments）
9. 學費（student finance）
10.總則（general）

依據上述的新教育法案，許多的教育組織都進行重組。例如：前政府的兒童、學校與家庭部（Department for Children, Schools and Families, DCSF）被改組為教育部（Department for Education），而資格與課程發展

署（Qualification and Curriculum Development Agency, QCDA）也被廢除，另取消了全國教學署（General Teaching Council for England, GTC）、學校教學與發展署（Teaching and Development Agency for Schools, TDA）等，相關的職責則分散到新成立的教育部、教學調制署（Teaching Regulation Agency, TRA），以及標準與測驗署（Standard and Testing Agency, STA）。2011年之後至今，2015、2017、2019年的三次大選仍均由保守黨一黨組閣，而主要的相關單位則繼續沿用既有名稱與組織，至今未有進一步的調整。

㈡國定課程的修訂

在向國會提出新的2011年教育法案的同時，新政府也啓動國定課程草案的擬定。其具體的作爲包括在教育部內設置一個諮詢委員會，邀請學界代表組成專家小組，並設定具體的時程穩健地推動新課程的修訂。

1.諮詢委員會（advisory committee）的設立與運作

諮詢委員會是部長所任命組成的，將廣納各界代表以更周全的視野來關照國定課程的修訂，並負責向教育部長提出國定課程的修訂草案版本。

諮詢委員會的成員包括教育標準局的局長（Director-General for Education Standards）來擔任主席，另還包括專家小組（expert panel）的召集人、許多現任與卸任的中小學校長、特殊學校校長、學界代表、高教機構代表、業界代表，還有一位來自教育標準局（The Office for Standards in Education, Children's Services and Skills, Ofsted）的觀察員。

諮詢委員會將會針對專家小組所提出的草案，進行更廣泛而周全的討論。也會針對更策略性的、更廣泛性的議題（strategic and cross-cutting issues）提出建議。具體而言，諮詢委員會的任務有以下四個重點：

(1)協助教育部確保整個國定課程的諮議過程，達到了其預期的目標；

(2)針對學者專家小組所提出的草案，提供更廣泛而周全的回饋；

(3)可草擬或應教育部的要求，針對更策略性或更廣泛的議題提供建議；

(4)針對國定課程的形式與設計，提供最終的建議。

為確保上述的功能任務能夠達成，諮詢委員會的主席將盡力促使委員會得以遂行以下任務：

(1)充分地掌握整個課程修訂進度的相關資訊；

(2)定期掌握學者專家小組的檢討進度；

(3)針對課程修訂過程中的各種建議與提案表示意見；

(4)得以獲得充分的行政支持；

(5)至少每兩個月（every eight weeks）開會乙次；

(6)獲得充分的設備與住宿支持；

(7)獲得每次會議的正式紀錄。

基於上述的任務得以落實，諮詢委員會的主席乃得以準備國定課程建議書，並正式向教育部長提交。

2.專家小組（expert panel）的設立與運作

專家小組的任務是，提供具體的建議，並負責草擬「國定課程參考架構」（Framework for the National Curriculum）及各學科的科目大要與成就目標。專家小組也需蒐集各方的意見，包括教師、家長、學科社群、學術團體、教育專家、業界人士、高等教育人員等。

2011年課綱修訂的專家小組是由劍橋大學的Tim Oates擔任召集人，另邀集劍橋大學的Mary James教授、布里斯托大學與倫敦大學的Andrew Pollard教授，以及倫敦大學的Dylan Wiliam教授等四人共同組成。

具體而言，專家小組的任務包括下列事項：

(1)學生需要學習的核心知識（essential knowledge），包括事實、概念、原則、基本操作等，納入在國定課程中的各個科目，包括英語、數學、科學、體育和其他科目；另外，還一併檢討非國定的科目。

(2)檢討所有國定課程中的所有科目，是否繼續保留或刪除？包括藝術與設計、公民教育、設計與科技、地理、歷史、資訊與溝通科技、當代外語、音樂等。若要納入國定課程架構，則這些科目要

安排在哪些學習階段？

(3)若有科目不再列為部定科目，是否仍要保留其非部定的「科目大要」以供參閱？還是直接全部刪除？

(4)國定課程的內容是否要逐年推動實施？以確保其核心知能能有系統地、保持一致地建立。

(5)有關學生學習成效的「成就目標」是否需要調整修正？

(6)需要提供什麼協助以幫助那些表現較不如預期的學生，到那些表現最好的學生。

(7)國定課程要如何向家長提供最有幫助的建議？

(8)課程的內容要如何促進教育機會的均等與包容？

(9)有關評量的相關建議，尤其是對國中教育結束時學生所參加的教育會考（General Certificate of Secondary Education, GCSE）的建議。

(10) 在整個國定課程修訂過程中，隨時提供諮詢。

經過一整年密集地研討與彙整相關資料，專家小組於2011年12月提出專案報告（The Framework for National Curriculum: A report for the National Curriculum Review, Department for Education, 2011b），以供諮詢委員會與社會各界進行相關討論時的參考。報告中針對涉及國定課程重要的面向進行討論，分析目前相關的研究資料、彙整各界不同的爭議等。這份報告的主要章節分列如下：

前言

摘要

第一章：知識、發展與課程

第二章：課程的目標與目的

第三章：中小學學校課程的結構

第四章：學校教育的階段與課程中的學科

第五章：學習階段的結構

第六章：科目大要的組織

第七章：科目大要的形式與成就目標

第八章：評量、彙報與學生進步情形

第九章：國定課程中的語言學習與發展

第十章：危機

結論

3.啓動公共諮詢（public consultation）廣徵意見

爲了廣徵民意與各方建議，教育部在修訂國定課程的歷程中，會啓動多次的公共諮詢。啓動公共諮詢後，各界可針對這份諮議報告的內容，尤其是其中的幾個重要問題進行回應。同時，諮議的過程也重視證據的提供（call for evidences），希望各界能提供相關可資參考的證據。

教育部會組成一個專案小組（Department for Education's National Curriculum review team），負責各項資料蒐集與協調支援工作，並提供諮詢委員會與專家小組參考。

第一次的公共諮詢，從2011年1月20日至4月14日，主要的目的是針對原有國定課程的實施提供檢討意見，共收到了5,763份回應建議（Department for Education, 2011c）。這些意見是專家小組研議草案時的重要參考，並納入其將於2011年底出版的專案報告（Department for Education, 2011b）之中。

這次諮詢的目的雖是廣徵民意，但也凸顯了新政府希望強調的政策重點與未來的修改方向，包括：

(1)給教師更多的專業自主權，得以組織與安排自己的課程與教學；

(2)發展一個得以成爲所有學校標竿的國定課程，得以讓所有年輕人具備順利成長與發展成功的知能，也要考慮不同能力的學生需要；

(3)要能參考在各項國際評比中，表現優異國家的課程；

(4)要對學生的學習成就訂定嚴格的要求；

(5)要讓家長了解他們的子弟應該在學校裡學到些什麼。

　　第二次的公共諮詢，從2013年2月7日至4月14日。此時，各科的科目大要草案已經完成，因此，諮詢的重點就是針對這些預計成為新課綱的草案內容（draft legislative order 2013）。在三個月的諮詢結束時，共收到了17,000則回應建議。蒐集了來自各方的意見，包括學校、校長、教師工會、大專院校、學科專家、各科學會、地方教育當局、業界人士、家長與年輕人等。專家小組將會逐一考慮這些問題，進行分析，並據以進一步修訂草案。

　　由於新政府的教育政策是希望能將課程內容瘦身（slim down）。除了小學英文、數學與科學之外，所有學科的內容都大幅減少，新課綱不再告訴老師該怎麼教，而是聚焦於每個孩子應該具備的基本知識與技能（essential knowledge and skills），而讓老師有機會彈性地去安排符合學生需要的課程。新課綱草案因此就體現這些修改方向。

　　其他重要的修正重點，包括：

(1)數學：相關知能的學習將會略微提早，例如：十二乘法表（同於一般常見的九九乘法表，但是從1-12）將會提早到九歲以前。

(2)歷史：會更傾向以編年時序的方式來進行。

(3)英語：學生會學更多的莎士比亞，也會更重視拼字能力。

(4)電腦：更強調程式語言（code）的編寫。

(5)科學：更強調科學知識。

　　第三次的公共諮詢，從2013年7月8日至8月8日，國定課程的所有科目已經大致修訂完成，主要是依據前次的諮詢建議，做了一些回應與修正。這一次的諮詢是教育部定稿前的最後一次公共諮詢的問題，主要有下列兩個：

(1)請問您對國定課程草案有何整體性的意見？

(2)請問您對各學科的草案內容有何意見？

　　這次的諮詢仍收到了750份回應建議，教育部於9月分提出彙整的分

析報告（Reforming the National Curriculum in England, Department for Education, 2013），並做了最後的草案修正。教育部也將據此版本，提交國會進行審議與認可。

　　新課綱的修訂於2013年告一段落，並規劃於次年起施行。實施的時程大約在兩年內，亦即2014年起各年級（一、三、四、五年級）就將適用新課綱，但目前的二年級與六年級將沿用舊課程，並於2015年參加考試。但隔年的2016年考試起，就改爲全面採用新課綱。目前的十年級與十一年級都將沿用舊課綱，但目前的九年級於2015年考試時，就改爲採用新課綱。

五、代結語：英國課綱修訂的特色

　　課程的發展是一個持續的歷程。英國2014年的中小學國定課程課綱實施後，至今也已歷經多年，因此，對於課綱的實施檢討與對未來課綱修訂的意見，也逐漸浮現。例如：目前執政的保守黨政府，其教育部長Damian Hinds確認說，自2020年9月起，學校中不同年齡的學生將要開始新的科目，以促進正向的身心健康。這三個科目即是國小階段將有健康教育（health education）、人際關係教育（relationship education）；而在國中階段，則增加人際關係與性教育（relationships and sex education, RSE）一科。教育部也主張，實際的教學內容將由個別的學校來決定，這使得學校有足夠的彈性來促進學生的健康、心靈福祉與人際關係。爲了讓各級教師做好準備，2019年度將有600萬英鎊的經費投入，以辦理各種增能研習與建置資源（Department for Education, 2019）。

　　從上述國定課程的修訂歷程來看，凸顯了許多英國對於教育政策與課程規範的相關特色，可歸納如下：

1. 政黨優先：課綱的修訂取決於政黨的教育政策，不同政黨有不同的教育主張，透過政黨輪替，新政府往往啓動新一輪的課綱修訂，以落實其教育理念。
2. 國會審定：課綱修訂的決策關鍵在國會，任何法案將會在國會中經過國會議員辯論（debates）之後拍板定案。由於英國是內閣制國家，國會（主要爲下議院）是最高民意機構，行政部門則由多

數黨組閣。因此，作為行政部門的教育部將主導課綱的修訂，一方面納入專家意見，一方面廣納各方民眾意見。但所提草案均需經國會同意之後方能發布。

3. 政策導向：形塑並確認課綱草案的主要機構，是教育部所設立的諮詢委員會。此一委員會以執政黨的教育政策為基礎，但仍廣納各界代表，討論專家小組所提出的草案，以擬定將提交國會的課綱草案版本。

4. 重視專業：教育部在課綱修訂歷程中，將委由專家學者為主的專家小組負責各項草案架構的研擬、辦理各種諮詢座談、廣徵以證據資料為主的諮詢，並負責彙整與斟酌各方意見，並提出回應的建議。

5. 廣徵民意：公共諮詢是英國公共政策形成的重要歷程與特色。課綱修訂過程中除了專家小組會辦理各種諮詢與意見彙整外，所彙整與初擬的草案也會再次對外公布，進行再一次的公共諮詢。每一次公共諮詢所蒐集到的意見，均會由專家小組進行正式的回應，以體現對民意的重視。

參考文獻

Department for Education (2011a). Review of the National Curriculum in England: summary report of the call for evidence. London: Department for Education Retrieved 2019.9.14 from https://www.gov.uk/government/publications/review-of-the-national-curriculum-in-england-summary-report-of-the-call-for-evidence

Department for Education (2011b). The Framework for the National Curriculum, a report by the expert panel for the National Curriculum review, Retrieved 2019.08.21 from https://assets.publishing.service.gov.uk/government/uploads/system/uploads/attachment_data/file/175439/NCR-Expert_Panel_Report.pdf

Department for Education (2011c). National Curriculum Review: new programmes of study and attainment targets from September 2014, Retrieved 2019.08.21 from https://www.gov.uk/government/consultations/national-curriculum-review-new-programmes-of-study-and-attainment-targets-from-september-2014

Department for Education (2013). Reforming the National Curriculum in England: summary report of the July to August 2013 consultation on the new programmes of study and attainment targets from September 2014. London: Department for Education Retrieved 2019.9.14 from https://ico.org.uk/media/about-the-ico/consultation-responses/2013/2134/consultation-document-reform-of-the-national-curriculum-20130207.pdf

Department for Education (2014). The National Curriculum in England: framework document (December 2014). London: Department for Education

Act of Parliament, The Education (National Curriculum)(Attainment Targets and Programmes of Study)(England) Order 2013

Act of Parliament, Education Act 2011

Department for Education (2019). All pupils will be taught about mental and physical wellbeing, Retrieved 2019.10.14 from https://www.gov.uk/government/news/all-pupils-will-be-taught-about-mental-and-physical-wellbeing

UK Parliament (2019). Bill starting in the House of Commons, Retrieved 2019.10.15 from https://www.parliament.uk/about/how/laws/passage-bill/commons/coms-commons-first-reading/

第 四 章

美國各州共同核心標準的發展與推動

侯一欣、高新建

美國聯邦政府即使高度關切，並且頒布有關初等與中等學校教育的法令，但是，在立國之後的二百一十五年，從未訂定國家教育目標或課程標準。直到1991年，才由當時的布希總統公布六項「國家教育目標」。同時，支持並補助與八個核心科目有關的全國性學術團體，分別發展各個領域的「自願」、「世界級」全國學科課程標準（高新建，2000；Kirst, 1994; Lewis, 1994; Smith, Fuhrman & O'Day, 1994; U.S. Department of Education, 1991, 1993）。不過，訂定及公布這些史無前例課程標準的主體，仍是民間的學術團體。

即使是2010年所公布的「各州共同核心標準」（Common Core State Standards，簡稱CCSS），依然不是聯邦教育部自行訂定，而是由州層級所發起及制定的課程標準；再者，雖然名爲「共同」，但卻可以由各州自行決定是否採用該課程標準（CCSSI, n.d.b）。不過，評論者則認爲，這是聯邦政府向國家課程邁進的奠基工作（Eitel & Talbert, 2012）；而全國州長協會（National Governors Association，簡稱NGA）及州教育首長聯合會（Council of Chief State School Officers，簡稱CCSSO），這兩個位於美國首府、由各州官員所組成的組織，其立場就像是聯邦教育部對外進行威逼利誘，試圖推廣其意圖課程時，所使用的面具（Ewing, 2012; Ujifusa, 2013）。

本章首先簡要分析美國歷來訂定學校課程的背景，包括各級政府教育權責的沿革、聯邦介入教育的緣由及影響課程標準的作法等；接著，探討CCSS的意圖及內涵、推動過程、推動的特色與爭議及未來展望與借鑑等。至於少數未採用CCSS的州，則繼續使用州定的課程標準或學習標準；限於篇幅，僅於第五節的第一小節內簡要探討，並未比較其與CCSS在內容上的異同。

 壹 美國各級政府教育權責的沿革

本節論述美國各級政府教育權責的沿革。首先，簡要說明聯邦早期的教育角色，至於近期聯邦介入教育的緣由及影響課程標準的作法，則於下

一節說明。接著，分析州早期教育角色的多樣性及其與地方學區的關係、州教育政策的擴散情形，以及州推動的課程改革及其與地方學區的關係等。

一、聯邦早期的教育角色

根據美國聯邦憲法及其修正案的內涵，政府治理教育的權責，不在聯邦層級，而是「保留的」給各州政府或全國人民的權力。早期，聯邦政府對教育領域，僅投入些微的資源，而且只從事「低度介入」（low voltage）的研究分析，強調統計資料的蒐集和散播（高新建，2000；Astuto & Clark, 1992; Timpane, 1988）。不過，自1950年代起，聯邦政府開始運用策略，積極介入教育領域（詳見下節）。

二、州早期教育角色的多樣性及其與地方學區的關係

美國是「州層級的社會」（Helburn, 1977），州政府才是教育統治權力的最高行使機關。除了遵守聯邦憲法有關公民權利及一般性保障條款外，州政府有權力、也有責任，自行組織並經營其所認為最合宜的教育制度（U.S. Department of Education, 1990）。各州教育主管機關的設置，並不一致，而且各有不同的演變過程。大致而言，州政府自十九世紀末才開始涉入教育事務。當時學校改革的浪潮十分盛行，州政府的教育角色也澈底改變，逐漸涉入教育事務。例如：東北十三州最初的州憲法，並未提及教育；現今，各州的州憲法均有教育的條款，其差別只在於條文為簡要而概括性用語，或是明確而詳盡（Kirst & Wirt, 1992）。因而，五十套不同的州法令，分別統治各州政府及其學區的運作方式（Pautler, 1993）。各州的教育決策，就像是「一櫥櫃的調味料」，而且，這種多樣化的特性，也是了解「個人主義」此一美國根本價值的重要關鍵（Kirst & Wirt, 1992）。

只不過，在1960年代中期以前，大多數的州政府並未直接運用公共教育的權力，而將大部分的教育權力，授權給地方教育主管機關行使（高新

建，2000；Astuto & Clark, 1992; Boyd, 1992; Cornbleth, 1990; Jackson, 1994; McLaughlin, 1992; Mitchell, 1988; Walker, 1992）。州所制定出的教育政策，一般咸認爲是「微弱且沒有效力」（Mitchell, 1988），而州教育機關則是「充滿年邁的官僚人員」，「遲頓、管理不善」（Mitchell, 1992; Murphy, 1982）。因此，「教育是由地方所執行的州級權限」（Kirst & Wirt, 1992, p. 1268）。不過，當時已有極少數的州長，注意到教育議題及問題，部分州則是傳統以來，一直非常主動積極地治理課程事務。例如：夏威夷州歷來均爲涵蓋整個州的單一學校制度；紐約州則維持長久以來，全州高中核心科目的評議會會考（regents examinations，或譯爲州會考），而且此一考試對該州中等學校課程的齊一性，具有相當大的影響力（Walker, 1992）。

三、州教育政策的擴散情形

雖然異質性是教育政策的特色，然而，美國各地的教室和學校，卻是那麼的相似（Walker, 1992）；而且，從二十世紀後期起，五十個州都在嘗試高度企圖心的教育事業（Sack, 2000）。這並不是什麼新興的現象。長久以來，某個州採用了某些教育政策後，其他州通常在短時間內，也會出現類似的作法，而且只做極小的修改，甚至全盤移植。美國聯邦教育部（U.S. Department of Education, 1990）認爲，這種在分歧中又見相似的教育政策擴散情形，係「由於要讓學生對就業及高等教育有所準備的需要、州的檢定或認可協會的要求，以及各種管理州及聯邦經費補助的規定等，多項社會及經濟共通力量所造成的結果。」（p. 3）

有些跨州的組織也毫不隱諱，甚至大張旗鼓的支持此種教育政策的擴散過程。比較著名的組織有如各州教育委員會（Education Commission of the States）、NGA、全國州教育委員會協會（National Association of State Boards of Education）、CCSSO及州議會聯合會（Council of State Legislatures）等。再者，網路及大眾傳播媒體也發揮相當大的促成作用（Kirst, 1981; Kirst & Wirt, 1992; Mitchell, 1988; Pipho, 1981）。此外，教科書市場

排名前五個州的選購指導方針或命令，對全國性課程材料的發展及散播系統，也具有深遠的影響。縱使這些「重點州」所陳述的課程目標多所衝突，出版商爲了盡可能擴張銷售市場，通常會設法符合其課程文件的規定與要求（高新建，2000；Mitchell, 1988; U.S. Department of Education, 1990）。

四、州推動的課程改革及其與地方學區的關係

在1970年代後期及1980年代初期，各州政府的教育主管機關，紛紛針對課程的相關事務，採取不同的治理方式，扮演相當重要的角色。1980年代重視效率的時代趨勢，導致不少州擴張其對學校課程由上而下的控制與治理，以掌握其績效責任（Boyd, 1987; Kirst, 1987; Kirst & Wirt, 1992; Tyree, 1993）。許多州長更是宣稱，在各項公共事務中，教育是他們的最高優先項目（Caldwell, 1985）。州政府在1980、1990年代，主要藉由州訂定某些年級的學業成就測驗，以及公布模範課程或課程架構，以增加其對學校教育內容的影響（Clune, White, & Patterson, 1989）。

不過，州的許多措施，大多遵照由聯邦教育部所組成的全國卓越教育委員會（National Commission on Excellence in Education），在1983年公布《危機中的國家》（*A Nation at Risk: The Imperative for Educational Reform*）報告書的建議。其假定大多數的地方學區缺乏提供高品質教育的能力、教育改革可以採用由上而下的方式加以規定，以及州可以藉由其所訂定的標準化教學及其所掌握的教育資源，提供比地方教育當局更佳的均等機會等。教育政策的訂定，也因而如全國性計畫所設計的，集權於州層級了（Doyle & Finn, 1984; Kirst, 1989; Kirst & Wirt, 1992）。

在縮減地方教育委員會權力，減少學區行政人員數目等相關法令的影響下，州政府對地方學區和地方控制的侵蝕，也愈形隱蔽而不易查覺（Burlingame, 1988）。再者，由於訴訟案，使得教育「法律化」（Kirp & Jensen, 1985），促成教育實務的標準化，因而更進一步降低地方在教育事務上的彈性（Mitchell, 1988）。當時因此成爲「州支持的改革」（Walker,

1992）、「州推動的課程改革」（Cuban, 1987）時代。州教育機關在課程領域的地位大幅增強了（Archbald, 1991）。

在1993年，四十五個（亦即90%的）州若不是已經公布州的課程架構，便是正在發展州課程架構（Ginsburg, 1993; Pechman & Laguarda, 1993; U.S. Department of Education, 1993）。1997年則只有愛荷華州未公布學科標準，但也提供相關資源給學區，並要求其發展自己的課程（高新建，2000；American Federation of Teacher, 1999; Gandal, 1997）。

 ## 貳　聯邦介入教育的依據及影響全國性課程標準的作法

接著前節簡要撮述的聯邦早期教育角色，本節分別討論聯邦介入教育的依據與作法，以及聯邦影響全國性課程標準的作法。

一、聯邦介入教育的依據與作法

在1950、1960年代，聯邦政府的立法、行政及司法等三個部門，辯護其對公共教育的「干涉」，主要運用憲法的一般性條款，包括一般福祉、公平保障及正當程序等（鄭勝耀、Jacob，2015；ACIR, 1981; van Geel, 1976; Walker, 1992）。1957年蘇聯發射Sputnik衛星。美國聯邦政府感受到國防上的威脅，聯邦政府的教育角色也隨之擴張，運用專款補助方案，例如：1958年的《國防教育法》與1965年的《初等與中等教育法》（*Elementary and Secondary Education Act*，簡稱ESEA）（Hartle & Holland, 1983; Astuto & Clark, 1992）。

聯邦政府1981年的《教育整合與改善法案》（*Education Consolidation and Improvement Act*），運用聯邦所提供的整筆補助（block grant），強調增加州政府及地方政府的教育角色，而大量「轉讓」（devolution）聯邦政府的責任（Boyd, 1992; Kirst & Wirt, 1992; McLaughlin, 1992）。不過，由於雷根總統善於運用「強力勸說」，而州和地方的領導人士，也紛紛被雷根所說服，採取1983年《危機中的國家》的各項建議（高新建，2000；

Clark & Astuto, 1986; Jung & Kirst, 1986）。各界要求提升全球競爭力，落實教育機會均等的呼聲，不絕於耳。

二、聯邦影響全國性課程標準的作法

憂心美國學生在國際測驗評比長期落後的現象，聯邦及州政府與社會各界，持續關注學校教育的實施成效及提升學生的學術表現。1989年布希總統召集教育高峰會議，與各州州長發展六項「國家教育目標」，並於1991年公布；教育官員及NGA的代表，則訂定達成國家教育目標的策略（Astuto & Clark, 1992）。聯邦教育部及相關基金會，主動補助民間的全國性學術團體，由其發展並公布八個核心科目的全國學科課程標準（參見本章第一段）。

其後，聯邦政府陸續制定了1999年的《兒童教育卓越法》（*Educational Excellence for All Children Act*，簡稱EEACA）及2002年的《有教無類法》（*No Child Left Behind Act*，簡稱NCLB）等，採取績效責任取向，根據地方的辦學成效，決定補助教育經費的多寡。聯邦政府因此涉入州層級的課程政策、標準化評量與教育績效，影響州、學區乃至於學校的課程實施。2009年歐巴馬政府提出的「**邁向巔峰**」（Race to the Top，簡稱RTTT）措施，還是為了落實教育均等，提升全球競爭力的企圖，以促進K-12學生畢業後的「大學與職涯準備度」，連結高品質的學術期待及縮短學用落差的產業訴求。

2008年NGA及CCSSO倡導訂定「高標準」的「共同標準」，2009年組成「各州共同核心標準倡導」（Common Core State Standards Initiative，簡稱CCSSI），並由全國州長協會最佳實務中心（National Governors Association Center for Best Practices），邀請教育領域及社會各界共同從事標準的發展工作（CCSSI, 2010c; CCSSI, n.d.b）。2010年6月由NGA及CCSSO公布CCSS。2013年有四十五州採用CCSS，2014年降為四十三州，2015年之後則為四十二州（CCSSI, n.d.b）。

各州共同核心標準的意圖及內涵

　　規範幼兒園到十二年級課程內涵的CCSS，植基於過去NCLB所訂定的閱讀與數學兩個領域，區分為《英語文及歷史／社會、科學與科技學科所須讀寫能力的各州共同核心標準》（*Common Core State Standards for English Language Arts & Literacy in History/Social Studies, Science and Technical Subjects*，簡稱ELAS）及《數學各州共同核心標準》（*Common Core State Standards for Mathematics*，簡稱CCSSM）兩部分。其中，ELAS涵蓋聽說讀寫及有效使用語言於各個內容領域（包括歷史／社會、科學和技術學科）的素養，涵蓋的範圍相當廣泛（CCSSI, 2010b），數學標準就顯得較為單純（CCSSI, 2010c）。

　　此外，社會領域學者擔心遭語文中的社會讀寫所取代，以及受到邊緣化，因而聯合社會科專家、評量專家、教育行政及相關單位，於2013年完成《大學、職涯及公民生活架構之社會課程標準：提升K-12公民、經濟、地理和歷史等科目嚴謹性的指引》（*The College, Career, and Civic Life Framework for Social Studies State Standards: Guidance for Enhancing the Rigor of K-12 Civics, Economics, Geography, and History*）（李逢堅，2018；陳麗華，2019）。由於缺乏聯邦政府的推動助力，只有十六州採用而較不普及，因而本章僅就ELAS及CCSSM兩者加以論述。以下就CCSS的制定意圖及內容，分別加以說明。

一、CCSS的意圖

　　CCSS根據前述NCLB法案及RTTT措施，制定的主要依循原則，包括㈠標準化：對K-12年級的畢業生，無論升大學或就業所應該掌握的知識與技能，提出一致性的要求；㈡連貫性：為使學生、家長及教育工作者明確得知如何準備，做好哪些準備，標準的陳述力求清晰，易於理解；㈢優質化：標準涵蓋了高難度知識與技能的運用，以促進學生的學習；㈣高效能：參考當時各州課程標準的優缺點而訂定標準，致力於彌補各州標準的不足；㈤參照化：借鏡其他國家的課程標準而制定標準，參考

諸如比利時、中國、芬蘭、印度、愛爾蘭、日本、韓國及新加坡等國各科課程標準的內容、結構及術語；㈥科學化：根據事實及研究而制定標準（詹紹威，2012；CCSSI, 2010c; CCSSI, n.d.a）。

　　NCLB及CCSS皆是為了提升美國國際競爭力的改革；不過，前者為強制各州遵守的法案，後者則為各州所自願參與RTTT的改革措施之一，性質上有所不同（陳成宏，2016）。CCSS在成為引導各州課程與教學的措施之前，尚規範州須另行加入提供補助的「大學與職涯預備度評估夥伴聯盟」（Partnership for Assessment of Readiness for College and Careers，簡稱PARCC）或「智慧平衡評估聯盟」（Smarter Balanced Assessment Consortium，簡稱SBAC）等評估系統（Eitel & Talbert, 2012）；NCLB則為聚焦在成果導向的績效責任及家長選校、學校重組等市場機制（陳佩英、卯靜儒，2010）。NCLB近似提供胡蘿蔔及棍子的績效系統，主要透過「年度充分進步指數」（Adequate Yearly Progress，簡稱AYP）監督各州學生成績的變化情形，課程標準則依聯邦憲法的規範，由各州自行訂定；RTTT則除了績效系統之外，在形式上整合了各州的課程標準後，訂定聯邦對各州課程與教學的支援機制。NCLB延續1965年ESEA的經費補助政策，響應1983年的《危機中的國家》，與RTTT為挽救美國教育競爭力的調性、經費補助與績效評鑑等作法，頗多一致。只是，NCLB對未達績效學校，訂有懲罰措施；相對的，州可以使用加入RTTT為策略，以豁免NCLB法案的獎懲機制（Morgan, 2014）。上述NCLB及RTTT的性質、定位及形式，整理如表1。

表1　NCLB及RTTT制度比較

特性＼制度	NCLB	RTTT
性質	強制各州均需遵守的聯邦教育法案	各州自行決定是否採納聯邦的教改措施
定位	聯邦運用經費補助及績效評鑑，以提升美國教育競爭力；訂有懲罰機制	聯邦運用經費補助與績效評鑑，以提升美國教育競爭力；可豁免NCLB法案的獎懲機制
形式	AYP績效系統；各州自訂課程標準	PARCC或SBAC評估系統；訂定各州共同核心標準

二、CCSS的內涵

以標準為本位的NCLB，在重新授權後，成為ESEA修正案的內容；而且，由於其績效考核的要求，各州皆訂有課程標準。其後，CCSS參酌各州既有的標準，由CCSSI公布ELAS及CCSSM。以下分別說明兩者的內涵。

㈠ELAS的內涵

ELAS涵蓋閱讀、寫作、口語與聽力及語文等四個範疇，以及幼兒園到5年級聽說讀寫的綜合性標準、6-12年級英語文相關聽說讀寫的學科標準及「歷史／社會、科學與技術學科」所需讀寫能力；期待透過這些標準，提供學生進入大學及職涯前的準備。其主要架構如圖1所示，設計考量則為以下四項（馬行誼，2019；張佳琳，2013；連啓舜，2015）：

1. 聚焦在學生所需的學習結果，提供教師規劃學習活動的彈性空間，以從事課程發展及達成目標。

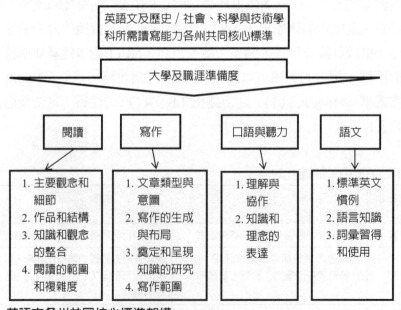

圖1　英語文各州共同核心標準架構

2. 雖然區分為閱讀、寫作、口語與聽力及語文，但強調這些範疇在
   語言溝通過程，統整所需展現的各項讀寫能力。

3. 學生需具備應用研究與媒體的能力，蒐集、整合及分析資訊，以
   適應科技社會的生活型態及學習標準，強調媒體資訊的溝通及應
   用。

4. 不侷限於英文的單科教學，強調融入歷史／社會、自然與科技等
   各科目的教學情境中。

閱讀的內涵區分為文學類、說明體文章及基礎技能等三者，以及其
相應於主要觀念和細節、作品和結構、知識和觀念的整合及閱讀的範圍和
複雜度等項的標準內容。其內涵如表2所示，惟說明體文章及基礎技能兩
者，除包含幼兒園到5年級，亦延伸至12年級，受限篇幅，表2僅列舉K-5
年級的英語閱讀共同核心標準。

表2　英語閱讀共同核心標準（K-5年級）概覽

範疇	次範疇	標準類別	標準內涵
閱讀	文學類 （literature）	主要觀念和細節	1. 理解文章，包含細節和推論
			2. 重述和摘要，找出主旨
			3. 明白文中角色、場景、事件
		作品和結構	4. 理解字彙和片語的意義
			5. 了解敘事體文章結構
			6. 不同觀點
		知識和觀念的整合	7. 整合視覺和多媒體元素
			8. 不適用於文學的部分
			9. 比較文章中的元素
		閱讀的範圍和複雜度	10. 閱讀適合年級水準的文章
	說明體文章 （informational text）	主要觀念和細節	1. 理解文章，包含細節和推論
			2. 找出重點並摘要
			3. 連結不同事件、想法或觀念
		作品和結構	4. 理解字詞的意義
			5. 了解說明性文章特徵與結構
			6. 不同的觀點

範疇	次範疇	標準類別	標準內涵
		知識和觀念的整合	7. 整合視覺和多媒體元素
			8. 作者的理由和證據
			9. 比較不同的文章
		閱讀的範圍和複雜度	10. 閱讀適合年級水準的文章
	基礎技能（foundational skills）	主要觀念和細節	1. 了解印刷品的組織和特徵
		作品和結構	2. 口語詞彙、音節、發音
		知識和觀念的整合	3. 符合年級水準的拼音和字詞分析
		閱讀的範圍和複雜度	4. 流暢閱讀符合年級水準的文章

取自：連啓舜，2015，頁39-40；CCSSI, 2010a, p. 10.

　　為了奠定升學或職涯準備的基礎，學生需要學習寫作以表達其觀點、對學科的理解、傳達想像或真實的經驗，更重要的目的是與外界交流、分析相關資訊及建立主題知識。因應上述需求，寫作區分為文章類型與意圖、寫作的生成與布局、奠定和呈現知識的研究及寫作範圍等四類標準。其內涵如表3所示。

表3　英語寫作共同核心標準概覽

範疇	標準類別	標準內涵
寫作	文章類型與意圖	1. 使用有效的推理和足夠的相關證據做論述，以合理化主題內涵或分析。
		2. 透過有效的選擇、組織和分析內容，能詳實的、清晰且準確的描述與解釋複雜的思想和訊息。
		3. 使用有效的技巧、精心選擇的細節和結構合理的事件序列，敘寫真實或想像的經歷或事件。
	寫作的生成與布局	4. 因應適當任務、意圖與讀者，發展出清晰與一致的寫作風格。
		5. 依據需求透過計畫、修訂、編輯、重寫或嘗試新方法，來發展及強化寫作。
		6. 使用網頁技術來寫作與編輯，以及與他人互動和協作。

範疇	標準類別	標準內涵
	奠定和呈現知識的研究	7. 根據重點問題進行簡短的和較持久的研究項目，以表明對所研究主題的理解。
		8. 蒐集來自紙本或數位來源的多元相關資訊，評估每個來源的可信度和準確性，並在避免遺漏的情況下整合資訊。
		9. 從文意或訊息文本中蒐集證據，以支持分析、省思和研究。
	寫作範圍	10. 定期在較長的時間範圍（研究、思考和修訂的時間）和較短的時間範圍內（起坐之間或一兩天）寫作，以迎合任務、目的和讀者。

取自：CCSSI, 2010a, p. 18.

　　縱使學生在課堂上可以透過小組討論，和夥伴合作進行有條理的對話、有意義的理念交流；面對日新月異的新科技，無論在圖像、文字或影音等多元文本，學生也需要發展動態的語音聯繫。英語文標準考量現代科技的角色，將口語聽力區分為理解與協作及知識和理念的表達等兩類標準。其內涵如表4所示。

表4　英語口語聽力共同核心標準概覽

範疇	標準類別	標準內涵
口語聽力	理解與協作	1. 準備與夥伴作有效的對話和合作，在同理對方的想法上，清楚及有力地表達自己的想法。
		2. 整合和評估以多種媒體和形式（包括視覺、數據和口語）呈現的訊息。
		3. 評估發言者的觀點、推理、證據和詞彙的運用。
	知識和理念的表達	4. 提供訊息、發現和支持性的佐證，使聽者可以掌握到發言者的邏輯組織、意圖和談論風格。
		5. 有策略性的運用數位媒體和視覺性載具，來展現資訊，以增進聽眾的理解。
		6. 言說能因應溝通任務，而適應各種情境脈絡。

取自：CCSSI, 2010a, p. 22.

　　ELAS特別強調標準英語語法、語用慣例和機制，亦重視單詞涵義及與其他詞語的關係。相較於以往重視語言的文法、詞彙等基礎要素，ELAS將語文區分為標準英語慣例、語言知識及詞彙習得和使用等三項標準。其內涵如表5所示。

表5　英語語文共同核心標準概覽

範疇	標準類別	標準內涵
語文	標準英語慣例	1. 在寫作或口語時能使用標準英語的語法和慣例。
		2. 寫作時會使用標準英語的大小寫、標點符號和拼寫方式。
	語言知識	3. 應用語言知識來理解上下文脈絡，有效地選擇意涵或風格，有助於閱讀或聆聽時的理解。
	詞彙習得和使用	4. 透過上下文線索，分析有意義的單詞部分並斟酌參考資料，以確定或澄清多義詞語的意涵。
		5. 表現出對比喻性語言、單詞關係和單詞涵義中細微差別的理解。
		6. 能準確使用一般學術和特定領域的單詞和短語，以符合與大學及職涯有關的聽說讀寫能力；在遇到對理解或表達很重要的未知術語時，表現出蒐集詞彙知識方面的獨立性。

取自：CCSSI, 2010a, p. 23.

(二)CCSSM的內涵

　　面對國際評比成績長期低落的現象，學者將數學課程的內容廣、深度淺且零散，嘲諷為「一里寬、一寸深」。在NCLB實施後，學界也發現各州設定的學年目標及學習範圍並不一致，因而出現要求課程內容較為一致的建議，也促成數學各州共同核心標準的訂定。CCSSM不僅強調關鍵概念的理解，而且相較以往，更重視數學基礎原理原則（如位值和算術法則）（CCSSI, 2010b），也回應蓋茲對「精益求精」（fewer, clearer, higher）的訴求。

　　CCSSM包含「實踐標準」及「內容標準」兩類。前者為數學教育人員所應發展學生的專門知識和能力，以協助後者落實於學生的學習。實踐標準的內涵為以下八項（CCSSI, 2010b）：

　　第一項：理解問題並堅持不懈地解決問題。

第二項：兼備抽象和量化的推理。

第三項：建構可行的論述並評述他人的論點。

第四項：運用數學來解決生活問題。

第五項：有策略的使用適當工具。

第六項：堅持精確的進行數學溝通。

第七項：仔細觀察以找尋結構並運用之。

第八項：在反覆的推理中尋找並表達規律性。

內容標準則依不同年段的學習重點及目標，而有明確設計。「內容標準」的學習引導，分別搭配「實踐標準」作為參照。其關係架構，如圖2所示。

數學各州共同核心標準
數學實踐標準

數學內容標準															
年級 項目	K	1	2	3	4	5	6	7	8	高中 (9-12)					
										數與量	代數	函數	模組	幾何	統計與機率
計數與基數	*														
運算與代數思維	*	*	*	*	*	*					#				
數字與十進位計算	*	*	*	*	*	*									
數字與分數運算				*	*	*									
測量與數據	*	*	*	*	*	*				#					#
幾何	*	*	*	*	*	*	*	*	*					#	
比值與比例關係							*	*			#				
數字系統							*	*	*	#					
表達式及方程式							*	*	*		#				
函數									*			#			
統計與機率							*	*	*						#

備註：*各年級包含之數學學科專門學習項目的標準。

　　　#與高中標準有關之對應專門學習項目。

取自：張佳琳，2013，頁19；CCSSI, 2010b, pp. 10, 14, 18, 22, 28, 34, 41, 47, 53, 59, 68, 75, 80。

圖2　數學各州共同核心標準架構

　　數學不以年段作為劃分依據，K-8的數學標準如表6所示。至於高中的數學學科專門學習項目，部分是將國中內容的深化，提供學生選修，其區分為數與量、代數、函數、模組、幾何及統計與機率等六項。

表6　數學共同核心標準概覽

年段	專門學習項目	標準內涵
K	計數和基數	1. 知道編號名稱和計數順序 2. 數數以告知物體的數量 3. 比較數字
	運算與代數思維	將加法理解為組合和加法，將減法理解為分離和取法
	數字與十進位計算	使用數字11-19來獲得位值的基礎
	測量與數據	1. 描述和比較可測量的屬性 2. 分類物體並計算每個類別中的物體數量
	幾何	1. 識別和描述形狀 2. 分析、比較、創造和組合形狀
1	運算與代數思維	1. 陳述並解決涉及加法和減法的問題 2. 了解並應用加減法的運算屬性及關係 3. 在20之內的數字進行加減 4. 處理加減法的等式問題
	數字與十進位計算	1. 拓展計數的序列 2. 了解數字的位值 3. 運用位值的屬性進行加減法
	測量與數據	1. 透過長度單位測量長度 2. 說出和寫出時間 3. 表達和解釋數據
	幾何	推理形狀及其屬性
2	運算與代數思維	1. 能表達並解決涉及加法和減法的問題 2. 在20之內的數字進行加減 3. 使用均等的物體作為學習乘法的基礎
	數字與十進位計算	1. 了解數字的位值 2. 運用位值的屬性進行加減法
	測量與數據	1. 以標準單位測量和估算長度 2. 進行與長度有關的加減法運算 3. 計算時間和金錢 4. 表達和解釋數據

年段	專門學習項目	標準內涵
3	運算與代數思維	1. 能表達並解決涉及乘法和除法的問題 2. 了解乘法的性質，以及乘法與除法之間的關係 3. 能進行數字相乘，並除以100 4. 解決涉及四則運算的問題，並辨識和解釋之
	數字與十進位計算	利用位值的運算屬性來執行多位數的計算
	數字與分數計算	發展分數的概念
	測量與數據	1. 解決涉及時間間隔、液體體積、物體質量的測量和估計的問題 2. 表達和解釋數據 3. 幾何測量：了解面積的概念，並運用乘法和加法計算面積 4. 幾何測量：將周長視為平面圖形的屬性，並區分線性和面積測量
	幾何	推理形狀及其屬性
4	運算與代數思維	1. 使用帶有整數的四則運算來解決問題 2. 熟悉因數和倍數 3. 產生和分析數學方程式
	數字與十進位計算	1. 對多位數整數安排正確的位值 2. 利用位值的運算屬性來執行多位數運算
	數字與分數計算	1. 理解分數的等值和排序 2. 透過對整數運算的先前理解，從單位的切割去了解分數 3. 了解分數和小數的表示法及其比較
	測量與數據	1. 解決涉及測量的問題，並將測量結果從較大的單位轉換為較小的單位 2. 表達和解釋數據 3. 幾何測量：了解角度的概念並測量角度
	幾何	繪製和識別直線和角度，並根據直線和角度的屬性對形狀進行分類
5	運算與代數思維	1. 編寫和解釋數字表達式 2. 分析模式和關係
	數字與十進位計算	1. 理解位值系統 2. 執行多位數整數和小數點後第二位的運算
	數字與分數計算	1. 使用等值分數作為分數加減的策略 2. 應用並擴展先前對乘法和除法的理解，計算分數的乘法和除法
	測量與數據	1. 在既定的測量系統內進行單位的轉換 2. 表達和解釋數據 3. 幾何測量：了解體積的概念，並利用加法和乘法計算體積

年段	專門學習項目	標準內涵
	幾何	1. 在坐標平面上繪製點，以解決現實生活和數學問題 2. 根據二維圖形的屬性將其分類
6	比值與比例關係	1. 了解比率概念並使用比率推理來解決問題
	數字系統	1. 應用並擴展先前對乘法和除法的理解，進行分數除以分數 2. 將多個數字相乘、相除，以找到公因數和倍數 3. 將數字的理解擴展到有理數系統
	表達式及方程式	1. 對算術的先前理解擴展到代數式 2. 解決一元方程式和不等式 3. 表達和分析應變量和自變量之間的數量關係
	幾何	解決涉及面積、表面積和體積的現實生活和數學問題
	統計與機率	1. 加強對統計變異量的理解 2. 總結和描述數據分配
7	比值與比例關係	分析比例關係並將其用於解決現實生活和數學問題
	數字系統	運用對分數運算的先前理解，對有理數進行加減乘除
	表達式及方程式	1. 運用數學運算的屬性產生等式 2. 使用數字和代數方程式解決現實生活和數學問題
	幾何	1. 繪製、構造和描述幾何圖形，並描述它們之間的關係 2. 解決涉及角度測量、面積、表面積和體積的現實生活和數學問題
	統計與機率	1. 使用隨機抽樣的方法來推論母體 2. 進行關於兩個母體的非正式比較 3. 調查隨機的過程，並發展、使用和評估機率模型
8	數字系統	理解有些數字並非有理數，而是趨近有理數
	表達式及方程式	1. 使用根號和整數計算 2. 了解比例關係和線性方程式的關係 3. 分析和求解線性方程式和聯立線性方程式
	函數	1. 定義、評估和比較函數 2. 使用函數來表示數量之間的關係
	幾何	1. 使用物理模型、透明塑膠片或幾何軟體了解一致性和相似性 2. 了解並應用畢氏定理 3. 解決涉及圓柱、圓錐和球體體積的現實生活與數學問題
	統計與機率	研究共變量數據中的關係模式

取自：CCSSI, 2010b, pp. 10, 14, 18, 22, 28, 34, 41, 47, 53, 59, 68, 75, 80.

　　表6的各項標準，並不是用來要求教師運用特定的教學方法或依序遵循的教學次序，而是由教師因應學生的個別差異及實際學習需求與理解而做調整。由於英語文和數學涉及所有學科學習基礎的核心，因而成為大學及職涯準備、教育績效責任所特別重視的學科。縱使CCSSI目前並無發展其他學科標準的計畫，不過，不少相關教育專業學會，已經致力於研究其各自的學科標準，前述社會標準即是一例。

　　CCSSI鼓勵各州採用CCSS，並不像NCLB具有聯邦法律的強制力，因此各州仍保有採用與否的決定權。決定採用CCSS的各州，則需調整原有的課程標準，針對CCSS進行課程發展、推動研習訓練及設計評估系統，可見其改變的幅度甚廣。

　　CCSS強調加強學生的大學及職涯準備度，以提升教育競爭力為訴求。不過，由於CCSS僅有英語文及數學兩科，其英語文標準固然強調應用科技的媒體識讀素養，重視多元形式的讀本及其閱讀理解、寫作和研究能力的培養，並以年級作劃分逐步加深加廣；但是，其亦含括了歷史／社會、科學與科技學科所需的讀寫共同核心標準，範圍遍布諸多學科，雖有助於跨科整合，卻有弱化其他學科內涵，容易受到忽略的憂慮。各州如果在調整既有的各科課程標準時，詳細考量各自的脈絡，在較不具爭議的英語學科範圍內，跨領域統整社會及科學與科技等題材，則可以減少政治文化面向的阻礙和衝突。

肆 各州共同核心標準的推動過程

　　課程改革從社會背景的促成、政府及專業人士的擘劃，到實際的教材教學、學習評量等，若無有效的推動措施，則不易得到相關經費的支援，改革可能難以順暢推行。本節探討美國制定各州共同核心標準的權責機構與審議機制，以及實施規範與經費設備等配套措施，以了解CCSS的推動情形。

一、制定的權責機構與審議機制

自1990年代倡行標準本位的教育改革後，各州普遍訂有各自的課程標準，以因應NCLB的績效評估之需。由於聯邦憲法的規範，聯邦並無常設的課程權責機構。因此，2009年由NGA及CCSSO的成員所簽署成立的CCSSI，即為制定標準的權責機構，但是，其為「由州層級所發起」，並非聯邦政府的部門或下屬單位。CCSSI強調回應社會大眾對美國教育評比落後的危機感、NCLB舊法的不合時宜，以及整合各州課程標準不一的現象。

NGA是各州州長與聯邦之間的公共政策聯繫窗口，涉及的範圍包括教育、健康、福利及環境等議題。NGA的教育部門即為CCSS的研究規劃及推動策略等事項的主要聯繫者。然而，由於該部門的專業人員不足，且涉及的業務相當龐雜，因而，CCSS的實際事務，則委由顧問公司及多個學科的學會進行專案的研擬工作。至於CCSSO，則主要負責各州教育廳長間的溝通及協調（張佳琳，2013；CCSSI, 2010c）。

研究報告完成後，由政府官員、教育專業學會及非營利組織提供回饋，再據以修改，以訂定CCSS的初步架構。2010年利用三個月的時間，徵詢超過萬人的網路意見，並在各州召開公聽會，逐步形成CCSS的定稿。NGA和CCSSO在諮詢各州教育機構及篩選學者專家的名單後，成立審核委員會，針對CCSS的定稿加以審核，以確定英語和數學的各州共同核心標準（李逢堅，2018；詹紹威，2012；CCSSI, 2010c）。因此，CCSS參酌了各州的教育現況及國際成就比較情形，兼具民主與專業的審議、官方、民間及教師的投入（CCSSI, 2010c）。

二、實施CCSS的配套措施

歐巴馬政府為了推動RTTT的教育改革，自《美國振興與再投資法案》（*American Recovery and Reinvestment Act*）提撥43.5億美元，補助CCSS的課程與教學、學生資料追蹤系統、提升教師和校長素質等所需的經費（Harris, 2012）。此外，測驗商、書商及非營利的文教基金會，亦投

資線上評估系統、資訊設備及協助各州辦理研習訓練，辦理新課程的溝通、宣傳及遊說等活動。亦即，歐巴馬政府善用民間力量來協助聯邦整合跨州的教育政策（李逢堅，2018；張佳琳，2013）。

不過，各州接受經費補助後，並無明確法律強迫各州加入CCSS的評估系統，因而2014年僅有九州參與PARCC，十七州參與SBAC（李逢堅，2018；張佳琳，2013）。究其原委，由於NCLB規定學生在2014年達到閱讀與數學的100%精熟，且性別、族裔、特殊生與經濟不利家庭等各類的學生均需達精熟標準；部分未能達到NCLB標準的州，為持續獲得經費補助，只好自願選擇加入CCSS及其績效評估機制，藉獲得經費，以維持學校教育的正常運作。因為後者放寬規定，允許各類學生合併計算，而且僅要求成績排名落後學生成績進步即可（Lohman, 2010; Michele, 2012），因而成為前者不甚合理要求的解套方式。

此外，為有效追蹤學生學習結果，並藉教育資料的數據分析，以調整相關政策，原訂於2015年全面實施線上評估，但因部分地區的資訊設備未能到位而加以延後，導致SBAC在2013年及其後2017年的線上評估，所使用的硬體設備有所差異（張佳琳，2013；SBAC, 2017）。後者，需要學校全面更新多項的軟硬體資訊設備。在政府投入經費之外，民間企業如比爾與梅琳達・蓋茲基金會（Bill & Melinda Gates Foundation）亦提供協助，有助於CCSS的順利推動。

伍　各州共同核心標準的推動特色與爭議

在了解CCSS的推動情形後，本節從政治氣氛、績效責任、財政與自主及利益團體涉入等角度，分析CCSS的推動特色及其問題與爭議，析述美國向國家課程邁進的現況及趨勢。

一、推動的特色

《危機中的國家》出版後，各界驚覺學生在國際測驗評比長期落後，標準本位風潮引領教育改革的績效責任導向，甚至根據學生的學習評量結

果，決定經費補助額度、教師與學校評鑑等。此種趨勢催生出了CCSS，其推動至少具有以下四項特色。

(一)政治氣氛增加各州訂定CCSS的需求

美國各界自1980年代不斷強調亞洲國家的崛起，對其競爭力的影響，因而聯邦政府持續提出確保學生在各個年段應具備知能的EEACA及NCLB，各州政府也訂定各自的課程標準。各州雖然擁有教育自主，但是卻對標準的評估莫衷一是。部分州甚至為了爭取聯邦NCLB的補助，逃避其懲罰，而降低自己的標準。例如：非裔美人比例最高的密西西比州於2005年宣稱，該州高達九成的四年級生，閱讀能力達到熟練程度；但是，全國評量卻發現其僅有二成的學生合格（詹紹威，2012）。喬治亞州有八成的八年級生符合該州所訂的數學標準，卻只有25%通過全國測驗。

受制於NCLB過分重視測驗分數的壓力，不少州未能達到通過的標準，但在面臨教育財政拮据的狀況下，只能冀望NCLB在2007年期滿後，國會能修改相關規定，以便繼續獲得補助。但在國會兩黨對立的氣氛下，修改法案的懲罰規定，難以達成。歐巴馬政府適時提出NCLB的豁免計畫，避開反對黨的杯葛，同時，也為無法達成NCLB的規定，2014年閱讀及數學皆需達成100%精熟的目標提供解套方式。2013年便吸引多達四十八州為了豁免懲罰，而申請加入RTTT，交換對新績效系統的配合。因此，未達績效的學校可以豁免懲罰，也為CCSS提供了訂定及推動的契機（陳成宏，2016；Morgan, 2014）。

(二)訴諸專業及民主的制定過程

一如「制定的權責機構與審議機制」一節所述，NGA的教育部門的專業人員不足，因而主要擔任CCSS研究規劃及推動策略的聯繫者，實際內涵的發展任務，則委由顧問公司並邀請多個學科的專業學會共同參與，以獲得其支持，包括全國教育協會（National Education Association）、美國教師聯盟（American Federation of Teachers）、全國數學教師學會（National Council of Teachers of Mathematics）、全國英文教師學會（National Council of Teachers of English）等。同時，也邀請許多長期關注學校教育的

相關組織及社會團體，提供建議及協助規劃。

　　研究報告完成後，送請各級政府官員、教育專業學會、非營利組織提供回饋，並徵詢網路意見及在各州召開公聽會，再由篩選各州所提供的學者專家，組成審核委員會，加以審定。其後，則辦理相關的研習訓練及宣傳活動等。因此，其制定過程，相當重視專業意見及民主程序。

(三)績效責任緊扣改革的核心

　　雖然CCSS是「由州層級所發起及制定」，而且各州自行決定是否採用，但是，聯邦政府對各州學校表現的評斷及補助，卻與CCSS密不可分。亦即，運用聯邦的補助款，誘導各州及學區調整作法，採納CCSS的學術標準、重整表現不佳的學校、建置學生課業成長評估及評量數據系統，以及強化優質教師與校長的招聘、培育、評鑑及獎勵等（Lohman, 2010）。各州必須加入聯邦另行補助的PARCC或SBAC評估系統，以作為申請RTTT的重要條件，然後共同發展CCSS（陳成宏，2016；Eitel & Talbert, 2012; Onosko, 2011）。

　　再者，參與RTTT的各州，如果希望能優先獲得聯邦的經費補助，則需要採用「大學與職涯預備能力標準」（college-and career-ready standards）、發展績效系統及教師與校長評鑑制度，以及英語或數學擇一加入PARCC或SBAC（陳成宏，2016；Eitel & Talbert, 2012）。凡此，歷歷可見聯邦政府將補助、績效責任與CCSS加以連結的課程管理策略。

(四)州的教育自主及財政影響參與意願

　　固然CCSS的內涵及形式均是透過NGA及CCSSO而倡導，而且各界對考試引導教學、評量及績效責任窄化教學，以及侵奪州的教育權限等，有不少的疑慮；然而，聯邦政府藉由對各州的經費補助挹注、績效考核或課程標準資訊的公開與審核等，明顯展現其推動的企圖心。不過，仍然有少數州未採用CCSS。

　　部分州早已自行建置相當完整的各學科課程標準。例如：維吉尼亞州已公布其英語、數學、科學、健康教育、世界語、資訊科技等領域的學習標準，其評估及追蹤措施亦相當周延。再者，該州的財政狀況，歷年均

在各州之前，縱使沒有聯邦的財源補助，也能維持其特色及學生的良好表現。因此，該州並未採用CCSS。其他財政狀況較佳的德州、內布拉斯加州及阿拉斯加州等，亦如維吉尼亞州，未採用CCSS以維持顯現教育自主的州定課程。

二、推動的問題與爭議

對照上述CCSS的推動特色，也出現不少相關的問題與爭議。例如：政治氣氛雖然引導各州主動爭取豁免計畫的補助經費，但是，豁免計畫未如NCLB具備國會通過的法律位階。由於缺乏國會監督，而且各州可依其財政情況而自主決定採納與否，並不具強制性，亦可能違反均等原則，因而引發不少爭議。針對CCSS所導致教育權責分際、考試引導教學、教育經費的分配正義及財團涉入教育等問題或爭議，分別說明如下。

㈠擺盪在中央集權或地方分權之間

傳統上，美國是「州層級的社會」（Helburn, 1977），而且，「教育是由地方所執行的州級權限」（Kirst & Wirt, 1992, p. 1268）。學區向來是執行教育政策的核心。學校教育經費主要來自學區的稅收，由學區選舉教育委員會並決定教育人員的聘用。但是，如第一節改革背景所述，1980年由於憂心美國學生在國際測驗評比長期落後及教育競爭力不足，所可能面臨的「危機」，聯邦及州政府與社會各界，持續關注學校教育的實施成效及提升學生的學術表現。

雖然CCSS是「由州層級所發起及制定」，以NGA及CCSSO作為倡導的組織，由各州自行決定是否採用；RTTT的補助也由各州自行決定是否參加，同時提供15%的課程發展彈性；但是，聯邦政府對各州學校表現的評斷及補助，卻與CCSS密不可分。亦即，運用聯邦的補助款，誘導各州及學區調整作法，採納CCSS的學術標準。各州如因擔心受制於未達NCLB績效要求，便會導致補助中斷，因而選擇採用CCSS；當其政治人物的取向或所擁護的政策轉向後，就有可能會再選擇退出。賓夕法尼亞州便是一例。此外，NCLB及CCSS均有法院裁定聯邦侵奪州及學區教育權

限的案例。

㈡以評量結果斷定績效導致課程窄化的質疑

2015年有些州基於評量已經對學校教育造成負面影響，不願繼續任由評量引導教學，而排擠學校應安排各項活動的時間，選擇逐漸退出CCSS的評估（例如：科羅拉多州）。有些較為富裕學區的家長，同樣因擔憂評量的負面影響，而選擇退出。再者，部分州（例如：紐澤西州）的教師工會反對參加PARCC的考試，因為其結果與教師評鑑有密切關聯；而且，並非每個地區都有足夠設備及技術，提供學生進行線上評估；學生也可以自行選擇SAT測驗取代PARCC，以符合畢業成績的要求（Supovitz, Stephens, Kubelka, McGuinn, & Ingersoll, 2016）。教師團體的抵制，在州議會可能會發揮很大作用，甚至影響部分議員能否當選，而其所持的反對理由，多是學生評量結果與教師評鑑的密切連結，侵犯教師的教育自主權，考科影響課程時數及教學活動，甚至出現評量綁架了課程及教師聘任的現象（Cavanagh, 2012）。

評量標準在美國向來極具爭議，即使官方及民間企業倡導CCSS，仍有諸多政治人物及民間人士加以嚴厲的抨擊。例如：「反對共同核心的印第安人」（Hooisers Against Common Core）的民間組織，架設網站、編寫宣傳手冊及接受媒體採訪，導致各界對CCSS的質疑聲浪，反對教育標準化的管控等，迅速在社交媒體間擴散。教育界本身對標準的評估及績效政策，仍然存在重大歧異（Ewing, 2012）。

㈢經費補助規範能否顧及弱勢的需求

NCLB所設計的績效制度，將各州學生的成績，依性別、族裔、特教生及經濟不利家庭等背景因素，區分不同組別而分別分析其成績，如果其中任何一個分組的學生成績未能達到精熟標準，學校就會列入失敗名單（Lohman, 2010）。學校一旦列入失敗的名單，通常社經背景較佳的家庭，會運用教育選擇權而轉學到成績比較好的學校。原校所留下來的學生，幾乎大多屬於弱勢家庭，他們卻因學校受限績效規範而減少經費補

助,反被剝奪掉更多的教育資源及學習機會。因此,可能會加劇校際間,富者愈富、貧者愈貧的不合理現象,顯然違背教育均等原則。

加入RTTT的州,需要採用CCSS,但可以豁免NCLB的績效規定,只要提高成績排名落後學生的學業成就即可,不需要各個組別的學生均達到100%精熟標準(Michele, 2012)。但是,學校可能因此不重視各分組學生由於上述背景因素上的差異,而出現成績落後的情形,在總體的學習績效評比表現,忽視學習困難學生的個別差異。如此,社會正義及教育公平的理念,勢必更難落實(陳成宏,2016)。

兩者的績效責任多只重視學生學業表現,對弱勢學區或學校而言,不免令人懷疑經費補助的規範,能否照顧到弱勢學生的需求?尤其推動CCSS時,面臨教材編寫、研習培訓、評量實施等軟硬體設施所需的大量經費,僅靠聯邦的43.5億美元,恐亦不易達成各州全面實施線上評估的目標,遑論弱勢學區或學校既有的數位落差,能否在此強調科技評估的趨勢中脫穎而出了。

㈣財團涉入教育是否係為公益或營利企圖

CCSS的倡導工作,除了NGA及CCSSO等州層級官員所參加的組織,全國家長與教師協會及美國教師聯盟等支持團體的參與外,還有宣稱屬於非營利組織的成就公司(Achieve)、行動公司(ACT)等顧問公司或智庫的投入。甚至,企業出身的比爾與梅琳達·蓋茲基金會的經費支持,亦居重要角色。各方資源的挹注,雖然可以彌補聯邦預算的不足,但也引起美國人對私人財團或企業干預政府政策的敏感及反感(李逢堅,2018;張佳琳,2013)。甚至令人滋生財團涉入教育,是否僅是為了實踐公益性,而沒有營利企圖的疑竇?

雖然原訂於2015年全面施行的線上評估,已稍作調整,而且SBAC的2013年版評估指引亦已於2017年進行修改,不再強調Windows作業系統;但是,線上評估系統所需相關軟硬體設備的龐大商機,尤其是相關軟體授權及硬體設備的規格,都不免顯露圖利特定廠商的端倪。

推動各州共同核心標準的展望與借鑑

綜合上述發展及推動CCSS所可能遭遇到的問題爭議，以及川普總統執政後的發展趨勢，提出以下觀察與借鑑之處，作爲本文的結論。

一、CCSS將持續影響大多數州的課程，
聯邦與州的互動尚無明顯改變的跡象

共和黨主張廢除CCSS，川普就任後，即要求教育部長B. DeVos，審查聯邦法規是否干預地方教育權限。但CCSS爲各州自行選擇採用與否，因而川普也無法干涉各州是否繼續實施CCSS的決策（Carroll, 2017）。更何況當初因應CCSS所投入的教材設計、試題研發及研習培訓等，已耗費甚鉅，不易立即廢除CCSS而重新發展。即使部分州不再參與，亦非意味CCSS的影響力會突然消失，例如：未採用的維吉尼亞州，其升學及職涯準備度的教育理念，與CCSS十分接近；英語及數學的學科標準，其內容與CCSS並非毫無重疊之處。

抨擊聯邦教育政策侵奪地方教育權限的川普，自不可能自相矛盾的強制要求各州退出CCSS；再者，聯邦政府如要求各州退出CCSS，所需要籌措補助各州的資金甚鉅。即使川普政府挹注了2,000萬美元，鼓勵家長讓學生就讀特許學校、磁性學校等「教育選擇方案」；目前仍未發展可以取代CCSS，提供各州改變既定的課程。目前僅有協助部分貧困學生，採取較佳的教育選擇權（Olsen, 2019）。至於川普所提出將教育部與勞動部合併的構想，藉由裁併編制，以降低聯邦對各州教育決策的影響力，過去雷根政府也曾企圖實施。只是，截至目前國會仍未有通過裁併案的明顯跡象，不過，聯邦的行政部門已儘量不干預各州的教育權限。

至於聯邦與地方的教育權責分際，隨著部分州退出CCSS及川普政府減少對地方的干預，乍看之下，教育權責似乎有回歸傳統地方分權的趨勢。但是，長期以來，聯邦政府挾著經費補助的誘導，邁向統一課程及評量標準的餘威仍在，除非各州的財源雄厚到足以恢復過去自行設計課程標準及其實施方式，否則教材研發、試題編制及研習進修等配套的耗資甚

鉅，就算部分州選擇退出，CCSS可能會面臨修改，但仍會持續存在，聯邦對課程及評量的影響力，還沒有馬上式微的跡象。

二、評量不應綁架課程與教學，宜兼顧卓越與均等、科技輔助與人文互動

美國近年來的主流教育極為重視績效責任及教育競爭力，因而以學生的學習成果作為評比的重要項目。在CCSS之前，早已有全國性的測驗，NCLB使用學生在全國性測驗的成績，作為判斷學校表現的依據，使得學科認知領域的測驗，嚴重影響學校的課程與教學，甚至位居主導的地位。

評量常常窄化為測驗，因而對學校教育造成前述許多的負面影響，進而綁架了課程及教師聘任。考試不僅引導教學，學生的成績更直接綁著教師評鑑，極易出現不良的影響。績效是手段而非目的，訂定獎勵措施應多過於懲罰，不但拔尖也要扶弱，方能兼顧均等與卓越原則。如此，或許可以改善學校及學區弱者恆弱的現象。若要避免考試引導課程與教學，則應體認課程標準並不是教學指引，不宜直接作為教學的程序，或按照年級分配其內容而教學，進而根據課程與教學而設計多元的評量方式，而非僅重視紙筆形式的考試或線上測驗。同時，CCSS允許地方或學校保有15%的發展彈性，如能再增加，或許更可以因應區域及學生的個別差異。

美國全面實施線上評估的政策，除資訊的基礎建設及數位落差等因素需加以考量外，也造成不少州停上寫字課、使用計算機替代人腦的四則演算，因而引起許多負面報導及質疑（詹紹威，2012）。縱使數位科技帶來生活上的巨大改變，CCSS也強調科技應用的重要性；科技的輔助始終泯除不了教育以人為主的社會互動脈絡。使用科技為媒介的評估方式，未必能真實掌握學習者的態度及價值，以及非語言的表達方式。無論是以科技實施的評估方式、紙筆測驗或對學生學習結果的質性描述，都需要顧及學生的個別差異，並提供適切的回饋及修改機會，評量才能發揮診斷學習問題、預估個別教育需求、判斷學習成就是否達成及作為改進教學參考等功能。

三、全球化教育改革論述與在地權力的揉雜，宜落實公益性的參與公共事務

選擇採用CCSS的州相當多，少數州政府則因具有較佳的教育財政或自主性而未加入；但是，其課程理念仍與CCSS頗為接近，皆標榜提升學生的教育競爭力與職涯準備度。學術及職涯準備乃是目前美國各界所重視的教育目標。

美國自1980年代深感亞洲各國崛起的壓力，歷次教育改革常見大聲疾呼，提升基本能力，改善教育品質，教改政策多有參照歐亞國家。在全球化的教改浪潮中，不易明確辨別政策借用的路徑，究竟是某個國家模仿哪個國家。絕大多數國家將教育改革視為促進國家現代化，提升在世界經濟體系中的競爭性，所使用的介入策略。然而，教改論述並非單向、單一聲音的「中央—邊陲」依賴現象；而是混合國內外各種理念與教育實務、全球化與在地化的揉雜方式，既非純粹的發聲，亦非多元主觀的論述，而是受權力關係所影響（Popkewitz, 2000）。若純然只是一味的採用全球化教育改革政策，卻忽視在地化脈絡的省思，則可能面臨在地文化的反撲，形成錯綜複雜的角力及拉鋸。例如：受儒家思想影響，國家的教師地位、待遇及專業性，通常較西方國家崇高的傳統，韓國在引入學生及家長意見的教師評鑑制度，即面臨教師團體嚴峻的抗拒（張雷生，2010），而包含分級和薪資考核的規劃，更使其政策面臨多方的質疑聲浪及阻礙。

是以，純粹的依賴理論似乎難以解釋教改的移植現象，而全球在地化的脈絡，顯然還存在著更複雜的權力關係。但以考試引導教學的情形來看，美國的學生評量結果，影響聯邦對各州教育經費補助，測驗商席捲頗多商業利益。為了減少濫用權力的負面影響，促進教育均等的正面價值，各界宜以公益性、非營利的參與教育公共事務，謹守利益迴避原則，以提升學生的學習成效及未來福祉為考量。

參考文獻

李逢堅（2018）。美國《各州共同核心標準》課程政策施行之研究：賓州個案探究及啓示。**教育政策論壇，21**(3)，69-100。

馬行誼（2016）。系統性閱讀課程的規劃——以美國CCSS語文課標爲例。**語教新視野，4**，30-48。

高新建（2000）。**課程管理**。臺北：師大書苑。

張佳琳（2013）。美國國家課程時代的來臨：各州共同核心標準之探究。**教育研究與發展，9**(2)，1-32。

張雷生（2010，10月4日）。各國教師評鑑1：韓國——全面實施中小學教師評價新制度。**台灣立報**，取自http://blog.ilc.edu.tw/blog/index.php?op=printView&articleId=112780&blogId=4719

連啓舜（2015）。美國閱讀共同核心標準對閱讀教學的啓示。**教育研究，255**，36-53。

陳成宏（2016）。「沒有孩子落後」之後：NCLB豁免計畫的角色定位、法理基礎與實施爭議之探討。**教育科學研究，61**(1)，69-89。

陳佩英、卯靜儒（2010）。落實教育品質和平等的績效責任制：美國NCLB法的挑戰與回應。**當代教育研究，18**(3)，1-47。

陳麗華（2019）。社會學習領域課程標準的想像及啓示——評介《美國社會領域課程標準》及《C3美國社會領域州課程標準架構》。**教育研究集刊，65**(2)，117-135。

詹紹威（2012）。美國共同核心州課程標準倡議之探討。**教育研究與發展，8**(2)，183-202。

鄭勝耀、Jacob, W. J.（2015）。美國各州共同核心標準之研究。**教育研究，255**，5-19。

Advisory Commission on Intergovernmental Relations (ACIR) (1981). *Intergovernmentalizing the classroom: Federal involvement in elementary and sec-*

ondary education. Vol V. The federal role in the federal system: The dynamics of growth. Washington, DC: Author.

American Federation of Teacher (1999). *Making standards matter 1999: An update on state activity*. Washington, DC: Author. Retrieved from https://files.eric. ed.gov/fulltext/ED436607.pdf

Archbald, D. A. (1991). *A description and analysis of the rationales, content, and design of state curriculum guides in mathematics and social studies*. Unpublished manuscript, Consortium for Policy Research in Education, Madison, WI.

Astuto, T. A. & Clark, D. L. (1992). Federal role, legislative and executive. In M. C. Alkin (Ed.). *Encyclopedia of educational research* (6th ed.) (pp. 491-498). New York, NY: Macmillan.

Boyd, W. L. (1987). Public education's last hurrah?: Schizophrenia, amnesia, and ignorance in school politics. *Educational Evaluation and Policy Analysis, 9*(2), 85-100.

Boyd, W. L. (1992). Local role in education. In M. C. Alkin (Ed.). *Encyclopedia of educational research* (6th ed.) (pp. 753-761). New York, NY: Macmillan.

Burlingame, M. (1988). The politics of education and educational policy: The local Level. In N. Boyan (Ed.). *Handbook of research on educational administration* (pp. 439-451). New York, NY: Longman.

Caldwell, P. (1985). Governors: No longer simply patrons, they are policy chiefs. *Education Week, 4*(20), 1 & 34.

Carroll, L. (2017, July 16). *No progress on Trump's promise to kill Common Core*. Retrieved from https://www.politifact.com/truth-o-meter/promises/trumpometer/promise/1351/elimnate-common-core/

Cavanagh, S. (2012, January 11). Some states skeptical of NCLB waivers: Big strings attached to bid for flexibility. *Education Week, 31*(17), 14, 20-21. Retrieved from https://www.edweek.org/ew/articles/2012/01/11/17waivers.h31. html

Clark, D. L. & Astuto, T. A. (1986). *The significance and permanence of changes in federal educational policy: 1980-1988*. Bloomington, IN: Policy Studies Center of the University Council for Educational Administration.

Clune, W. H., White, P., & Patterson, J. (1989). *The implementation and effects of high school graduation requirements: First steps towards curriculum reform*. New Brunswick, NJ: Center for Policy Research in Education.

Common Core State Standards Initiative (CCSSI) (2010a). *Common core state standards for English language arts & literacy in history/social studies, science, and technical subjects*. Retrieved from http://www.corestandards.org/ELA-Literacy/

Common Core State Standards Initiative (CCSSI) (2010b). *Common core state standards for mathematics*. Retrieved from http://www.corestandards.org/Math/

Common Core State Standards Initiative (CCSSI) (2010c). *Introduction to the common core state standards*. Washington, DC: Author. Retrieved from http://www.corestandards.org/assets/ccssi-introduction.pdf

Common Core State Standards Initiative (CCSSI) (n.d.a). *Common core state standards initiative standards-setting criteria*. Retrieved from http://www.corestandards.org/assets/Criteria.pdf

Common Core State Standards Initiative (CCSSI) (n.d.b). *Development process*. Retrieved from http://www.corestandards.org/about-the-standards/development-process/

Commonwealth of Virginia Board of Education (2016). *Mathematics standards of learning for Virginia public schools K-12*. Retrieved from http://www.doe.virginia.gov/testing/sol/standards_docs/mathematics/2016/stds/k-12-math-sol.pdf

Commonwealth of Virginia Board of Education (2017). *2017 English standards of learning curriculum framework*. Retrieved from http://www.doe.virginia.gov/testing/sol/standards_docs/english/2017/stds-all-english-2017.docx

Cornbleth, C. (1990). *Curriculum in context*. New York, NY: Falmer.

Cuban, L. (1987). State-powered curricular reform, measurement driven instruction. *The National Forum, LXVII*(3), 22-25.

Doyle, D. P. & Finn, C. E. Jr. (1984). American schools and the future of local control. *The Public Interest, 77*, 77-95.

Eitel, R. S. & Talbert, K. D. (2012). The road to a national curriculum: The legal aspects of the common core standards, Race to the Top, and conditional waivers. *The Federalist Society, 13*(1), 1-24.

Ewing, J. (2012, August 2). Give the standards back to teachers. *Education Week*. Retrieved from http://www.edweek.org/ew/articles/2012/08/02/37ewing.h31. html

Gandal, M. (1997). *Making standards matter, 1997: An annual fifty-state report on efforts to raise academic standards*. Washington, DC: American Federation of Teachers. Retrieved from https://files.eric.ed.gov/fulltext/ED410661.pdf

Ginsburg, A. L. (1993). *Testimony on the national assessment of Chapter 1 final report reinventing Chapter 1: The current Chapter 1 program and new direction*. Washington, DC: Office of Policy and Planning, U.S. Department of Education.

Harris, D. M. (2012). *Leveraging change via competition: The promise and limitations of Race to the Top*. Retrieved from https://in.nau.edu/wp-content/uploads/sites/135/2018/08/Leveraging-Change-Via-Competition-ek.pdf

Hartle, T. W. & Holland, R. P. (1983). The changing context of federal education aid. *Education and Urban Society, 15*(4), 408-431.

Helburn, S. W. (1977). Comments. In R. D. Barr, J. L. Barth, & S. S. Shermis (Eds.). *Defining the social studies* (pp. 110-113). Arlington, VA: National Council for the Social Studies.

Jackson, B. T. (1994). Foreword. In R. E. Elmore & S. H. Fuhrman (Eds.). *The governance of curriculum: 1994 yearbook of the Association for Supervision and Curriculum Development* (pp. v-vi.). Alexandria, VA: Association for Supervision and Curriculum Development.

Jung, R. K. & Kirst, M. W. (1986). Beyond mutual adaptation, into the bully pulpit: Recent research on the federal role in education. *Educational Administration Quarterly, 22*(3), 80-109.

Kirp, D. & Jenses, A. (1985). *School days, rule day*. Philadelphia, NJ: Falmer.

Kirst, M. W. (1981). *The state role in education policy innovation*. Stanford, CA: Institute for Finance and Governance.

Kirst, M. W. (1987). Curricular leadership at the state level: What is the new focus? *NASSP Bulletin, 71*(498), 8-12, 14.

Kirst, M. W. (1989). Who should control the schools? Reassessing current policies. In T. Sergiovanni & J. Moore (Eds.). *Schooling for tomorrow: Directing reforms to issues that count* (pp. 62-89). Needham Heights, MA: Allyn & Bacon.

Kirst, M. W. (1994). A changing context means school board reform. *Phi Delta Kappan, 75*(5), 378-381.

Kirst, M. W., & Wirt, F. (1992). State role, legislative and executive. In M. C. Alkin (Ed.). *Encyclopedia of educational research* (6th ed.) (pp. 1267-1275). New York, NY: Macmillan.

Lewis, A. C. (1994). Goals 2000 is no more of the same. *Phi Delta Kappan, 75*(9), 660-661.

Lohman, J. (2010). *Comparing No Child Left Behind and Race to the Top* (OLR research report). Retrieved from http://www.cga.ct.gov/2010/rpt/2010-r-0235.htm

McLaughlin, M. W. (1992). Educational policy, impact on practice. In M. C. Alkin (Ed.). *Encyclopedia of educational research* (6th ed.) (pp. 375-382). New York, NY: Macmillan.

Michele, M. (2012). States punch reset button with NCLB waivers. *Education Week, 32*(8), 1-25. Retrieved from https://www.teachhub.com/states-punch-reset-button-nclb-waivers

Mitchell. D. E. (1988). Educational politics and policy: The state level. In N. Boyan (Ed.). *Handbook of research on educational administration* (pp. 453-466). New York, NY: Longman.

Mitchell, D. E. (1992). Governance of schools. In M. C. Alkin (Ed.). *Encyclopedia of educational research* (6th ed.) (pp. 549-558). New York, NY: Macmillan.

Morgan, C. K. (2014). Executive action in the face of congressional inaction: Education waivers circumventing the legislative process. *Brigham Young University Education and Law Journal, 2*, 347-366. Retrieved from http://digitalcommons.law.byu.edu/cgi/viewcontent.cgi?article=1353&context=elj

Murphy, J. T. (1982). Progress and problems: The paradox of state reform. In A. Lieberman & M. W. McLaughlin (Eds.). *Policy making in education: Eighty-first yearbook of the National Society for the Study of Education* (pp. 195-214). Chicago, IL: University of Chicago.

Olsen, L. (2019, June 24). *What can we expect in education from Donald Trump?* Retrieved from https://www.verywellfamily.com/what-can-we-expect-in-education-from-donald-trump-4111388

Pautler, A. J. (1993). The American curriculum experience. In H. Tomlinson (Ed.). *Education and training 14-19: Continuity and diversity in the curriculum* (pp. 39-55). Harlow, Essex: Longman.

Pechman, E. M. & Laguarda, K. G. (1993). *Status of new state curriculum frameworks, standards, assessments, and monitoring systems*. Washington, DC: Policy Studies Associates.

Pipho, C. (1981). Scientific creationism: A case study. *Education and Urban Society, 13*(2), 219-233.

Popkewitz, T. S. (2000). Globalization/regionalization, knowledge, and the educational practices: Some notes on comparative strategies of educational research. In T. S. Popkewitz (Ed.). *Educational knowledge: Changing relationships between the state, civil society, and the educational community*. New York, NY: SUNY Press.

Sack, J. L. (2000, March 1). Riley urges 'review' of standards. *Education Week, 19*(25), 1, 32-33. Retrieved from https://www.edweek.org/ew/articles/2000/03/01/25riley.h19.html

Smarter Balanced Assessment Consortium (SBAC) (2017). *The smarter balanced guide to technology readiness*. Retrieved from https://portal.smarterbalanced.org/library/en/guide-to-technology-readiness.pdf

Smith, M. S., Fuhrman, S. H., & O'Day, J. (1994). National curriculum standards: Are they desirable and feasible? In R. E. Elmore & S. H. Fuhrman (Eds.). *The governance of curriculum: 1994 yearbook of the Association for Supervision and Curriculum Development* (pp. 12-29). Alexandria, VA: Association for Supervision and Curriculum Development.

Supovitz, J. A., Stephens, F., Kubelka, J., McGuinn, P., & Ingersoll, H. (2016). *The bubble bursts: The 2015 opt-out movement in New Jersey*. Retrieved from http://repository.upenn.edu/cpre_workingpapers/13/

Timpane, P. M. (1988). Federal progress in educational research. In M. J. Justiz & L. G. Bjork (Eds.). *Higher education research and public policy* (pp. 17-32). New York, NY: Macmillan.

Tyree, A. K. (1993). Examining the evidence: Have states reduced local control of curriculum? *Educational Evaluation and Policy Analysis, 15*(1), 34-50.

U.S. Department of Education (1990). *Progress of education in the United States of America 1984 through 1989*. Washington, DC: Author.

U.S. Department of Education (1991). *America 2000: An education strategy*. Washington, DC: Author.

U.S. Department of Education (1993). *Reinventing Chapter 1: The current Chapter 1 program and new directions: Final report of the National Assessment of Chapter 1 program*. Washington, DC: Author.

Ujifusa, A. (2013, February 4). Pressure mounts in some states against common core: Opponents of common core redouble legislative efforts. *Education Week*. Retrieved from http://www.edweek.org/ew/articles/2013/02/06/20com

moncore_ep.h32.html

van Geel, T. (1976). *Authority to control school program*. Lexington, MA: Lexington Books.

Walker, D. (1992). Curriculum policy making. In M. C. Alkin (Ed.). *Encyclopedia of educational research* (6th ed.) (pp. 280-286). New York, NY: Macmillan.

第五章

日本中小學學習指導要領
制定過程及內涵

梁忠銘

一、日本學習指導背景

日本「學習指導要領」，類似我國慣用的「課程標準」、「課程綱要」專門用語；日本英譯為「course of study」（藤原晃之、佐藤博志、根津朋實、平井悠介，2019）。我國國民教育階段的課程自90學年度起，依據九年一貫課程（教育部網頁，2019），公布《國民中小學九年一貫課程暫行綱要》，至2003年11月止，各學習領域「課程綱要」，逐漸取代以往慣用的「課程標準」。

日本教育課程（國定課程）整體架構的確立，始於1891（明治24）年《小學校教則大綱》，這是因為在《小學校教則大綱》之中，確立了教育目的、教科的構成、各教科的教育內容、時間分配、教育制度等內涵（田中耕治、水原克敏、三石中雄、西岡加名惠，2005、2017）。

1945年以後日本教育制度、課程內容，主要是來自以美國為主的教育使節團之建議。其目的是為了確實維持或達到某種的教育水準及確保教育機會均等與內容的中立性，頒定了具有法律約束性的課程內容標準，即是所謂的「學習指導要領」，這也是延續戰前所謂的「教則大綱」、「教育課程表」等概念。

現行日本的「學習指導要領」的制定，最早在1947年其《學校教育法施行規則改正》的第25條「有關小學校的教育課程是依據學習指導要領的基準」，就已明確說明「學習指導要領」與「教育課程」的關係；也就是說，日本的「教育課程」必須依據「學習指導要領」來作為編制基準。日本學界也認為日本的「教育課程」與「學習指導要領」之用語，可視為同義語（細谷俊夫，1990）。「學習指導要領」其意義可解為「為了達成學校教育的目標，學校教育內容的標準及活動之總合計畫」（龜井浩明等編，1998）。同時，在其現行《學校教育法》第33及48條，以及《學校教育法施行規則》第50-58條及第72-74條之中，也延續其規定「有關小學校教育課程，……其教育課程的基準，是依據文部科學大臣所公示的小學校學習指導要領」（日本兒童教育振興財團，2016），當然中學的教育課程相關規定，也與小學相同。

　　所以，「學習指導要領」是依據法令上的規定，由國家來制定，作為教育課程的基準。各學校的教育課程編成及實施，必須以此爲基準（文部科學省，2017a、2017c）。據此，日本國民義務教育的課程綱要，其制定和修訂及新舊課程移轉相關措施，均由其國家教育主管機關「文部科學省」所規定。

　　教育課程編成方針可歸納爲兩點：第一、各學校依據法令及規章，以培育健全的兒童爲目的，充分考慮地域實態及兒童身心的發展階段或特性，適切的編成教育課程。第二、有關道德教育、體育、健康的指導是透過學校全體的教育活動，並因應各教科的特質做適切之指導（文部省，1999）。同時，隨著時代變化與不同的課題，「學習指導要領」依據各種教育理論來思考調整其內涵，如經驗主義、系統主義、能力主義、人本主義、新自由主義、多元主義等理論，持續進行學習指導要領的修訂（參考表1），去建構符合社會發展的教育課程（田中耕治、水原克敏、三石中雄、西岡加名惠，2017）。所以當「學習指導要領」修訂之後，日本各級學校的授課時數、教科書內容，以及入學考試內容也會隨之更改或調整（藤原晃之、佐藤博志、根津朋實、平井悠介，2019）。

　　日本從1947年開始提出「學習指導要領試案」以來，至今已歷經八次的修訂；除了第二次的修訂因爲是屬於試行期間除外，之後大約是以十年爲一個週期（實施期間中會有部分的修訂），進行教育課程的全面調整（村田翼夫、上田學，2013；田中耕治、水原克敏、三石中雄、西岡加名惠，2017），歸納如表1所示。

　　「學習指導要領」隨著時代的變化與不同的課題，依據社會發展與國際風潮理論的影響，持續的進行修訂（日本兒童教育振興財團，2016）。簡單來說，第一、二次修訂（1947、1951）的主因，主要是著眼於唾棄軍國主義、國家主義，透過經驗主義培育出理性且具批判能力，尊重學生的個別差異，以實踐「教育民主化」爲目標，可視爲日本戰後教育民主化的改革期。

表1　日本戰後中小學學習指導要領變遷表

NO	時期劃分	小學（頒布日期）（年間授課時數）	實施日期	中學（頒布日期）（年間授課時數）	實施日期
1	經驗主義時代	1947（昭和22）年（學習指導要領試案）	1947	1947（昭和22）年（學習指導要領試案）	1947
				1949（昭和24）年「新制中學學科與時數」的修訂	1949
2		1951（昭和26）年（學習指導要領試案）改訂版	1951	1951（昭和26）年（學習指導要領試案）改訂版	1951
3	系統重視時代	1958（昭和33）年小學學習指導要領告示（5281）	1961	1958（昭和33）年中學學習指導要領告示（3360）	1962
4		1968（昭和43）年修訂（6135）	1971	1969（昭和44）年修訂（3535）	1972
5		1977（昭和52）年修訂（5785）	1980	1977（昭和52）年修訂（3150）	1981
6	能力重視時代	1989（平成元）年修訂（5785）	1992	1989（平成元）年修訂（3150）	1993
7		1998（平成10）年修訂（5367）	2002	1998（平成10）年修訂（2940）	2003
8	主體重視時代	2008（平成20）年修訂（5645）	2011	2008（平成20）年修訂（3045）	2012
9		2017（平成29）年修訂（5785）	2020	2017（平成29）年修訂（3045）	2021

　　第三次修訂（1958）的原因在於當時占領軍的影響力已逐漸衰弱，而文部省想要調整中央主導教育政策的偏頗與加強指導力，且配合高度經濟成長政策，以培育科學技術人才，重視課程系統性的原則（水原克敏，1992），以因應學生的人格特質與生涯規劃，重新審視日本國民性觀念與道德教育，可視為日本以經濟為主要目標的教育改革，可說是日本戰後以經濟發展為主導的教育改革前期。

　　第四次修訂（1968），著眼重視「學業低落的學童」、「公民道德教育的實踐」、「科學概念與方法」等課程內容的現代化與多元化，強調能力主義的理念，為產業提供各領域通才的培育。第三次、第四次學習要領

修訂的時代背景，正處於日本高度經濟發展的時期，可說是日本戰後以發展經濟爲主要目標的教育改革後期。

　　第五次修訂（1977），則是因爲日本的高度經濟成長期，強調追求「精緻化」、「能力化」的訴求，帶來了社會結構的劇烈變化，也導致學校問題層出不窮。於是，日本檢討以追求經濟第一爲核心的教育方法，並且開始著重於學生學習層面或教育活動的創造性與生活化，同時日本也受到1970年代全美教育協會主張重視人性的教育課程所影響，尊重每位學生的個別差異與人格特質，注重人性的發展。就課程理念而言，標榜課程的彈性化、教育內容的精簡，強調人本主義，讓學生於日常生活中學習，以均衡發展學生「知、德、體」等知能（岡津守彥，1980）。

　　第六次修訂（1989），主要是因爲1980年代中期以後，日本經濟高度的發達，少子化與都市化的現象日益顯現，家庭和地域社會的「教育品質」有顯著的低下，學校教育出現嚴重的霸凌、逃學、校內暴力、班級經營困難、青少年犯罪率現象的暴增（文部省，1991）。同時，教育過度強調尊重個人，傾向以自我爲中心，導致學生沉溺於自我孤立的世界，進而忽視「公」的權益。過度強調平等主義，而讓日本學校教育產生單一化的課程與填壓（鴨）式的教學，無法因應學生的個別差異，進行因材施教以發展學生的多元智慧。加上科學技術急速的發展，全球化與資訊化對知識經濟社會的衝擊，社會劇烈的變化，使得教育課程無法因應國際社會發展所需。同時爲了因應學校於週休二日制之下，讓各個學校有「充裕」的時間發展「有特色的教育」，發展人性的光輝與自我學習能力、自我思考能力等「生活能力」爲核心目標。

　　第七次修訂（1998）的主因，在於1990年代之後，日本面臨高度成長之後的泡沫經濟化的衝擊，促使經濟惡化、產業萎縮（空洞化）、社會建設停滯，加上國際化、資訊化的發展加速社會的轉型，使得國民的教育需求變得複雜化與多樣化，同時要因應二十一世紀國際化、社會生活的國際化、人口減少隨之而來的高齡化和少子女化的衝擊，有必要建構嶄新的社會和人才的培育，並強化確定日本主體性時期（李園會，2007；日本學術協力財團，1996）。

　　第八次的修訂（2008），因應二十一世紀知識經濟爆發的社會，新知識和資訊科技網際網路將成為社會所有領域的活動的根本。同時因為資訊化和全球化、國際化所帶來的社會改變，將超乎我們的預測，呈現在每個層面。基本上國際化與全球化的市場競爭，將衝擊日本產業與社會經濟的轉型。在教育風潮則是受到新自由主義與經濟合作開發組織（Organisation for Economic Co-operation and Development，簡稱OECD）提倡的教養核心能力要求，加上日本社會受到少子女化與高齡化的影響，導致地方教育能力崩壞與家庭教育弱化的影響，強調學校要加強振興地方社區的經濟活化和國民主體性的認知與認同，進而深化教育課程內容的要求，同時強化國家認同和道德教育的重要，可視為日本教育的強化期。同時因為進入二十一世紀，日本的學力持續低落未見改善的同時，如何因應「資訊革命」與「全球化」、「國際化」及少子高齡化所帶來劇烈的社會變化，成為國家發展必須面對的急切問題；學校教育系統首先加強培養具備國際通用語「英語」的人才顯得特別重要。因為「全球化」、「國際化」的展開，日本國民與世界各國對話的場合將全面增加，具備寬闊的國際視野與國際間的協調能力儼然成為時勢所趨。日本為獲取世界各國的認同，必須大力培養國際化人才，使日本國民具有世界競爭能力。對日本政府而言，外語人才的培育與訓練顯得格外重要，必須加強實現國際化的具體措施。也就是說，「學習指導要領」是決定學校教育課程內容的基準，決定日本國民性形成準則，隨著國家發展與社會變化必須重新調整（水原克敏，1992；水原克敏，2012），因此面對國際競爭學校教育課程內容，必須調整。

　　第九次的修訂（2017），基本上延續第八次的教育方針，實際上資訊化和國際化確實日益深化，技術革新也讓我們的生活面臨產生急劇的變化。國際社會快速的發展，與各種不同國際的人們協同合作，尊重對方價值的同時，認識自我的定位，超越各式各樣社會變化，強化對於地方社區的生活條件與鄉土認同。教育對於「確實學力的保證」、「生存能力」與「教育課程」連結，學校自律性與學校評價、學校選擇、學校與家庭、地域社會的連攜合作、職涯能力（career）教育等問題，應需要積極思考面

對（文部科學省，2017e），並檢討在教育課程上四個問題：(1)如何在教科等將其意義明確化、檢討和改善教科之間橫向課程連結的問題；(2)如何與社會連結，以及各學校特色教育發展的問題；(3)如何實現讓每個學童有更豐富的學習機會；(4)檢討和準備改善充實學習評量的條件（文部科學省，2017b）。

二、學習要領相關法規制定過程

㈠學習要領相關法規

前文提及「學習指導要領」的制定，最早在1947年其《學校教育法施行規則改正》、《學校教育法》和《學校教育法施行規則》等相關法規作為依據，詳細說明如下：依據日本憲法第26條關於教育機會均等與義務教育之規定，1947年制定《教育基本法》及《學校教育法》。《教育基本法》全文共有十一條，分別就教育目的、教育方針、教育機會均等、義務教育、男女同校、學校教育、社會教育、政治教育、宗教教育、教育行政等事項加以規定。特別是對於國家的義務教育在其《教育基本法》第二章（有關教育實施相關之基本）第5條，有具體明確的規定其義務教育。第6條規定其學校教育，並據此頒定了《學校教育法》（1947年法律第26號），更詳細的規定有關義務教育（第21條），以及各階段學校教育的相關規定；其中在第四章是針對小學教育的目的、目標和教育課程，明確的規範。特別是在對於「教育課程」部分，更加以規定如下：「第三十三條小學校的教育課程相關事項，必須依照第二十九條及第三十條的規定，由文部科學大臣訂定。」因此，依據此法條日本文部省於1947年頒定了《學校教育法施行規則》（最終更新：平成29年9月13日公布，平成29年文部科學省令第36號改正），更進一步詳細的訂定日本學校有關教育課程的法規依據，相關的重要部分條文如下：

第四章（小學校）第二節　教育課程（第50-58條）

第五十條　小學的教育課程是包括國語、社會、算數、理科、生活、音樂、圖畫工作、家庭及體育的各教科（以下簡稱「各教科」）、道德、外國語活動、總合的學習時間，以及特別活動所構成。

2.私立小學的教育課程的編成，依據前項的規定之外，可以加入宗教。此種情況之下，宗教可以代替前項的道德。

第五十一條　小學（第五十二條之二第二項所規定之中學校連攜型小學校及第七十九條之九第二項所規定之中學校併設型小學校除外）的各學年之各教科、道德、外國語活動、總合的學習時間及特別活動之授業時數，以及各學年的總授業時數，別表（本論表3參照）第一所規定之授業時數爲標準。

第五十二條　有關小學的教育課程，此節所規定之外，另外由文部科學大臣公布告示之《小學校學習指導要領》爲教育課程的基本準則。

……

第五章　中學校

第七十二條　中學校的教育課程有國語、社會、數學、理科、音樂、美術、保健體育、技術‧家庭及外國語的各教科（以下本章及第七章中簡稱「各教科」）、道德、總合的學習時間，以及特別活動所編成。

第七十三條　中學校（併設型中學校、第七十四條之二第二項所規定小學校連攜型中學校、第七十五條第二項所規定之連攜型中學校及第七十九條之九第二項所規定小學校併設型中學校除外）的各學年之各教科、道德、總合的學習時間及特別活動，其各自授業時數及各學年之中的總授業時數，如別表第二所規定之授業時數爲標準。

第七十四條　有關中學校之教育課程，本章所定之外，教育課程的基準將由文部科學大臣另外公布告示《中學校學習指導要領》爲教育課程的基本準則。

　　如上所述可知，日本的中小學教育課程的編成和實施，在法源上依據，主要有《教育基本法》、《學校教育法》及《學校教育法施行規則》等相關法規來定位「學習指導要領」，並成為學校教育課程之基本準則。「學習指導要領」的最主要機能，是在於確保全國的中小學教育有一定的水準。另外，各學校和家庭及地方共同合作，依據「學習指導要領」，讓學校的教育活動可以更充實（文部科學省網頁，2019）。

(二)學習指導要領制定機制

　　日本從1976年以後，在日本全國各地都有指定「研究開發學校」，會針對次期的「學習指導要領」修訂進行先導性的研究，藉此蒐集「實證的資料」，因此如果我們留意這些活躍的「研究開發學校」的動向，應該是可以掌握住下次「學習指導要領」修訂的方向（柴田義松，2008）。

　　另外，日本「學習指導要領」的修訂方向，基本上其方向和重點，很少會有重大的改變，主要是依據近年之中，國際和國家社會發展的趨勢，以及學界上重要的議題為主要修訂的重點，以2017年所公布實施的學習指導要領的重要調整方向：1.實現面向社會開放的教育課程；2.培育可期待的資質‧能力；3.深化主體性‧對話式的學習（從active learning的視點改善授課）；4.以教育課程管理（curriculum management）為主軸，充實改善學校教育；5.具體改善和充實教育內容；6.確立初等中等教育一貫學習體制與支援學童發展（文部科學省，2017f）。實際上基本方針是延續1987年「臨時教育審議會」所提出的教育改革方向，同時依據在1997年1月24日公布《教育改革計畫》（Program for Education Reform）的規劃，所提出教育改革的課題及發展項目（雖然該計畫內容其後數度修正；於1999年9月定案），指出「面臨二十一世紀，為了要能夠因應未來世界性的競爭，有必要以創造科學技術、文化立國等目標，發展成為一個有活力的國家，並能在國際社會有所貢獻」為其教改方針（文部省，1997），並強調「教育」為「所有社會制度的基礎，其機能是極為重要。面對變化急遽的新時代，改革亦需不斷的改進，務必使下一個世代能承擔繼往開來的責任」。（文部省，1999b）此指出今後的教育要透過家庭、社區、學

校，來修正智育偏重的風潮與著重記憶式的學校教育模式。使學童能在「充裕」的環境中孕育「生力（IKIRU TIKARA＝生活能力」是重要的。為此，有必要在幼年時期確實使其養成遵守社會生活的規範，能孕育有正義感、倫理觀、同情心及問題解決能力的教育（文部省，1999b）；並加上教育改革國民會議在2000年12月的《教育改革國民會議報告書》之中，對日本教育的思考方向，提出三個重點：

1. 學童社會性的孕育、促進其自立、實現培育富有人性的日本國民教育。
2. 發展每個人與生俱來的才能，同時培育各領域具有創造性的領導人才教育制度。
3. 因應新時代的學校整備與其支援體制的實現。

總結出學校應成為促進兒童學會自立於社會、重視人性與社會性的育成、恢復自由與規律平衡、分辨善惡能力重要的場所。而如何使學童能勇敢堅強成長、自立自主、明辨是非，使其空虛的心靈得以充實，能有實踐追求更美好的人生之勇氣與能力，使人與人之間的關係狀態能更加的和諧。且能在學習能力旺盛的期間正視自己本身，對於自己為人類一分子的自知自覺，並使其學得有規劃與實踐更美好的人生所需之基本道德意識。諸如，社會生活上的規範、基本的道德倫理觀念、傳統文化的尊重與繼承、為人態度與國際協調的精神等，學校的道德教育應該是最重要的一環，因此有必要加以充實（文部科學省，2000）。

前次2008年的課綱提出，透過學校教育將所謂的「生力＝生活能力」的核心理念，建構在學校教育課程上。並檢討四個問題（文部科學省，2017b、2017d）：(1)如何把「生活能力」概念在教科上，將其意義明確化、檢討和改善教科之間的相互連結的問題；(2)「生活能力」應如何與實際社會連結，以及如何與學校發展出特色教育的問題；(3)如何實現讓每個學童有更豐富的學習機會；(4)檢討和改善學習評量的條件。

此次2017年修訂的「學習指導要領」，基本上是延續1998年及2008年的強調「生存能力」方針與問題加以調整，強化「確實的學力」所提示的三要素：「基礎知識及學力」；「活用問題解決能力所需的思考能力、

判斷能力、表現能力以及其他能力」；「具有主體（自主）的學習態度」（藤原晃之、佐藤博志、根津朋實、平井悠介，2019），以及充實國際化和強化道德教育元素。加上近年日本社會已確實受到少子女化與高齡化，以及國際化的影響，導致地方教育能力崩壞與家庭教育弱化的影響，強調學校要加強振興地方社區的經濟活化和國民主體性的認知與認同，強調外國語的重要性，進而深化教育課程內容的要求，同時強化國家認同和道德教育的重要（中央教育審議會，2014；中央教育審議會，2016）。

　　就其實際的研發與審議機制來分析，前文提及主要是由其文部科學省（初等中等教育局教育課程課教育課程企畫室）負責，首先是由文部科學省提出「學習指導要領」的修訂提案的請求（諮詢），並委託其附屬的諮詢機構「中央教育審議會」進行諮詢審議。以此次實施的「學習指導要領」的修訂案為例，其審議過程歸納如表2。

表2　中央教育審議會議論過程

	時間	審議過程與重點
1	2014年11月	中央教育審議會總會「有關初等中等教育教育課程基準的應有方案」之諮問。
2	2014年12月	設置教育課程部會・教育課程企劃特別部會
3	2015年1月	教育課程企劃特別部會（第1回） 有關符應新時代學習指導要領基本的思考方向、教科・科目等應有方案、學習・指導方法及評價方法之應有方案相關基本的方向性，計進行十四次審議。
4	2015年8月	教育課程企劃特別部會（第十四回） 教育課程部會「論點整理」結案報告
5	2015年秋季以後	依據論點整理方向教科等別、學校種別做專門的檢討。
6	2015年8月	歸納「迎向次期學習指導要領目前為止審議的總結」。
7	2016年12月	「有關幼稚園、小學、中學、高中及特別支援學校學習指導要領等改善及必要之方法策略（答申）」。
8	2017年3月31日	幼小中學習指導要領等改訂告示之公示。 高等學校學習指導要領今年度中改訂預定。

依據文部科學省（2017）。新しい学習指導要領の考え方—中央教育審議会における議論から改訂そして実施へ—。https://www.mext.go.jp/a_menu/shotou/new-cs/__icsFiles/afieldfile/2017/09/28/1396716_1.pdf。（2019年，10月5日擷取），自行整理而成。

　　如表2所示，「中央教育審議會」於2014年11月接受文部科學大臣對「有關初等中等教育之教育課程基準的可能方案」的諮詢委託。然後「中央教育審議會」於2015年委由其「教育課程部會」負責，「教育課程部會」隨即組成「教育課程企劃特別部會」，並細分五大部會及一個特別部會及十一個工作小組和三個特別團隊（教育課程部會，2015；文部科學省，2017f；文部科學省網站，2019；楊思偉、李宜麟，2020；參考附件一）。教育課程企劃特別部會委員包含大學教授、專家學者、大學校長和高階行政人員、中小學校長、地方政府首長、產業界代表、教育機構調查研究部長、教育委員長，以及教育課程部會長等各領域之學者專家及專業代表（教育課程企劃特別部會，2015；參考附件二）。分別針對諮詢重點擬定課綱的基本思考方針與內容，彙整出新學習指導要領之「論點整理」，提交各相關單位及數次的「教育課程部會」討論，進行滾動式的調整和修正（中央教育審議會，2016），於2016年8月提出「新學習指導要領指導方針審議重點」，然後由「中央教育審議會」再進行數次的公聽會，廣泛徵詢學界及各教育相關團體組織，如全國聯合小學校長會、全日本中學校長會、全國高等學校校長會、全國特別支援學校長會、全國聯合退職校長會、全國公立學校教頭會、全國公立中小學校女性校長會、全國遠程教育與研究聯合會等意見（中央教育審議會，2016），再進行修正，完成新學習指導要領諮議報告。最終於2016年12月21日提出《有關幼稚園、小學、中學、高等學校及特別支援學校的學習指導要領等改善及必要之方法策略（諮詢報告）》（文部科學省，2017e；文部科學省，2017f；參考附件三）。

　　此諮詢報告指出「本諮詢報告是預想2030年的社會情境，如何可使每位學童有更豐富的未來、認識自我價值的同時，尊重對方的價值，與各種不同的人們協同合作工作，超越各式各樣社會的變化，建構自己更好的人生與更美好社會，透過初等、中等教育課程來達到預期的功效。全球化帶來社會的多樣性。另外，急速的資訊化和技術革新也讓我們的生活不斷的產生變化。受到這樣社會變化的影響，身旁的生活和社會各種領域之中，支撐學童們成長的教育方式也必須面對各種事態的衝擊，學校教育必須讓

其在教育過程中，培育其有面對各種挑戰的生活能力（文部科學省網頁，2018）。

　　日本文部科學省依據此次諮詢報告，提出「學習指導要領改訂案」，持續的徵求各界和機關團體的意見，最後於2017年3月公布「學習指導要領改訂」，同時進行相關法規的修訂於2017年12月公布修訂《學校教育法施行規則》，並從2020年4月1日開始施行。

　　但是，在2018年4月1日至2020年3月31日期間，如有必要，可依特例另外調整（文部科學省網頁，2018；參考附件四）。就此次學習指導要領的改訂，從其文部科學省提出修訂的諮詢2014年11月開始到正式公布的2017年3月，共需兩年五個月，其制定機制流程圖如圖1所示。

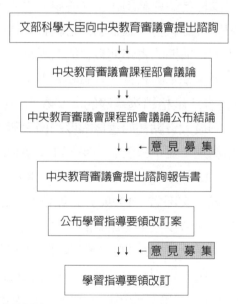

圖1　學習指導要領審議機制

資料來源：文部科學省網頁（2019）。學習指導要領。http://www.mext.go.jp/a_menu/
　　　　shotou/new-cs/idea/index.htm（2019年10月11日擷取）

三、學習指導要領的實施

日本的初等與中等教育屬於義務教育階段，其教育內容與課程規劃，依據相關法規必須依照日本文部科學省公布的「學習指導要領」來編排，因此「學習指導要領」是學校「教育課程」編排之基準，其意可解釋爲「爲了達成學校教育的目標，學校教育活動之總合計畫」（龜井浩明等編，1998）。其編成方針可歸納爲兩點：第一，各學校依據法令及規章，以培育健全的兒童爲目的，充分考慮地域的實態及兒童身心的發展階段或特性，適切的編成教育課程。第二，有關道德教育、體育、健康的指導是透過學校全體的教育活動，並因應各教科的特質做適切的指導（文部省，1998）。

而在1999年教育課程審議會諮詢報告（答申）之中，將中學的位置設定爲義務教育的最終階段的教育，確實的進行社會生活所必需具備的基礎基本的教育。從中等教育前期的青年期教育的觀點來看，需重視促進發展個性的教育，以及基礎、基本的教育，其重點如下：

㈠ 必修的教育內容「嚴格精選基礎的、基本的內容，整體內容予以縮減」之原則。改訂的最大賣點在於選擇幅度的擴大與外國語學習的時間的設定。所謂的嚴格精選，並不只限於中學，在小學和高中也將要如此，其嚴選方式有1.削除；2.歸併統合；3.減輕；4.簡化集約、統整、重點化；5.選擇等五種類的方式（文部省，1999c）。如依據文部省的學習指導要領解說的話，「改變以往傳授大量記憶式的教育方式，從學習者的立場、培育學生能自我學習、自我思考的能力，在時間上、精神上也都能有充裕的時間來展開教育活動，再配合經過被嚴格精選基礎的、基本的內容，使學生能在充裕的學習之中確實的吸收」知識（湊屋治夫、坂口浩司，1999）。

㈡ 繼承以往教科之基本構成，但是值得留意的是外國語不僅獨立成學科，從選修變成必修科目，而且大幅度增加時數。且對於培育「基礎的、實踐的溝通協調的能力」之養成「是所有學生都必要的」之一事，給予明確的指示（教育課程審議會，1998）。

㈢ 延續以往重視道德教育。有關於全體的目標明記在總則的部分，

特別是社會奉獻之志工活動與自然體驗活動也被要求。在教育課程審議會答申之中，「活用體驗活動等使其心靈能有共鳴之道德教育的實施」，「依據家庭及地域的住民的協助來充實道德教育」，然後「面對未來思考解決自己課題的方案，共同思考道德的教育」是要被強調的。所以從中央教育審議會答申（諮詢報告）以來，被強調要求加強心靈教育，這也就是接受了其建議的結果（文部省，1999c）。

　　在各級「學校教育的目的與目標」，則是在《學校教育法》有明確的規定，如表3所示。

表3　日本中小學校的目的與目標

種類／年限		目的	目標
初等教育	小學6年	因應身心的發展、實施初等普通教育。	1. 依據學校內外的社會生活經驗，對於人與人之間相互關係的正確理解與協同、自主及自律精神的養成。 2. 促進學校內外的自然體驗活動、尊重生命及自然精神，以及環境保護態度的養成。
中等教育	中學3年	中學校是在小學校教育的基礎之上，因應其心身發展，實施義務教育的普通教育。	3. 引導有關於鄉土及國家的現狀與傳統正確的理解，國際協調精神的養成。 4. 有關於日常生活必要的食、衣、住、產業等，相關基礎的理解與技能的養成。 5. 日常生活必要的國語，正確的理解、使用能力的養成。 6. 日常生活必要的數量之間關係，正確的理解、處理能力的養成。 7. 對於日常生活的自然現象，能以科學的方式觀察、處理能力的養成。 8. 為了健康、安全、幸福的生活所必要習慣的養成，身心調和的發展。 9. 充實生活明朗的音樂、美術、文藝基礎的理解與技能的養成。 10. 有關職業的基礎知識與技能、注重勤勞態度及因應個性對將來進路選擇能力的養成。
	中等教育學校6年	因應身心的發展，實施中等普通教育，同時實施高等普通教育及專門教育。	1. 成為國家及社會有為者所必要資質的涵養。 2. 基於實踐社會為使命的自覺，因應個性決定將來的進路，提高一般的教養，熟稔專門的技能。 3. 有關社會精廣的理解與健全批判能力的涵養，努力確立個性。

資料來源：依據日本《學校教育法》。最終更新：2018年6月1日公布（2018年法律第39號改訂）整理。

　　一般來說，日本的義務教育階段的課程可分爲三大部分。中、小學略有不同。以小學爲例：㈠爲教科部分有國語、算數、理科、社會、音樂、生活、圖畫工作、家庭、體育、外國語；㈡爲特別的教科有道德；㈢爲教科以外的教育活動部分，有總合的學習時間、特別活動（學級活動、兒童會活動、社團活動、學校行事、外國語活動）。中學也是區分成三個部分：㈠爲教科部分有國語、社會、數學、理科、音樂、美術、保健體育、技術・家庭、外國語；㈡爲特別的教科有道德；㈢爲教科以外的教育活動部分，有總合的學習時間、特別活動（學級活動、學生會活動、學校行事）。

　　在「學習指導要領」改訂時，牽涉到最大的變更在於教科和非教科（教科以外的教育活動）的變化及增設特別教科，同時考量授課時數的增減。所以，在新「學習指導要領」公布到實施新課程，因爲教科內容及時間的變化，移轉的過渡期間小學爲二年、中學爲三年，實際上從公布到完成實施需要三至四年。例如：以最近一次的「學習指導要領」改訂爲例，「學習指導要領」於2017年公布。據此日本文部科學省事務次官於2017年，對日本各都道府縣指定都市教育委員會、各都道府縣知事（縣長）、各指定都市市長、設置附屬學校的國立大學校長，發出《有關小學校及中學學習指導要領等相關移行措置並移行期間中的學習指導》的「通知」。說明小學的新舊課程移轉完成時間，爲2018年4月1日到2020年3月31日爲止。中學及中等教育學校前期課程，爲2019年4月1日至2021年3月31日爲止。在新舊課程移轉過渡期（日稱：移行期間）會有學習指導要領特例的規定（文部科學省網頁，2018）。基本上全國各中小學，依據此「通知」，作爲新舊課程移轉的原則（文部科學省網頁，2019），其主要概要內涵如下（文部科學省，2008d）：

　　小學及義務教育學校前期課程（以下簡稱「小學等」），於2018年4月1日開始至2020年3月31日爲止；中學、義務教育學校後期課程及中等教育學校前期課程（以下簡稱「中學等」）於2018年4月1日開始至2021年3月31日之間（以下簡稱「移行期間」）訂定學習指導要領的特例。日語所謂的「移行期間」可翻譯爲「移轉期間」或「轉移時期」或「過渡時

期」，本文翻譯主要是考量呈現相對較近似日文的語彙，以「移轉期間」來論述，是指從新學習指導要領頒定到正式實施的前幾年的過渡期間，將舊課程內容的一部（移往上學年的內容）減少或是補充新課程內容增加的部分。例如：前述日本新課程已於2018年4月新學年開始實施，小學和國中的「移轉期間」的各科規定如下：

1. 小學移轉期間措置概要：小學在2018年度至2019年度的兩年之間為移轉期間的過渡期，2020年度開始才完全的使用新課程綱要。因此，在這兩年課程移轉期間，新舊課程的內容如果有變更的教科如國語、社會、算數、理科的四個教科，以及外國語活動（第3、4學年）及外國語科（第5、6學年）的內容和授課時數有增加，那在這兩年之中，使用舊版本的年級，其內容也必須加以調整，以符合新課程的內容。其他如生活、音樂、圖畫工作、家庭、體育等教科，因為內容和授課時數沒有變動，也可符合「新學習指導要領」的規定（東京書籍，2017）。

2. 中學移轉期間措置概要：中學在2018年至2020年度的三年之間為移轉期間的過渡期，2021年度開始才完全的使用新課程綱要。指導內容和學年的授課時數雖無變更，但內容有所調整，國語、社會、數學、理科、保健體育的五個教科，在這三年之中，使用舊版本的年級，其內容也必須加以調整，以符合新課程的內容。此外的教科（音樂、美術、技術、家庭、外國語）不用調整，也符合「新學習指導要領」的規範。另外如外國語科，應特別注意到小學在移轉期間課程內容的銜接，增加新課程內容的指導（東京書籍，2017）。

另外，移轉期間學習指導上留意事項，文部科學省也具體指示，認為新舊課程移轉期間中的授課時數，教育課程編成的一般方針，各教科的特例及學習指導上要留意之外，特別要注意到升學選拔問題如下（文部科學省，2008e）：

1.小學升中學課程問題

移轉期間中，有關實施中學的入學者選拔相關的學力檢查的出題範

圍，要留意小學特例告示的內容，依據各學年兒童所必需學習各教科的內容充分的考量其適切性。另外，關於2021年度以後所實施中學的入學者選拔的學力檢查，其出題範圍，要考量新舊小學學習指導要領所定的各教科內容的差異性。

2.中學升高中課程問題

移轉期間中，有關實施高等學校（高中）的入學者選拔之學力檢查出題範圍，要留意中學特例告示「留意事項」的內容，依據各學年學生所選修各教科的內容，充分考量其適切性。

另外，文部科學省爲了要讓大家更容易理解新「學習指導要領」內重點事項，發行《學習指導要領解說》。《學習指導要領解說》雖然不像「學習指導要領」具有法規上的約束力，但是《教科用圖書檢定規則》有一部分科目在《學習指導要領解說》之中所提示的公式的官方說明，在教科書上是否有記述等內容，在教科書檢定之際具有很重要的影響力，實際上也具有約束力（文部科學省，2017a、2017c）。

原則上，日本學校教育是爲了發展國家經濟與維持國家的競爭力（五十嵐顯等，1974；文部科學省，2013），所以，教育體系同時也成爲國家政治、統合或貫徹國民意志形成的重要工具。基於此點，雖然1947年以後日本的教育行政制度，在形式上（表面上）受美國的教育行政原理影響，進行大幅度的制度改造，但實際上文部科學省（2001年以前稱文部省），透過巧妙的法規管控和教科書檢定制度，依舊強勢的主導整個日本的教育制度和其教育內容，在本質上並沒多大的改變，保有其類似中央行政集權功能的特質。

四、現行「學習指導要領」的特色

進入二十一世紀，日本的「學習指導要領」，主要是針對知識經濟社會的到來，培育學童的「生力（IKIRU TIKARA＝生活能力」，從如何均衡的教養學童觀點進行調整。特別是對於以往在面對學力觀，採取脫離「理解方式」或「填壓方式」的兩項背反思維，著重在「基礎知識、技

能」；「思考能力、判斷能力、表現能力」；「自主性學習態度」，所謂學力三要素均衡的教育養成（文部科學省，2017f），調整教育內容，期望學童在學習、活用、探究的過程之中，重視語言互動和體驗活動，培養問題解決的能力，因此有必要確實保證其有足夠的授課時數，來達成教育目標，所以近幾次的「學習指導要領」不僅著重在外語能力的時數大幅增加，同時也加強道德教育的實施。

基本上，此次改訂的「學習指導要領」是承續1998年及2008年的方針與成果加以改善和充實。1998年版小學學習指導要領，其教育課程的結構理念，是將幼兒、兒童、學生們自我實現和自我形成的意志，置於核心地位。依據兒童及學生的「興趣、關注等展開學習」（喚起關注、意願）出發，「培育學童自主尋找課題、自主學習、主體判斷、解決問題的素質和能力」（培養設定課題、解決問題的能力），「掌握資訊蒐集方法、調查方法、歸納方法、報告、發表、討論的方法等學習方法、思想方法」（掌握方法論），「培養學生主體地、創造性探究和解決問題的態度；促使學生深化對人生觀的思考（確立主體性），聯繫和深化各學科中掌握的知識、技能，使之能在兒童和學生中發生綜合的作用。」（文部省，1999）例如：透過學校教育將「生力＝生活能力」理念具體化，並檢討在教育課程上四個問題：(1)如何在教科等將其意義明確化、檢討和改善教科之間橫向課程連結的問題；(2)如何與社會連結，以及各學校特色教育發展的問題；(3)如何實現讓每個學童有更豐富的學習機會；(4)檢討和準備改善充實學習評量的條件（文部科學省，2017b、2017d）。近年加上日本社會受到少子女化與高齡化的影響，導致地方教育能力崩壞與家庭教育弱化的影響，強調學校要加強振興地方社區的經濟活化和國民主體性的認知與認同，進而深化教育課程內容的要求，同時強化國家認同和道德教育的重要，因此中小學的上課時間持續的增加。

同時還需注意到此次修訂的「學習指導要領」，進一步的將「道德的時間」，修訂為「特別的教科道德」，把道德從一般的活動時間，轉換為一個新設的教科，藉此配合各教科，使學童能勇敢堅強成長、自立自主，使其空虛的心靈得以充實，強調道德教育的重要性應該不可忽視。因為道

德教育的目的是希望能涵養一個人，能有實踐追求更美好的人生之勇氣與能力，使人與人之間的關係狀態能更加的和諧。而透過學校的實施道德教育，是期望使每個學童能在學習能力旺盛期間正視自己本身未來，對於自己為人類一分子的自知自覺，並使其學得有規劃與實踐更美好人生所需之基本道德意識。呼應培養學童「生力=生活能力」的提升，在國際化浪潮席捲之下，強調要放眼國際，同時強調愛鄉、愛國，更要紮根本土。透過義務教育階段小學校教育課程的統整與特定時間的實施，達到強化日本國民的規範與愛鄉、愛國的目的。此外在改善的要點，亦有注意到社會環境與自然環境的變化影響到學童生活意識的社會變化，因此有必要使其關心社會、國家的現實情況。並依據社會的變化修訂道德教育目標與內容，以及加強其道德教育實施。同時也新設了一門「外國語」教科，加強學童們的外語能力，以因應日趨國際化社會的日本。

　　此次修訂之「學習指導要領」，其小學的教育課程是由「國語」、「社會」、「算數」、「理科」、「生活」、「音樂」、「圖畫工作」、「家庭」、「體育」、「外國語」（新設）等十個教科，以及新設的「特別教科道德」。另有「外國語活動」及「總合學習時間」、「特別活動」三種教科外的教育活動時間。中學的教育課程是由「國語」、「社會」、「數學」、「理科」、「音樂」、「美術」、「保健體育」、「技術・家庭」、「外國語」等十個教科，以及新設的「特別教科道德」。另有「總合學習時間」、「特別活動（學級活動、學生會活動、學校行事）」兩種教科以外教育活動（文部科學省，2017b、2017d）。日本中小學校各學科上課時數係按全學年計，一學年需排35週以上（小學第一學年為34週）。每一單位（節）時間，小學以45分鐘計算（視需要可以適當調整），中學以50分鐘計算。其年間標準授課時間，如表4所示（文部科學省，2017a、2017c）。

表4　日本新中小學年間標準授課時間（2020年開始實施）

小學年間標準授課時間							中學年間標準授課時間			
區分	第1學年	第2學年	第3學年	第4學年	第5學年	第6學年	區分	第1學年	第2學年	第3學年
國語	306	315	245	245	175	175	國語	140	140	105
社會	—	—	70	90	100	105	社會	105	105	140
算數	136	175	175	175	175	175	數學	140	105	140
理科	—	—	90	105	105	105	理科	105	140	140
生活	102	105	—	—	—	—	——	—	—	—
音樂	68	70	60	60	50	50	音樂	45	35	35
圖畫工作	68	70	60	60	50	50	美術	45	35	35
家庭	—	—	—	—	60	55	技術・家庭	70	70	35
體育	102	105	105	105	90	90	保健體育	105	105	105
外國語	—	—	—	—	70	70	外國語	140	140	140
特別教科道德	34	35	35	35	35	35	特別教科道德	35	35	35
外國語活動			35	35			外國語活動	—	—	—
總合學習時間	—	—	70	70	70	70	總合學習時間	50	70	70
特別活動	34	35	35	35	35	35	特別活動	35	35	35
總授業時數	850	910	980	945	1,015	1,015	總授業時數	1,015	1,015	1,015
舊版授業時數	850	910	910	945	980	980	舊版授業時數	1,015	1,015	1,015
備註	1. 小學授業時數的1節為45分。 2. 特別活動授業時數是可用小學校學習指導要領所定的學級活動（學校給食關係除外）來充當。 3. 實施宗教教育的授業時數，可以代替道德授業時數的一部分。						1. 中學授業時數的1節為50分。 2. 特別活動授業時數依據中學校學習指導要領所規定。			

資料來源：作者依據2017年版日本《中、小學學習指導要領》，2017年3月31日文科初第1828號（通知）做成（http://www.mext.go.jp/a_menu/shotou/new-cs/）。自行整理而成。

從現行「學習指導要領」的基本改善，可歸納三個特色：

1. 重視國際化：增加國小五年級和六年級的「外國語」科的時間各增加35小時，更加確立其教科的屬性之外，在三年級和四年級增

加「外國語活動」，整體上的授課時數增加了140個小時的「外國語」相關的授課時數，強調「外國語」的重要性。比較需要加以理解的是所謂的「外國語」，基本上可以解釋爲國外的語文，但實際上日本絕大部分的學校，基本上都設定爲「英語」。

2. 強化道德教育：將「道德的時間」，修訂爲「特別的教科道德」，把道德從一般的活動時間，轉換爲一個新設的教科，雖然在授課時數上並無增加，但將道德教育提升爲一門教科，也成爲此次學習指導要領另外一個重點。同時呼應放眼國際、深耕在地，強化國際化時代的因應能力的同時，也深化主體意識的愛國情操的陶冶。

3. 授課時數持續增加：此次修訂主要是針對小學，中學主要著重在內容的調整。舊「小學學習指導要領」的學年總時數，是5,645個授課時數（一至六年級的合計），此次修訂爲5,785個小時的授課時數，增加的140個小時授課時數全爲外國語的授課時數，實際上是英語的時間，展現日本政府提升日本學生英語能力的積極作爲。中學的授課時數並無調整，主要是課程內容的調整。

五、結論

日本義務教育階段強調的是學習機會的均等。在日本進入二十一世紀，從2001年文部省與科學技術廳統合改稱「文部科學省」開始，不僅強調科技立國的方向，同時也是被要求教育品質的時代，對於「確實學力的保證」、「生活能力」與「教育課程」連結、學校自律性與學校評價、學校選擇、學校與家庭、地域社會的連攜合作、職涯能力（career）教育等教育問題，被要求應是一個需要思考的問題。並透過其「學習指導要領」，進行學校教育課程內容的調控。本文結論可歸結如下：

1. 學習指導要領的訂定，是基於對課程內容確實維持或達到某種教育水準及確保教育機會均等與內容的中立性，頒定了具有法律約束性的課程內容標準，即是所謂的「學習指導要領」。這也是延續戰前所謂的「教則大綱」、「教育課程表」等概念，「學習指

導要領」成爲日本學校教育系統的教育課程標準。並隨著時代的變化與不同的課題，依據美國經驗主義、系統主義、能力主義及人本主義等理論，大約是以十年爲週期，持續進行穩定重視延續一貫性的修訂，致力建構符應國家發展所需之教育課程，經過了八十多年的經驗累積，發展出穩定與漸進式的改革。

2. 日本的「學習指導要領」的修訂過程，有一個完整和嚴謹的制定程序，除了透過中央教育審議委員會的審議、討論和廣納各界意見之外，透過「研究開發學校」，進行「學習指導要領」改訂先導性的研究，取得了相關的實證資料，來佐證其可行性。同時改訂「學習指導要領」時，牽涉到最大的變更在於教科和非教科（教科以外的教育活動）的變化，以及增設特別教科，同時考量授課時數的增減。所以，在新課綱公布到實施新課程，因爲教科內容及時間的變化，從公布到完成實施，一般需要二至三年的改訂時間和三至四年銜接的過渡期間。在銜接過度期（移行期間）會有學習指導要領的特例的規定，基本上全國各中小學，依據此通知，作爲課程銜接的原則。

3. 日本文部科學省主導整個日本的教育制度和其教育內容，在本質上保有其類似中央行政集權功能的本質。爲了確實維持或達到某種教育水準及確保教育機會均等與內容的中立性，頒定了具有法律約束性的課程內容標準，使其有可以檢視其對教育成果（學力）成效的基準，即是所謂的「學習指導要領」。因此，從其所有小學、中學、高等學校必須依據「學習指導要領」來擬定教育課程內容，使其教學成效有所依據；同時隨著「學習指導要領」的改訂，教科書及教育內容授課時數與入學考試的內容，也必須同時進行全面的調整。另外，透過《學校教育法施行規則》規定小學、中學的各教科「年間的標準授課時數」。學校依據「學習指導要領」和「年間的標準授課時數」，去建構其教育課程，學校的教育課程並無太多的彈性自主空間去開發課程內容。近年，其調整脈絡與國際化及資訊化有密切的關聯。放眼國際的同時，

　　強調學生爲學習的主體性，強調對話式的教學，注重愛鄉、愛
國，紮根本土的必要性。爲此透過義務教育階段學校教育課程的
統整與特定時間及內容，達到強化日本國民的規範與愛國意識的
教育目的。

　　此外，日本此次新課綱值得注意的焦點，也可歸納出三個原則：

　　㈠重視國際化和道德教育的原則。積極的面對國際化，以國際化的
觀點爲出發增加教育課程時數，大幅增加外國語（英語）教育的同時，確
立培養愛國之心的教育，強化日本特有的道德教育和傳統，確立尊重個
人、尊重個性、自由、自律、自我負責的原則。在重視國際化部分，在國
小五年級和六年級的外國語科的時間之外，在三年級和四年級增加外國
語活動，整體上的授課時數增加了140個小時的外國語授課時數。從表4可
理解，前次指導要領的學年總時數是5,645個授課時數（一至六年級的合
計），此次修訂爲5,785個小時的授課時數，增加的140個小時授課時數，
是期待外國語教育從小學三年級和四年級開始透過非教科式的授課，透過
活動的方式讓學童接觸和理解外國語（學校當然也可設計爲英語以外的其
他國語文），讓學童可以更早期的去接觸外語。而在強化道德教育部分，
將「道德的時間」，修訂爲「特別的教科道德」，把道德從一般的活動時
間，轉換爲一個新設的教科，雖然在授課時數上並無增加，但將道德教育
提升爲一門教科，也成爲此次學習指導要領另外一個重點。同時呼應放眼
國際、深耕在地，強化國際化時代的因應能力的同時，也深化主體意識的
愛國情操的陶冶。

　　㈡重視基礎、基本的原則，強化確實的學力發展。強化基礎、基本
的確實學力，發展終身主體自主學習的基礎，並強化知識需要德、知、體
協調發展。

　　㈢強化培養創造能力、思維能力、表達能力的原則。追求能適應
二十一世紀社會變化的素質、能力。這是在基礎、基本之上的，包含創造
性、邏輯性思維能力、抽象能力、想像能力、表達能力的均衡發展。

參考文獻

大桃敏行、上杉孝実、井ノ口淳三、植田健男編著（2007）。**教育改革の國際比較**。東京都：ミネルヴァ書房。

五十嵐顯等（1974）。**戰後教育の歷史**。東京都：青木書店。

日本兒童教育振興財團（2016）。**学校教育の戦後70年史**。東京：小學館。

日本學術協力財團編（1996）。**21世紀を展望する新教育課程編成への提案**。東京：大蔵省印刷局。

中央教育審議會（2014）。初等中等教育における教育課程の基準等の在り方について（諮問）。https://www.mext.go.jp/b_menu/shingi/chukyo/chukyo0/toushin/1353440.htm（2019/10/25擷取）。

中央教育審議會（2016）。幼稚園、小学校、中学校、高等学校及び特別支援学校の学習指導要領等の改善及び必要な方策等について（答申）（中教審第197號）。https://www.mext.go.jp/b_menu/shingi/chukyo/chukyo0/toushin/1380731.htm（2019/10/25擷取）

文部省（1991）。**新しい時代に対応する教育改革**。日本：文部省。

文部省（1997）。**教育改革計畫**。日本：文部省。

文部省（1999a）。**小學校指導要領解說**。東京：大蔵省印刷局。

文部省（1999b）。**教育改革PROGRAM**。日本：文部省大臣官房政策課。

文部省（1999c）。**有關各教科等的嚴選**。中等教育資料，728號，1999年2月臨時增刊號。

文部科學省（2000）。**教育改革國民會議報告書**。日本：文部科學省。

文部科學省（2013）。**文部科學白書2012年版**。東京都：日經印刷。

文部科學省（2017a）。平成29年改訂小学校学習指導要領。http://www.mext.go.jp/component/a_menu/education/micro_detail/__icsFiles/afieldfile/2019/09/26/1413522_001.pdf（2019/10/25擷取）。

文部科學省（2017b）。平成29年改訂中学校学習指導要領解說。http://www.

mext.go.jp/a_menu/shotou/new-cs/1387014.htm（2019/10/25擷取）

文部科學省（2017c）。平成**29**年改訂中学校学習指導要領。http://www.mext.go.jp/component/a_menu/education/micro_detail/__icsFiles/afieldfile/2019/09/26/1413522_002.pdf（2019/10/25擷取）

文部科學省（2017d）。平成**29**年改訂中学校学習指導要領解説。http://www.mext.go.jp/a_menu/shotou/new-cs/1387016.htm（2019/10/25擷取）。

文部科學省（2017e）。**有關幼稚園、小學、中學、高等學校及特別支援學校的學習指導要領等改善及必要之方法策略（諮詢報告）**。文部科學省。

文部科學省（2017f）。**新しい学習指導要領の考え方—中央教育審議会における議論から改訂そして実施へ—**。https://www.mext.go.jp/a_menu/shotou/new-cs/__icsFiles/afieldfile/2017/09/28/1396716_1.pdf2019年，10月05日擷取）

文部科學省網站（2019）。**學習指導要領**。http://www.mext.go.jp/a_menu/shotou/new-cs/1383986.htm（2019/10/25擷取）。

水原克敏（1992）。**現代日本の教育課程改革**。東京：風間書房。

水原克敏、田中耕治、三石中雄、西岡加名惠著（2017）。**新しい時代の教育課程第三版**。日本：有斐閣アルマ。

水原克敏（2012）。**学習指導要領は国民形成の設計書—その能力観と人間像の歴史変遷**。仙台：東北大学出版會。

田中耕治、水原克敏、三石中雄、西岡加名惠（2005）。**新しい時代の教育課程**。日本：有斐閣アルマ。

岡津守彦（1980）。**教育課程**。日本：東京大學出版社。

李園會（2007）。**日本臨教審之教育改革**。臺北市：鼎文。

東京書籍（2017）。**学習指導要領の改訂に伴う移行措置の概要**。https://ten.tokyo-shoseki.co.jp/shin_shido/file/ikoSochi.pdf。

梁忠銘（2019）。**日本教育**。載於楊深坑、王秋絨、李奉儒、鄭勝耀主編《比較與國際教育》第11章。臺北：高等教育出版。

柴田義松（2008）。**教育課程**。東京：有裴閣。

細谷俊夫等編（1990）。**新日本教育大辞典**。日本：第一法規。

教育課程審議會（1998）。**有關幼稚園、小學、中學、高等學校、盲學校、聾學校及養護學校的教育課程的基準的改善諮詢報告書**。日本：文部省教育課程審議會。

教育課程部會（2015）。**中央教育審議会（第101回）配付資料—次期学習指導要領改訂に向けた檢討体制**。http://www.mext.go.jp/b_menu/shingi/chukyo/chukyo0/gijiroku/__icsFiles/afieldfile/2015/09/29/1362371_2_3_2.pdf（2019/10/25擷取）。

教育課程企畫特別部會（2015）。**論点整理（中央教育審議初等中等教育分科会教育課程部会教育課程企画特別部会委員名簿）**。https://www.mext.go.jp/b_menu/shingi/chukyo/chukyo3/meibo/1375813.htm（2019/10/25擷取）。

教育部網頁（2020）。**中華民國教育現況簡介**。https://depart.moe.edu.tw/ED2100/Content_List.aspx?n=09E8A4EDA021E1E5（2020/02/13擷取）。

湊屋治夫、坂口浩司（1999）。**中學校學習指導要領的解說講座**。東京：行政出版。

楊思偉、李宜麟（2020）。日本中小學課綱研訂與審議運作模式之探討。**臺灣教育評論月刊，2020，9**(1)，頁65-71。

龜井浩明等編（1998）。**keyword教課東審答申**。東京：行政書局。

藤原晃之、佐藤博志、根津朋實、平井悠介（2019）。**「學習指導要領と第3期教育振興基本計画」**，載於新教育キ-ワ-ド。東京：時事通信社。

附件一　次期學習指導要領改訂檢討體制

次期学習指導要領改訂に向けた検討体制　資料2－3

平成27年8月26日
教育課程部会了承

中央教育審議会教育課程部会

教育課程企画特別部会

幼児教育部会
小学校部会
中学校部会
高等学校部会
特別支援教育部会

総則・評価特別部会
国語ワーキンググループ
言語能力の向上に関する特別チーム(※)
外国語ワーキンググループ
社会・地理歴史・公民ワーキンググループ
高等学校の地歴・公民科目の在り方に関する特別チーム
算数・数学ワーキンググループ
高等学校の数学・理科にわたる探究的科目の在り方に関する特別チーム
理科ワーキンググループ
芸術ワーキンググループ
家庭、技術・家庭ワーキンググループ
情報ワーキンググループ
体育・保健体育、健康、安全ワーキンググループ
考える道徳への転換に向けたワーキンググループ
生活・総合的な学習の時間ワーキンググループ
特別活動ワーキンググループ
産業教育ワーキンググループ

※各教科等を通じた言語活動の充実については、「言語能力の向上に関する特別チーム」と連携しながら、総則・評価特別部会等において議論する予定。

資料來源：文部省網站https://www.mext.go.jp/b_menu/shingi/chukyo/chukyo0/gijiroku/__
icsFiles/afieldfile/2015/09/29/1362371_2_3_2.pdf

附件二　教育課程企畫特別部會委員名簿

中央教育審議会初等中等教育分科会教育課程部会
教育課程企画特別部会委員名簿

（敬称略・五十音順）（◎：主査、○：主査代理）

○ 天笠茂 千葉大学教育学部教授

　荒瀬克己 大谷大学文学部教授

　池野範男 広島大学大学院教育学研究科教授

　市川伸一 東京大学大学院教育学研究科教授

　今村久美 認定特定非営利活動法人カタリバ代表理事

　上田正仁 東京大学大学院理学系研究科教授

　小川聖子 行田市立南河原小学校長

　門川大作 京都市長

　神長美津子 國學院大學人間開発学部教授

　ロバートキャンベル 東京大学大学院総合文化研究科教授

　齋藤ウィリアム 浩幸株式会社インテカー代表取締役社長

　品川裕香 教育ジャーナリスト

　清水雅己 埼玉県立川越工業高等学校長

　髙木展郎 横浜国立大学教育人間科学部教授

　奈須正裕 上智大学総合人間科学部教授

◎ 羽入佐和子 お茶の水女子大学前学長、国立研究開発法人理化学研究所理事

　平川理恵 横浜市立中川西中学校長

　廣田康人 三菱商事株式会社代表取締役常務執行役員

　牧田秀昭 福井県教育研究所調査研究部長

　松川禮子 岐阜県教育委員会教育長

　三浦浩喜 国立大学法人福島大学理事・副学長（学務担当）

　三宅なほみ 東京大学大学総合教育研究センター特任教授（平成27年5月29日逝去）

　山口香 筑波大学体育系准教授

　山脇晴子 日本経済新聞社常務執行役員大阪本社副代表兼大阪本社代表室長

　油井大三郎 東京女子大学現代教養学部特任教授

　吉田研作 上智大学特任教授（言語教育研究センター長））

　渡瀬恵一 玉川学園学園教学部長

（27名）

（教育課程部会長）

無藤隆 白梅学園大学子ども学部教授兼子ども学研究科長

資料來源：文部科學省網站https://www.mext.go.jp/b_menu/shingi/chukyo/chukyo3/
　　meibo/1356166.htm

附件三　學習指導要領改訂的思考方向

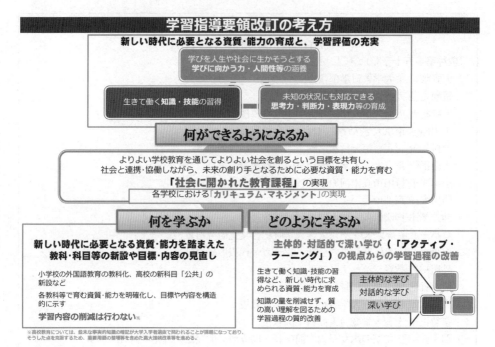

資料來源：文部省網站https://www.mext.go.jp/content/1421692_6.pdf

附件四　今後學習指導要領改訂有關之預定

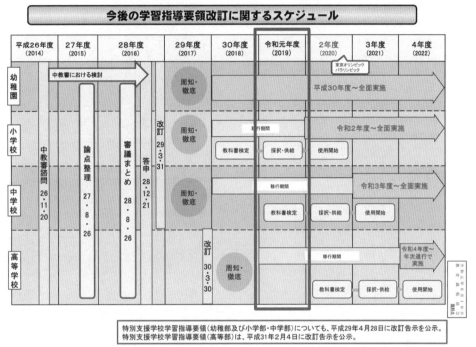

特別支援学校学習指導要領（幼稚部及び小学部・中学部）についても、平成29年4月28日に改訂告示を公示。
特別支援学校学習指導要領（高等部）は、平成31年2月4日に改訂告示を公示。

資料來源：文部省網站https://www.mext.go.jp/component/b_menu/shingi/giji/__icsFiles/afiel
　　　　　dfile/2019/06/25/1418185_12.pdf

第六章

構建資訊時代基礎教育課程體系——中國大陸課程標準研究

張 華

　　構建中國資訊時代基礎教育課程新體系，需要繼承兩個寶貴傳統並根據時代精神將之「創造性轉化」：一是在四千年文明史基礎上創生出的持續兩千五百年的中國智慧傳統，特別是從孔子到朱熹、王陽明等的儒家傳統，以及道家、佛家傳統；二是以「五四運動」及隨後的新教育改革運動爲標誌的現代教育啓蒙與民主化傳統。智慧傳統爲教育民主化奠定文化基礎，教育民主化則爲智慧傳統提供方向。兩者的融合即爲「東方教育民主」，這是中國教育發展的永恆追求與願景。

一、中國課程改革的歷史進程

　　課程改革是社會變革的有機構成，並反過來影響社會變革。課程改革的方向、目標與內容既體現特定歷史時期社會變革的重大主題，又受當時流行的社會思潮的影響。因此，理解課程改革及相應的課程標準，需要基於社會歷史視野。踐行課程改革則需要把握社會變革的發展趨勢，立足每一個學生的眞實發展需要，面向未來，讓今日課程生長爲學生的未來世界。

　　中國第一次現代意義的課程改革始於五四運動期間。本次課程改革由兩部分構成：一是肇始於1917年至1919年間並一直持續到1948年，自下而上興起的民間的「新教育改革運動」；二是啓動於1922年，由民國政府推進的自上而下的「新學制與新課程改革運動」。兩者在基本精神、指導思想和改革方向上高度一致，都旨在實現教育民主。「新學制與新課程改革運動」，也是廣義的「新教育改革運動」的有機構成。

　　「新學制與新課程改革運動」是五四運動的有機構成，並極大促進「五四」啓蒙精神的廣泛傳播與深入發展。關於五四運動，歷史學家余英時界定如下：

　　　　五四運動有廣狹兩種涵義：狹義的「五四」是指民國八年五月四日在北京所發生的學生愛國運動；廣義的「五四」則指這一天前後若干年內所進行的一種文化運動或思想運動。這一文化或思想運動，其上限至少可以追溯至兩年以前（民國六

年）的文學革命，其下限大抵可以民國十六年的北伐爲界（余英時，2005，59）。

　　這裡的「廣狹二義」，恰恰揭示五四運動的兩個特徵或兩大主題：啓蒙與救亡。「啓蒙」即人的理性覺醒與自由運用，這是一種自下而上的思想解放運動。「救亡」即社會革命或鬥爭，這是一種自上而下的旨在徹底改造社會的政治革命、鬥爭或運動。五四運動的基本性質可概括爲「啓蒙與救亡的雙重變奏」（李澤厚，2008）。在這兩大主題中，「新學制與新課程改革運動」顯然集中體現了啓蒙精神，而救亡圖存的追求則是間接的。

　　1923年，中國發生了百年來最重要的學術論戰之一──「科玄論戰」。該論戰亦是廣義的五四運動的組成部分。「科玄論戰」可劃分爲前後兩個階段：前一階段是以胡適、丁文江爲代表的自由派聯手陳獨秀爲代表的激進派，打敗以張君勱、梁啓超爲代表的保守派；後一階段，即論戰臨近結束時，胡適與陳獨秀的分歧徹底暴露，這表現在兩者對《科學與人生觀》一書所做的序文中。陳獨秀主張「物質一元論」和「唯物的歷史觀」，認爲物決定心、經濟基礎決定上層建築：「我們相信只有客觀的物質原因可以變動社會，可以解釋歷史，可以支配人生觀。」（姜義華，2001，182）胡適則認爲改變社會和世界的「客觀的物質原因」中，「應該包括一切『心的』原因。」，即包括「知識、思想、言論、教育等事。」陳獨秀明確拒絕胡適的觀點：「『心的』原因，這句話如何在適之口中說出來！離開了物質一元論，科學便瀕於破產，適之頗尊崇科學，如何對心與物平等看待！」因此，自「科玄論戰」以後即二十世紀20年代中後期以後，我國思想文化界形成三足鼎立的局面：保守主義、激進主義、自由主義（湯一介，2006）。三大思潮由此正式形成。

　　在我國二十世紀上半葉，保守主義主張基於傳統文化特別是儒學改造社會，代表人包括梁漱溟、梁啓超、王國維、陳寅恪等，其基本觀點可以「中體西用」概括之。激進主義主張徹底否定傳統文化、走向文化與社會革命，代表人包括陳獨秀、李大釗、魯迅等，其基本觀點可概括爲「西體

西用」。自由主義主張基於民主、科學等啓蒙價值重建中國文化與社會，同時汲取傳統文化中的優秀因素，創造出中西融合的新文化，實現社會民主或啓蒙。自由主義的代表人包括胡適、蔣夢麟、張東蓀、丁文江、陶行知等，其基本觀點可概括爲「西體中用」。綜觀二十世紀上半葉，社會文化發展的總體狀況是：自由主義爲主體，保守主義和激進主義相輔佐，三大思潮之間保持良性互動，由此使文化、教育等事業一度繁榮。

從三大思潮來看，「新學制與新課程改革」顯然集中體現自由主義思潮，兼顧激進主義與保守主義（Zhang, 2017）。

1922年1月1日民國政府頒布了《學校系統改革令》。這是一份在中國課程改革的歷史上具有里程碑意義的文件，標誌著中國教育現代化和教育民主化獲得官方確認並系統推進。該文件的主要內容有兩個：一是確立了「6-3-3」現代學制，該學制中國大陸一直沿用至今；二是規劃了與現代學制相適應的現代課程體系，該體系依然是今日課程改革可資借鑑的範本。該文件的研製者係民國時期最重要的民間專業組織「全國教育會聯合會」。時在中國訪問、演講的美國哲學家、教育家杜威（John Dewey）直接參與了該文件的研製。1919年10月，在山西太原，杜威參加了聯合會第五屆年會，做了題爲「教育上的實驗態度」的演講，爲文件的制定指明方向。杜威回國後的第二年，即聯合會1922年濟南第八屆年會上決定組織新學制課程標準起草委員會，選舉胡適、黃炎培、經亨頤、袁希濤、金曾澄爲課程標準起草委員會委員。委員會邀請全國各領域最傑出的學者擔綱各科課程標準研製，並由研製者署名發表。1923年，《新學制課程標準綱要》研製完成，隨後據此標準編寫教科書等課程資源，並在全國範圍內實驗新學制與新課程（呂達，1999）。

《學校系統改革令》依據杜威「教育即生長」的思想，即「教育之外無目的」的理念，確立了「請廢教育宗旨、宣布教育本義」研製決議，最終形成新學制與新課程的「七大標準」：1.適應社會進化之需要；2.發揮平民教育精神；3.謀個性之發展；4.注意國民經濟力；5.注意生活教育；6.使教育易於普及；7.多留各地方伸縮餘地（全國教育聯合會新學制課程標準起草委員會，1925，127）。這些「標準」實際上是課程理念、課程

目的與課程實施原則的合一。

《新學制課程標準綱要》是中國第一份立足中國實踐、擁有國際視野、依據教育科學、追求教育民主的課程標準體系。儘管各科課程標準極為簡要，但品質一流，在同時期國際範圍內亦屬上乘之作。我國各門學校學科（school subjects）的現代形態，即是由1922年課程改革正式確立起來的。

《新學制課程標準綱要》包括小學（一至六年級）、初級中學（七至九年級）和高級中學（十至十二年級）三部分。小學課程包括國語、算術、衛生、公民、歷史、地理、自然園藝、工用藝術、形象藝術、音樂、體育等十一個科目，前四年衛生、公民、歷史、地理合併為社會。初級中學課程包括社會科（公民、歷史、地理）、言文科（國語、外國語）、算學科、自然科、藝術科（圖畫、手工、音樂）、體育科（生理、衛生、體育）等六學科。高級中學課程包括公共必修、分科專修、純粹選修三類。其中，公共必修課程包括國語、外國語、人生哲學、社會問題、文化史、科學概論、體育（衛生法、健身法、其他運動）等七學科。文科專修課程的必修部分包括特設國文、心理學初步、論理學（即邏輯學）初步、社會科學之一種、自然科或數學之一種，外加選修部分。理科專修課程的必修部分包括三角、高中幾何、高中代數、解析幾何大意、用器畫，物理、化學、生物三項選習兩項，外加選修部分，以上為高中普通科。此外，高中還包括職業科，分為師範科、商業科、工業科、農業科、家事科等五類職業。

在學習時間安排上，小學授課以分鐘計量，例如：一至二年級每週至少1080分鐘、三至五年級每週至少1260分鐘、六年級每週至少1440分鐘，每日可以酌情分為若干節，例如：30分鐘、45分鐘或60分鐘一節，間以休息。初級中學和高級中學採用學分制。

以上各科課程綱要大致按照目的、內容、方法、畢業最低限度的標準四個部分分科撰寫。每門學科均邀請該領域權威學者研製，並由新學制課程標準起草委員會審定。例如：小學國語作者為吳研因，初級中學國語作者為葉紹鈞（葉聖陶），高級中學國語、特設國文、論理學初步三門學科

的作者均爲胡適，小學算術作者爲兪子夷，小學公民作者爲楊賢江，小學
歷史作者爲朱經農、丁曉先，初中圖畫作者爲劉海粟、何元、兪寄凡、劉
質平等。由於課程標準由著名學者署名撰寫，所形成的內容既遵循共同的
要求和規範，又體現鮮明的個人風格。

課程綱要充分體現「七大指導思想」，將促進學生個性發展、發揮平
民教育精神、重視生活教育作爲核心原則貫徹始終。由於中國不同地域經
濟、社會和文化發展差異較大，因此課程綱要指出：「各地方情形不同，
絕不能強求一律施行，關於未定各項選修科、職業科，及其他許多特殊學
科，應請各地方、各學校自行酌定辦理。」（全國教育聯合會新學制課程
標準起草委員會，1925，8）因此，本課程綱要在課程管理權和決策權上
主張國家、地方和學校彼此間的權力分享和互動，充分體現了多留各地方
和學校課程「伸縮餘地」的原則。

課程綱要在課程目的上，重視培養學生的探究精神和運用知識解決眞
實問題的能力。例如：小學國語的課程目的規定：「練習運用通常的語言
文字，引起讀書趣味養成發表能力，並涵養性情啓發想像力及思想力。」
（全國教育聯合會新學制課程標準起草委員會，1925，1）初中國語的課
程目的規定：「1.使學生有自由發表思想的能力；2.使學生能看平易的古
書；3.引起學生研究中國文學的興趣。」（全國教育聯合會新學制課程
標準起草委員會，1925，52）高中國語的課程目的規定：「1.培養欣賞中
國文學名著的能力；2.增加使用古書的能力；3.繼續發展語體文的技術；
4.繼續練習用文言作文。」（全國教育聯合會新學制課程標準起草委員
會，1925，82）這些規定不僅將語文的探究、欣賞和運用能力置於核心，
而且縱向貫通、層層遞進。其他各門學科均基於學科特點，將學生探究能
力發展置於課程目標核心。

課程綱要在課程內容上，注重選擇具有理解性、探究性的重要學科主
題或觀念，避免羅列、鋪陳記憶性、掌握性的繁瑣學科知識事實。例如：
初中地理課程綱要（王伯祥起草）選擇了十二個「教學要項」，即重要課
程主題：地球的全體、陸地的位置、水面的形成、山嶽的主幹、水道的代
表、氣候的差別、物產的分布、人種的區分、交通的狀況、世界各國的

大勢、重要的城市、世界的名勝。每一「要項」由不同觀念或概念構成，例如：「地球的全體」由三大觀念組成：鳥瞰中的地球（地球的實際狀態）；太陽系下的地球（地球在本系的位置，地球與其他星球的關係）；人為經界之下的地球（地面上兩極赤道和經緯度等假設線）（全國教育聯合會新學制課程標準起草委員會，1925，48-51）。這樣的內容設計為學生的探究學習和知識應用，奠定了充分基礎。

　　課程綱要在學習方法上，強調體現學科特點的探究、研討、考察、應用、表達等。例如：初中圖畫課程綱要詳細規定了三種方法，即理論教授、實地觀察、實技練習。並強調指出：「理論教授和實技練習的並立施行，可說是技能教授上不可移動的原則，而實地觀察，更不得不和兩者並行。因為只有理論教授，而沒有實地觀察，則學者難於記取，必成空論之弊；一方面實地觀察，一方面實技練習，則便於取法，易於發表，定能得事半功倍之效。」（全國教育聯合會新學制課程標準起草委員會，1925，67-68）諸如此類的學科學習方法論，將真實的學科探究方法和態度轉化為學生的學科學習，讓學生在探究中學會探究，並通過探究促進個性與創造性發展。

　　對任何課程改革而言，課程哲學或理念是魂，課程綱要及相應的教科書、教學方式和評價體系是體。《新學制課程標準綱要》秉承「五四」啓蒙精神，將教育民主的理念貫徹到每一個年級的每一門學科之中，從目的、內容、方法、評價諸方面加以落實。由此形成的課程綱要不僅在當時是先進的，而且對今日研製課程標準依然有重要參考價值。課程綱要研製的組織、領導機制極為科學嚴謹。由最權威且具有廣泛代表性的教育專業組織「全國教育會聯合會」總體領導，由民主選舉形成的「新學制課程標準起草委員會」具體組織，委員會酌請各領域最權威且熱愛基礎教育事業的專家起草綱要，起草完成後委員會組織專家審定，審定以後組織學校進行實驗並廣泛徵求各方意見，最後經由教育部批准頒布。尤其值得稱道的是，每一門課程綱要均由專家署名發表，既尊重智慧財產權，又便於將課程綱要與各專家的相應學術研究建立聯繫，由此形成的課程標準既具有實踐性，又具有學術性；既具有普遍性，又體現學者個性與風格。這一整套

的機制迄今仍是研製各教育專業標準可資借鑑的光輝範本。

　　總之，1922年新學制與新課程改革為我國教育走向民主化奠定了初步基礎，提供了寶貴遺產。

　　1949年新中國成立以後，國家採用「一邊倒」的政策，全面照搬前蘇聯的意識形態、政治體制和社會制度。教育領域則引進前蘇聯教育部長凱洛夫（Ivan Andreevich Kairov）主編的《教育學》作為新中國的教育理論基礎，同時採用類似前蘇聯的高度集權的教育管理體制。在這種體制下，課程被轉變為「教學內容」，是國家意志的體現。課程目的即是培養符合國家和社會需要的人。課程內容完全由國家規定且不允許改變。教學就是執行課程指令、傳遞課程內容的過程。廣大教師和學生只能傳遞和接受課程，不能開發、創造課程。這樣，「課程」概念在教育實踐中被取締，課程理論和課程研究也陷入「合法性危機」，並最終消亡（Zhang & Zhong, 2003）。

　　「凱洛夫教育學」用「教養和教學的內容」替代「課程」：「所謂教養和教學的內容，我們理解為知識、技能、熟練技巧三者的連環，為了適應共產主義教育的目的，使青年參加社會主義社會各種關係複雜的體系，必須把知識、技能、熟練技巧三者傳授給他們。教學內容具體表現於教學計畫、教學大綱和教科書中。」（沈穎、南致善，1950，93）並進而詳細規定了不同年級的學科門類、內容、意義和教學時間。關於「教學大綱」，「凱洛夫教育學」規定如下：「教學大綱在有系統的形式中，包括著一切構成教學科目內容的問題和題目的綱要。所有這些教材是考慮著學生的年齡特徵，按照年級，即按照學年而排列的。教學大綱按照學科來決定知識、技能和熟練技巧的範圍，並給教師指出教材的學習順序和教學進度計畫。」（沈穎等，1950，122）「教學大綱是教師的基本指導檔，……在大綱的開頭，應有一個說明，其中要簡明地敘述在學校中講授該項科目的任務，指出所提工作內容的根據，並予以方法上的指示。接著是簡明編定的大綱本文，不可用不同的方法去解釋科目的各部分的範圍和內容。在大綱中規定著科目的劃分：主題、分題、節目。」（沈穎等，1950，125）這樣看來，教學計畫、教學大綱和教科書既是國家控制教育

和社會的內容體系，又是代表國家意志的廣大教師控制億萬中小學生的「路線圖」和「施工圖」。在中國大陸，這個體系整整延續了五十年，從1950年持續到2000年。

前蘇聯自二十世紀60年代以後，漸次放棄了「凱洛夫教育學」，但中國大陸卻一直堅守它。到1980年代中期，中國又發展出「中國版凱洛夫教育學」，並進一步將之「體系化」。這個「體系」的核心是主張教學過程是以傳遞間接經驗或書本知識為核心的「特殊認識過程」，簡稱「特殊教學認識論」。這個理論的代表作即是王策三教授的《教學論稿》（王策三，2005）。本書初版於1985年，2005年出第二版，係受國家教育部委託編寫的「高等學校文科教材」，其「第二版說明」稱之為「我國二十世紀80年代中期以來經典性的教學論專業教材。」本書的基本觀點和關鍵概念均源自「凱洛夫教育學」。其中寫道：「教學大綱和教科書是課程的兩個具體結構形式，比教學計畫具體。舊中國稱其為學科課程標準」。教學大綱的基本構成是：「(1)『說明』。扼要地敘述本學科的目的和任務，選材的主要依據，以及有關教法的原則性建議」。「(2)『本文』。列出教材的編、章、節、目的標題、內容要點和授課時數，實際作業的內容和時數，其他的教學活動，如參觀、考試等的時數」。「(3)（有的教學大綱還包括）參考書目、教學儀器、直觀教具（電子技術手段）等。」（王策三，2005，208-209）這個結構即是2001年以前，中國大陸所有學科教學大綱的基本樣貌。

1978年，中國大陸開啟了改革開放時代。改革開放政策的理論基礎為「實踐是檢驗真理的唯一標準」，而胡適1921年在總結杜威哲學的本質的時候說道：「實驗是真理的唯一試金石」。（姜義華，2001，51）改革開放的方法論是鄧小平著名的「石頭理論」──「摸著石頭過河」，而這又幾乎是杜威實驗主義方法論的翻版。在「救亡壓倒啟蒙」近五十年之後，我國又走向了「危機關頭，重新呼喚啟蒙」的歷史迴圈。這便迎來了「充滿理想與激情的火熱的80年代」，即「第二次思想啟蒙」。如果說這次啟蒙與五四運動有什麼區別的話，那就是更加激進，對傳統文化的批判和否定更加激烈。在「人的呼喚」和追求「個性自由」的時代背景下，1985

年，國家頒布《中共中央關於深化教育體制改革的決定》，提出了簡政放權的教育政策導向。1986年，國家頒布《義務教育法》，中國開始實施九年義務教育。在改革開放的背景下，上海1988年率先進行基礎教育課程改革。爲克服「應試教育」的弊端，適應素質教育要求，上海課程改革確立了以素質教育爲核心、以個性發展爲目標的改革方向，提出了促進學生、社會和學科三方面均衡發展的「三角形」素質教育模型，建構了必修課程、選修課程、活動課程相互促進的「三板塊」課程結構。本次課程改革強調學生個性發展，鼓勵學生自由選擇，倡導活動課程與活動教學，諸如此類的理論探索和實踐成就爲中國新世紀的課程改革奠定了良好基礎。

二、2001年新課程改革與課程標準

中國進入新世紀以後，思想界開始反思自五四運動到80年代「新啓蒙」運動的成就與問題。得出的結論是：啓蒙是方向，文化爲基礎。中國既不能回到封閉、保守的君主專制老路，也不能盲目照搬西方的政治體制和社會制度。倘不能對傳統文化深入理解並創造性轉化，啓蒙價值就失去根基。於是中國迎來持續至今的「儒學熱」、「傳統文化熱」。倘不能繼承「五四」啓蒙精神，完成啓蒙大業，最終在中國實現民主、科學、平等、自由、人權、法治等現代文明精神和價值，中國就沒有出路，傳統文化也不會發揚光大。於是，保守主義、激進主義、自由主義三大思潮間的互動融合重新恢復。中國有望在二十一世紀「第三次思想啓蒙」中，眞正實現「東方民主」的百年夢想。在此背景下，2001年6月7日，中國教育部頒布了《基礎教育課程改革綱要（試行）》，拉開了2001年基礎教育新課程改革的大幕。

㈠2001年新課程改革的起因

爲適應改革開放需要、加快經濟建設步伐，中國大陸於1977年恢復「高考」制度。伴隨這一制度的推進，「應試教育」傾向愈演愈烈。1997年5月，國家教育部基礎教育司針對中國大陸現行義務教育階段課程方案的實施狀況，進行了大規模的抽樣調查。調查範圍包括全國9省市72個地

區的16,000多名學生，2,500多名教師、校長和社會知名人士。調查結果表明：74%的校長、62%的教師認為教材中體現得較好的目標是基礎知識和技能，與此形成鮮明對照的是，只有3%的校長、4%的教師認為教材中體現得較好的目標是自主創造，2%的校長、4%的教師認為教材中體現得較好的目標是蒐集利用資訊的能力，1%的校長、3%的教師認為教材中體現得較好的目標是健康。這意味著，廣大校長和教師認為基礎知識和技能是教材的核心構成，而自主創造、蒐集利用資訊的能力、健康則被漠視，或處於課程的邊緣。60%的教師與同事談論最多的話題是基礎知識與技能，近50%的教師與同事談論最多的話題是解題技巧；與此形成對照的是，只有10%左右的教師與同事談論個性發展、情感態度，這充分表明，廣大教師和校長對課程目標的關注焦點是基礎知識與技能。50%的校長和35%的教師認為，在學生身上體現最好的目標是基礎知識與技能；而在學生身上表現最差的目標，依次是勞動態度與技能、動手能力、自主創造能力、蒐集利用資訊的能力，這是必然的。當教材和教師把關注焦點置於基礎知識與技能的時候，基礎知識與技能必然成為學生發展的核心（張華，2002）。

「應試教育」片面強調基礎知識、基本技能熟練，以升學考試為唯一目的，以死記硬背、機械訓練、「題海戰術」為主要手段，由此損害學生健康、扭曲學生個性、泯滅學生探究能力和創造性。針對這種狀況，2001年新課程改革的綱領性文件《基礎教育課程改革綱要（試行）》決定：「大力推進基礎教育課程改革，調整和改革基礎教育的課程體系、結構、內容，構建符合素質教育要求的新的基礎教育課程體系。」並提出如下六大改革目標，即著名的「六改變」：

改變課程過於注重知識傳授的傾向，強調形成積極主動的學習態度，使獲得基礎知識與基本技能的過程，同時成為學會學習和形成正確價值觀的過程。

改變課程結構過於強調學科本位、科目過多和缺乏整合的現狀，整體設置九年一貫的課程門類和課時比例，並設置綜合課程，以適應不同地區和學生發展的需求，體現課程結構的均衡性、綜合性和選擇性。

改變課程內容「難、繁、偏、舊」和過於注重書本知識的現狀，加強課程內容與學生生活，以及現代社會和科技發展的聯繫，關注學生的學習興趣和經驗，精選終身學習必備的基礎知識和技能。

改變課程實施過於強調接受學習、死記硬背、機械訓練的現狀，宣導學生主動參與、樂於探究、勤於動手，培養學生蒐集和處理資訊的能力、獲取新知識的能力、分析和解決問題的能力，以及交流與合作的能力。

改變課程評價過分強調甄別與選拔的功能，發揮評價促進學生發展、教師提高和改進教學實踐的功能。

改變課程管理過於集中的狀況，實行國家、地方、學校三級課程管理，增強課程對地方、學校及學生的適應性。（中華人民共和國教育部，2001）

由此觀之，「應試教育」課程體系的基本特徵是：課程目標是知識技能取向；課程內容是「繁、難、偏、舊」，且過於注重書本知識；課程結構呈嚴重的「分科主義」傾向；課程實施則過於強調接受學習、死記硬背、機械訓練；課程評價是選拔取向；課程管理則是中央集權。課程是什麼？在「應試教育」視野中，課程是使學生在「中考」、「高考」中獲得成功的工具、手段。至於課程本身的引人入勝之處、課程的人的發展的價值則被漠視或未得到應有的體現，這是諸多教育悲劇產生的根源。

㈡2001年新課程改革的價值取向

確立體現時代精神的新的課程價值觀、根治現行「應試教育」課程體系的弊端、構建符合素質教育要求的新的基礎教育課程體系，是2001年新課程改革的根本任務。

新課程的基本價值取向是：為了每一個學生的發展。這是貫穿《基礎教育課程改革綱要（試行）》的基本精神，是2001年新課程改革的靈魂（鐘啓泉、崔允漷、張華，2001）。

「為了每一個學生的發展」，意味著中國基礎教育課程體系必須走出目標單一、過程僵化、方式機械的「生產模式」，讓每一個學生的個性獲得充分發展，培養出豐富多彩的人格。這是中國素質教育課程體系的根本

要求。素質教育課程體系當然承擔社會所賦予的人才選拔功能，但它把課程本身的引人入勝之處、課程的個性發展價值視為根本，讓每一個個性充分發展的人，去健康地接受社會的選拔和其他挑戰。

「為了每一個學生的發展」，意味著二十一世紀的中國課程必須順應時代潮流，追求下列課程理念：

第一，教育民主。這意味著課程必須謀求所有適齡兒童平等享受高品質的基礎教育。這種課程既是平等的，又是高品質的。在這裡，「平等」與「高品質」是內在統一、須臾不可分離的：一方面，「平等」內在地包含著「高品質」，如果將「高品質」從「平等」中人為剔除、不顧教育品質，那麼這種課程就是軟弱無力的「平庸化課程」，它徒具「民主」的形式，但從根本上背離了民主的要求；另一方面，「高品質」內在地包含「平等」，以平等（機會均等）為前提，如果只追求品質、不顧平等，甚至踐踏平等，那就會陷入精英主義的窠臼。

第二，國際理解。這意味著我國的課程體系必須追求國際性與民族性的內在統一，必須追求「多元主義教育價值觀」。這種價值觀的具體要求是：透過課程教育公民尊重所屬文化體系，使公民產生強烈的文化認同感和民族自豪感；透過課程教育公民面對其他文化，能夠欣賞自由的價值，能夠尊重不同人、不同民族和文化的尊嚴與差異，能夠將自己的價值觀和自己所屬的文化體系相對化，發展尊重自由的能力和應對挑戰的技能；透過課程教育公民在相互理解、尊重差異的基礎上，以完全平等的地位與他人、他民族、他文化展開持續而深入的交往，發展同他人進行交流、分享和合作的能力。必須明確「多元主義」並不是相對主義，並不犧牲原則和真理，恰恰相反，它把在不同的社會─文化環境下識別那些能被普遍認可的價值觀念視為交往的共同基礎，它把發展每個人的普遍價值觀和各種行為方式並最終建立和平文化（peace culture），視為教育的終極目的。

第三，回歸生活。回歸生活世界的課程在目標上意味著要培養在生活世界中會生存的人，即會做事、會與他人共同生活的人。這種人既具有健全發展的自主性，善於自知，又具有健全發展的社會性，善於「發現他人」。回歸生活世界的課程在內容上，意味著要突破狹隘的科學世界的約

束，要首先把科學世界理解爲生活世界中的科學世界，生活世界儘管離不開科學世界，但卻不只是科學世界，因此，除了科學以外，藝術、道德、個人世界、自由的日常交往都是重要的課程資源。這些資源在教育價值上絲毫不亞於科學，而且只有當科學與這些資源整合起來的時候，它才能在學生走向「完善的人」的心路歷程上貢獻積極的力量。回歸生活世界的課程在範圍上意味著要突破狹隘的學校課程的疆域，要秉持一種「課程生態學」的視野，尋求學校課程、家庭課程、社區課程之間的內在整合與相互作用。

第四，關愛自然。這意味著課程必須把關愛自然、追求人與自然的可持續發展，作爲重要的價值追求。這種價值觀一反傳統課程體系中人與自然的二元對立、人控制和主宰自然的思維方式，運用整體主義的視野認識人與自然的關係，認爲人是自然的人，自然由於人而使自身的意義得以顯示和豐富，人不是自然的主宰而是自然的看護者，人與自然和諧統一。這是一種「生態倫理觀」、一種「關愛倫理學」。這種價值觀應成爲變革現行課程體系，特別是科學課程的重要精神力量。

第五，個性發展。這意味著課程必須尊重每一位學生個性發展的完整性、獨立性、具體性、特殊性。還要看到，個性發展包含了社會性，個性的成長是在生活中、在持續的社會交往中進行的，因此課程應創設個性發展的社會情境。個性發展又是持續終身的、無止境的完善過程，因此要構建適應終身學習的課程體系。

上述五種理念是「爲了每一個學生的發展」這一課程價值觀的具體化，是新課程的基本價值追求。

㈢2001年新課程改革的課程目標

課程目標是課程價值觀的具體化。新課程的價值轉型必然導致目標重建。《基礎教育課程改革綱要（試行）》（中華人民共和國教育部，2001）指出：「新課程的培養目標應體現時代要求」。這種「時代要求」主要體現在如下三個方面：

第一，新課程確立起新的知識觀，從而走出了課程目標的知識技能

取向。現行課程體系過分強調了知識技能的確定性，把知識技能視爲普遍的、僵化的、外在於人的、供人掌握的東西，由此導致課程目標的知識技能取向和課程實施的「灌輸主義」傾向。這種課程體系必然是「內容本位」、教師中心的。新課程不再把知識技能視爲凝固起來的供人掌握和存儲的東西，它合理地承認知識技能的不確定性，認爲知識技能的本質在於人們透過它而進行批判性、創造性思維，並由此建構出新的意義。基於這種新的知識觀，新課程的目標超越了知識技能本位，使知識技能的獲得過程同時成爲學會學習和形成正確價值觀的過程。透過確認知識的不確定性，新課程具有了「探究本位」、學生中心的性質。

新課程各科課程標準皆從知識與技能、過程與方法、情感態度與價值觀三個方面釐定課程目標。在這裡，「知識與技能」是指一門學科中對學生而言最有價值的學科知識事實。「過程與方法」是指對所選擇的知識技能的反思、批判與運用。唯有如此，知識技能的意義才能被不斷重新建構出來。「情感態度與價值觀」就一門學科而言，是伴隨著對該學科的知識技能的反思、批判與運用所實現的學生個性傾向性的提升。當每一門學科都實現了三者的眞正統一的時候，基礎教育課程體系就完成了知識觀的轉型。這是中國基礎教育課程與教學，擺脫僵死的機械論、控制論窠臼的唯一選擇。

第二，新課程確立起新的學生觀，從而使個性發展成爲課程的根本目標。新課程認爲，學生不是被人塑造和控制、供人驅使和利用的工具，而是有其內在價值的獨特存在，學生即目的。因此，個性發展是課程的根本目標。如何理解學生的個性發展？新課程認爲，每一個學生既是具有獨特性、自主性的存在，又是關係中的存在。所以，新課程從三大關係上理解學生的個性發展、規劃課程目標，即學生與自我的關係（即「具有健壯的體魄和良好的心理素質，養成健康的審美情趣和生活方式」等）、學生與他人和社會的關係（即「具有社會責任感，努力爲人民服務」等）、學生與自然的關係（即「具有初步的創新精神、實踐能力、科學和人文素養及環境意識」）。用一種整體的觀點來全面把握學生的個性發展，並將其視爲課程的根本目標，這使中國基礎教育課程體系具有了新的起點。

第三，新課程確立起課程與社會生活的連續性，從而使新課程植根於生活的土壤。新課程認爲，課程不是孤立於生活世界的抽象存在，而是生活世界的有機構成；課程不是把學生與生活割裂開來的屏障，而是使學生與生活有機融合起來的基本途徑。所以，回歸生活世界是新課程的基本理念之一。幫助學生反思、體驗、享受生活，並提升、完善生活是新課程的基本追求。增進學校與社會的密切聯繫，增強學校生活的社會性，培養學生的實踐能力、社會責任感和關心社會生活的態度，是新課程的目標、內容和實施過程的重要特色（Zhang, 2009）。

㈣2001年新課程改革的內容與結構

本次課程改革在課程內容和結構上，順應國際課程發展趨勢、課程現代化的要求，以及中國的國情和教育傳統，選擇體現時代特色的課程內容，重建新的課程結構，體現課程的綜合性、選擇性與均衡性。在課程綜合化方面，首先是學科領域的綜合化。這包括三方面的內涵：就一門學科而言，強調向學生的經驗與生活回歸；就不同學科而言，強調彼此關聯；新設若干綜合學科，如品德與生活、品德與社會、歷史與社會、科學、藝術。其次，在整個基礎教育階段設置綜合實踐活動。綜合實踐活動是基於學生的直接經驗、密切聯繫學生自身生活和社會生活、體現對知識的綜合運用的課程形態。這是一種以學生的經驗與生活爲核心的實踐性課程（張華，2001）。綜合課程與分科課程在學校課程結構中所占的比重，隨學生年齡和心理的發展而變化。小學階段以綜合課程爲主；初中階段設置分科與綜合相結合的課程；高中以分科課程爲主。

課程的「選擇性」是針對地方、學校與學生的差異而提出的，這些差異在中國現在和今後相當長的時期內都是客觀存在的。它主要涉及各級地方教育主管部門、學校（校長與教師）、學生如何選擇課程，以及我們的教育能給地方、學校與學生提供多少課程以供選擇。爲進一步體現課程的「選擇性」，在高中宣導「選修制」（elective system）。教育面對的是一個個具有獨特個性的學生，教育的根本目的和內在價值是促進每一位學生的個性發展。衡量課程改革成敗的基本標誌，是看它是否促進了學生的個

性發展。爲此，課程結構必須具有選擇性，完善課程選修制以適應學生的個性差異。

　　課程結構的「均衡性」是依據個性整體發展的要求和素質教育的精神而提出的，即我們要培養的是整體、和諧、均衡發展的人。或者說，我們需要培養的是「全人」或「一個完整的人」，而不是培養只得到某一方面發展的人。因此，在課程設計中，在考慮課程的連續性的同時，必須要考慮課程的均衡性。一般說來，課程結構「均衡性」的內涵主要從三個層面上體現出來：一是學習領域或學科與活動的規劃、設計應體現全面、均衡的原則，如按某一教育階段的培養目標設置什麼科目或多少科目；二是各學習領域或學科與活動的課時安排應體現均衡性，而絕不是平均分配，如各領域或科目占多少課時，課時安排在學生學習進程中的位置等；三是課程內容的選擇也要體現均衡的原則，在編制標準與教科書時，必須要對內容做出合理的選擇：應該教什麼？不應該教什麼？這一單元在整個領域或科目體系中到底教多少內容才是恰當的？等。

　　總之，實現了綜合性、均衡性與選擇性的課程，即是指向於學生整體、和諧、有個性的發展的資源。

㈤2001年新課程改革的學習、教學與評價方式

　　本次課程改革以轉變學生的學習方式與教師的教學方式爲重點。建構發展性課程評價體系，則是課程改革的關鍵。首先，倡導自主、合作、探究的學習方式。新課程引導學生學會質疑、調查、探究，在實踐中學習，促進學生在教師指導下主動地、富有個性地學習。新課程轉變學習方式的思路包括兩個方面：在每一門學科中爲學生的自主、合作、探究學習創造空間；透過綜合實踐活動課程爲學生的自主、合作、探究學習，開闢更加自由、廣闊的天地。其次，倡導交往的教學觀。新課程強調教師在教學過程中應與學生積極互動、共同發展。教師應尊重學生的人格，關注學生的個體差異，滿足不同學生的學習需要，創設能引導學生主動參與的教育環境，激發學生的學習積極性，培養學生掌握和運用知識的態度和能力，使每個學生都能得到充分的發展。總之，摒棄「塑造文化」，建構「交往文

化」，是教學改革的重點。再次，倡導發展性課程評價體系。評價改革是整個課程改革的關鍵環節。新課程倡導評價的發展功能，強調對學生的發展價值、對教師的發展價值，以及對課程本身的改善價值，建立發展性的課程評價體系。

㈥2001年新課程改革的課程管理

本次課程改革倡導「三級課程管理」。《基礎教育課程改革綱要（試行）》（中華人民共和國教育部，2001）寫道：「為保障和促進課程對不同地區、學校、學生的要求，實行國家、地方和學校三級課程管理。」由此誕生了「國家課程」、「地方課程」與「學校課程」的概念。那麼，三類課程是什麼關係？「三級課程管理」的本質是什麼？所謂「國家課程」，是指國家超越地域、文化、種族等限制而確定的所有學生的發展目標及相應的課程內容、課程實施與評價方式。「國家課程」因面向全體學生，因而既是抽象的，又是富有彈性、留有餘地的，它等待不同地方和學校將之具體化。所謂「地方課程」，是指根據地域文化的發展特點和需求，為創造性實施「國家課程」而確立的課程體系，是「國家課程」的地方化。「地方課程」是「國家課程」與地方文化的融合，本質上是「多元文化課程」，集中體現了「地方即課程」（place as curriculum）的理念。「地方課程」是對「國家課程」的第一次轉化與創生。所謂「學校課程」（校本課程），是根據每一個教師的專業特點和每一個學生的個性發展需求，結合每一所學校的獨特文化傳統，透過創造性實施「國家課程」與「地方課程」而創生的教師與學生的課程。「學校課程」包括相互聯繫的兩個方面：一是「國家課程」、「地方課程」的校本化實施與創生；二是為進一步體現教師、學生和學校發展的需求，而創造的學校特色課程。「學校課程」本質上是「國家課程」、「地方課程」與學校教育實踐的融合，它集中體現了「實踐即課程」（the practical as curriculum）的理念。「學校課程」是對「國家課程」的第二次轉化與創生。

由此觀之，三級課程管理政策的本質是課程決策權力的分享和互動。課程改革的過程不是國家對地方和學校施加控制的過程，也不是國家、

地方和學校我行我素的過程，而是三方面在交往、合作、對話中不斷達成共識的過程。因此，三級課程管理是深層的教育民主的體現（張華，2014）。

㈦2001年課程改革的組織與推進過程

本次課程改革是在國務院宏觀指導下，由國家教育部具體組織、領導與推進。為深入、系統、高效領導課程改革，教育部成立基礎教育課程教材發展中心，由教育部基礎教育司具體指導。教育部成立基礎教育課程改革專家工作組，負責課程改革理論研究；同時成立國家課程標準研製組，負責各學科課程標準具體研製。具體參與課程政策制定和課程標準研製的人員組成，包括教育部和地方主管行政領導、課程理論專家、學科教育專家、學科專家、中小學校長和教師代表等。為深入進行課程改革相關問題的理論研究和實踐指導，教育部牽頭在中國大陸有代表性的師範大學和綜合性大學成立「基礎教育課程改革研究中心」。2000年以後，伴隨課程改革的推進，許多大學、特別是師範類大學紛紛成立課程與教學系、課程與教學研究所，課程改革研究的理論力量開始加強。

本次課程改革的推進過程大致分為三個階段，即課程開發階段、課程實驗階段、課程推廣階段。課程開發階段大致從1999年教育部頒布《面向21世紀教育振興行動計畫》和國務院召開第三次全國教育工作會議開始，一直到2001年6月全國基礎教育工作會議召開。在此期間，教育部組織研製《基礎教育課程改革綱要（試行）》之初稿、義務教育階段十八個學科課程標準實驗稿，編寫審定了各學科實驗教材。課程實驗階段從2001年6月11-14日全國基礎教育工作會議的召開開始，以《國務院關於基礎教育改革與發展的決定》和《基礎教育課程改革綱要（試行）》的頒布為標誌。2001年9月，新課程在覆蓋全國範圍的四十二個縣級實驗區同時開展實驗，一年級和九年級使用新的課程方案、課程標準和教科書，共有二十個學科四十九種實驗教材投入實驗，包括小學七科、初中十三科。其他年級同步實驗新課程理念和課程標準。課程推廣階段始於2004年。在全面總結實驗區經驗的基礎上，中國大陸義務教育階段所有年級、所有學生於

2004年9月起全面使用新課程。普通高中階段，2003年教育部頒布《普通高中課程方案（實驗）》和普通高中各學科課程標準。2004年9月，普通高中新課程在山東、廣東、海南、寧夏四個省於省域範圍開展實驗，高中一年級全部採用新課程。在義務教育新課程實施十年以後，教育部於2011年頒布修訂版的各科課程標準，並審定出版相應教科書，旨在總結實驗經驗，吸納最新研究成果，完善新課程體系。

總之，本次課程改革的組織與推進始終堅持科學決策、民主參與的原則，始終貫徹「先立後破、先實驗後推廣」的工作方針，由此使課程改革的實踐推進平穩有序，受到廣大中小學教師、學生和社會的歡迎。

㈧2001年新課程標準之特色

由於受前蘇聯教育管理體制和「凱洛夫教育學」的影響，作為教學內容的指令性、強制性規定的「教學大綱」，在中國大陸實行了四十八年（1952-2000）。2001年新課程改革順應國際趨勢、建基新課程理論，採用「課程標準」（curriculum standards）這一術語。對「課程標準」這一術語的界定及對其內容的要求，構成《基礎教育課程改革綱要（試行）》的第三部分內容。該文件（中華人民共和國教育部，2001）寫道：「國家課程標準是教材編寫、教學、評估和考試命題的依據，是國家管理和評價課程的基礎。應體現國家對不同階段的學生，在知識與技能、過程與方法、情感態度與價值觀等方面的基本要求，規定各門課程的性質、目標、內容框架，提出教學和評價建議。」這裡明確指出「三維目標」是課程目標的基本要求，改變了傳統「教學大綱」只是硬性規定「教學內容」的作法。該文件進一步規定：「義務教育課程標準應適應普及義務教育的要求，讓絕大多數學生經過努力都能夠達到，體現國家對公民素質的基本要求，著眼於培養學生終身學習的願望和能力。」「普通高中課程標準應在堅持使學生普遍達到基本要求的前提下，有一定的層次性和選擇性，並開設選修課程，以利於學生獲得更多的選擇和發展的機會，為培養學生的生存能力、實踐能力和創造能力打下良好的基礎。」這裡不僅指出不同年齡階段的課程特性，而且指出面向二十一世紀的高級能力要求，如終身學習

能力、生存能力、實踐能力、創造能力。

　　從「教學大綱」到「課程標準」不只是術語的改變，更根本的是課程理念的深刻變革。這至少包括如下方面：第一，課程標準主要是對學生在經過某一學段之後的學習結果的表現性描述，而不是對教學內容的具體規定；第二，課程標準是國家或地區的教育行政部門、或專業學術組織、或兩者合作制定的面向全體學生的共同基礎要求，而非面向少數學生的最高要求；第三，課程標準對學習結果的描述具有可理解、可交流、可評價性；第四，課程標準意味著教師不是教科書的執行者，而是課程開發者，即教師「用教科書教」，而不是「教教科書」；第五，課程標準的目標要求應包含每一個學生個性發展的整體，包括知識、能力、情感態度價值觀諸方面，而不能只羅列學科知識條目（鐘啓泉等，2001）。

　　本次課程改革憧憬一種新的課程文化，倡導課程決策的對話與合作，強調課程的民主性。課程本身就是一種對話，是所有與課程有關的人員或部門之間的對話。由於兒童是國家的希望、民族的未來，兒童的發展是全社會的焦點，因此，把什麼樣的課程交給兒童，或者說兒童需要什麼樣的課程，不能讓某個專家或某一群體的人來決定，需要社會各界人士的對話與協商，特別是在國家課程標準的制定上。新課程在國家標準制定時就非常強調對話與協商，盡可能創造各種機會，讓課程專家與學科專家、專家與教師、專家與社會人士代表分別參與對話，或讓他們共同參與對話。同時，把「課程標準」作為文本，要求專家、教師、學生及其他相關人士不斷地解讀，並與之「對話」。

　　總之，中國的「課程標準」既不是類似「產品說明書」那樣的操作指南，也不是類似「產品品質規格」那樣的「驗收」、檢驗或評價學生是否「合格」的標準；既不是國家教育部對廣大教師下達的必須忠實執行的「教育指令」，也不是所謂「權威專家」為學校教師提供的可以照單抓藥、包治百病的「教育良方」。課程標準是國家根據時代精神的發展趨勢、中國社會的發展需求和每一個學生的發展需要，而對一個學習領域或學科所提供的理念引領、目標規劃、內容選擇和實施建議。因此，課程標準不是限制教師課程開發和教學行為的規則、規範和束縛，而是為教師的

課程與教學創新提供引領和幫助。一部課程標準的頒布就是對教師和學生發出了一份「請柬」，邀請每一個教師和學生在課堂上進行探究與創造，以使自己的學校生活過得難忘而富有意義。

㈨2001年新課程改革的理論基礎及相關爭論

本次課程改革堅持「國際視野、本土行動」的總原則，積極借鑑先進的國際教育理論並作出創造性轉化，例如：杜威的教育哲學、保羅·弗萊雷（Paulo Freire）的對話教學思想、皮亞傑（Jean Piaget）與維果茨基（L. S. Vygotsky）的建構主義教學觀、加德納（Howard Gardner）的「多元智慧理論」、多爾（William E. Doll, Jr.）與派納（William F. Pinar）等人的「後現代課程改革」、佐藤學的「學習共同體」思想等，一時間，中國大陸的教育理論界繁花似錦，告別了「凱洛夫教育學」一統天下的沉悶局面，這是新中國成立以來的第一次。2001年新課程改革在中國教育理論重建方面，具有劃時代的意義。

不可避免的是，新課程改革歷經來自中國大陸原「凱洛夫教育學」堅持者的強烈抵制。在新課程投入實驗三年以後，北京師範大學王策三教授於2004年發表長文《認真對待「輕視知識」的教育思潮——再評由「應試教育」向素質教育轉軌提法的討論》（王策三，2004），基於「凱洛夫教育學」的立場，既為「應試教育」正名，主張「堅決摒棄由『應試教育』向素質教育轉軌的提法」；又認為新課程改革體現了一種「輕視知識」的教育思潮，從理念到實踐均是錯誤的。王策三教授所說的「知識」，是指「前人、他人實踐、認識的成果」，即「間接經驗」或「書本知識」。教育部新課程改革專家工作組組長、華東師範大學鐘啓泉教授和有寶華博士於同年發表《發黴的乳酪——〈認真對待「輕視知識」的教育思潮〉讀後感》（鐘啓泉、有寶華，2004），並於次年發表《概念重建與我國課程創新——與〈認真對待「輕視知識」的教育思潮〉作者商榷》（鐘啓泉，2005）。鐘啓泉教授認為，中國教育理論應當對傳統的「凱洛夫教育學」進行「概念重建」，新課程改革同時是中國教育理論的創新，核心是對「知識」、「學習」和「課堂文化」的「概念重建」。2008年，王策三教

授又針對鐘啓泉教授的觀點，發表長文《「新課程理念」「概念重建運動」與學習凱洛夫教育學》，透過比較「新課程理念」與「凱洛夫教育學」，認爲「新課程理念」「本質上不符合現代學校教育的基本規律」，「不能指導課程改革」，而「凱洛夫教育學」「具有基本合理性」，體現、寓有「現代學校教育普（世）適性原理」（王策三，2008）。2010年，王策三教授又發表《臺灣教改與「我們的課改」》（王策三，2010），認爲兩者存在相似的理論錯誤和實踐誤區，其主要問題都是「輕視知識」，得出的結論是「臺灣教改不成功；『我們的課改』或也如此。」2009年，針對王策三教授的系列論述，鐘啓泉教授複發表長文《凱洛夫教育學批判──兼評「凱洛夫教育學情結」》（鐘啓泉，2009），鐘啓泉教授認爲，「凱洛夫教育學」本質上是史達林文化專制主義的產物，並不是眞正意義的教育理論。它是一個「兒童缺失的教育學」，並無學術基礎的教育學。早在二十世紀50年代末，隨著前蘇聯的社會轉型，「凱洛夫教育學」就逐漸退出前蘇聯的歷史舞臺。日益融入國際舞臺，日益走向深度改革開放的中國，「重新撿起『學習凱洛夫教育學』的口號，不僅沒有任何積極意義，而且是一種歷史的倒退。」

　　這場持續長達六年以上的爭論分爲兩個階段：第一階段主要圍繞新課程理念是否正確、是否應當由「應試教育」轉向素質教育而展開；第二階段主要圍繞新中國成立以後，我國從前蘇聯引進的「凱洛夫教育學」及其中國化的產物「特殊教學認識論」而展開。眾多學者加入討論之中，發表的論文幾十篇之多。這場爭論被教育學術界與實踐界稱爲「鐘王之爭」。它充分證明：任何眞正的課程改革不僅是實踐變革的過程，而且是理論重建的過程；教育啓蒙與教育民主不只是一個事件，而且是一個永無止境的過程；中國走向「東方教育民主」的過程曲折而漫長，但這是永恆的方向與希望，2001年課程改革已經朝「東方教育民主」邁出了堅實步伐，並將繼續走下去。

　　總之，「教育民主」、「個性發展」、「回歸生活」等課程理念，知識與技能、過程與方法、情感態度價值觀等「三維目標」，自主、合作、探究等三種學習的方式，國家課程、地方課程、學校課程等「三級課程

管理」，如此等等，共同構成2001年新課程改革的理論與實踐體系。這與1922年新學制與新課程改革的「七大標準」或「七大指導思想」形成跨世紀呼應。兩次課程改革的共同特性是：旨在完成啓蒙大業，實現「東方教育民主」，解放每一個學生、每一個教師，促進學生個性發展和教師專業成長。

三、2017年課程改革與課程標準

進入二十一世紀以後，中國社會的資訊化迅猛發展。據中國互聯網協會發布的《中國互聯網發展報告（2019）》，截止2018年底，中國線民數量達到8.29億，互聯網普及率達59.6%，中國手機線民規模達8.17億。根據中國工業和資訊化部官網提供的資料，2019年11月，中國行動電話用戶已達16億戶，已超過中國人口數量。人是製造和使用工具的動物，工具的變化必然帶來人本身的變化。當電腦、互聯網、移動手機、人工智慧等資訊技術手段成為人們生產和生活的基本工具的時候，它必然影響人的思維方式、交往方式和價值取向，也必然帶來人的發展的新特點、新需求和新問題，由此對教育提出新要求。中國迫切需要建立與資訊時代相適應的新教育。

資訊時代的主要特徵可概括如下：第一，知識本位（knowledge-based）：人的知識或思想成為商品，思想市場成為經濟發展的核心，社會也因而變成知識社會；第二，創新驅動（innovation-driven）：由於「互聯網二代」等技術手段的普及，使全民創新成為可能，無論個人生活、社會生活還是職業世界，均以創新為特點；第三，全球化（globalization）：經濟全球化和網路通訊技術的廣泛使用，世界變成「平的」，每一個公民都變成全球公民、數字公民，人類社會成為共同參與和複雜交往的全球共同體。這意味著資訊時代的教育必然是以思想、創新和交往為根本特徵的教育。資訊時代的課程也必然具有上述特徵。

2014年12月7日，教育部在北京召開「普通高中課程標準修訂工作啓動會暨第一次工作會」。這次會議名義上是啓動2004年開始實施的普通高中新課程，實際上是在回答：中國社會日益深入走向「資訊時代」或「數

位化時代」後，基礎教育課程體系如何「轉型升級」。在教育部領導下，經過幾百名課程專家、學科專家和學科教育專家的不懈努力，歷經三年，終於完成普通高中課程標準和課程方案的修訂工作。2017年12月，教育部正式頒布《普通高中課程方案（2017年版）》和二十個學科的課程標準。

2017年課程改革的根本任務是構建資訊時代基礎教育課程體系，它是2001年新課程改革的深化與發展，其標誌性成果是普通高中各學科課程標準的正式頒布與實施。如果說2001年新課程改革因確立「為了每一個學生的發展」的理念，而實現了教育價值觀的根本轉型（由單純為政治服務轉向學生的個性發展和教育民主），那麼2017年課程改革則在基礎上進一步實現教育知識觀的根本變革。

在急劇變革的資訊時代，簡單的、重複性的、缺乏創新的常規手工勞動和常規認知工作正在被電腦或人工智慧所代替，人必須發展學科智慧、專家思維和複雜交往能力等高級能力，方能在這個時代倖存。學生高級能力的發展依賴於教育知識觀的轉變。倘若教育秉持「事實本位的知識觀」，認為知識的本質是固定不變、零散分布、等待掌握的學科事實，那學生只能發展「雙基」──基礎知識、基本技能。只有當教育秉持「理解本位的知識觀」，認為知識的本質是理解（understanding），一切學科均是學生不斷探究、應用、再發明以產生自己的理解或思想的資源，這時學生才可能發展高級能力。2017年課程改革的最大特點是實現教育知識觀轉變：讓學校學科由「事實本位」轉向「理解本位」。中國大陸課程改革進入知識論轉向的新時代。

正在實施的2017年版普通高中課程標準，具有如下四個鮮明特色。

第一，創造了「學科核心素養」體系，確立了新的課程目標。「核心素養」（key competencies）是世界許多國家、地區和國際組織為應對二十一世紀資訊時代，對職業、經濟形態、社會生活和教育之挑戰而提出的概念，亦稱「21世紀素養」（21st century competencies）。所謂「核心素養」，是人適應資訊時代和知識社會的需要，解決複雜問題和適應不可預測情境的高級能力與人性能力。核心素養是對農業和工業時代基礎知識、基本技能的發展與超越，其核心是創造性思維能力和複雜交往能力

（張華，2016）。爲眞正將「核心素養」理念貫穿到各門學科之中，由此形成資訊時代學科教育和課程體系的新形態，2017年課程改革富有原創性地提出了「學科核心素養」這一概念，並將之界定如下：

> 學科核心素養是學科育人價值的集中體現，是學生通過學科學習而逐步形成的正確價值觀念、必備品格與關鍵能力。（中華人民共和國教育部，2017）

在此基礎上，每一個學科都提出了自己的核心素養，並將之作爲課程目標（參見表1）。「學科核心素養」本質上是解決複雜問題、眞實問題、可遷移的學科高級能力與人性能力，其核心是學科思維或學科理解。當課程目標指向「學科核心素養」的時候，意味著教育價值觀、知識觀與方法論的整體變革。「學科核心素養」這一概念標誌著中國教育知識觀的根本轉變：讓各門學科課程由結果走向過程，讓學生從掌握學科事實轉向發展學科理解（張華，2019）。

第二，凝練了學科大觀念，實現了課程內容的重建。所謂「學科觀念」（disciplinary ideas），即特定學科事實或主題所體現的可遷移的學科理解或思想，是以學科專家爲主體所創造的理解和探究世界的心智結構或圖式。「學科大觀念」（disciplinary big ideas）即特定學科中最基礎、最根本的觀念。學科事實是固定的、不可遷移的。學科觀念是流動的、可遷移的。對學科觀念的理解永遠是程度性的，因而爲學生創造性的發展提供了最大可能性。2017年版的普通高中課程標準不再羅列繁瑣的學科事實或「知識點」，而是遵循「少而精」（less is more）的原則選擇、凝練各門學科的「大觀念」，以供學生探究與應用。例如：化學學科在「常見的無機物及其應用」這一主題中，選擇了「元素」、「物質」、「物質轉化」等「大觀念」展開實驗探究與應用（中華人民共和國教育部，2017）；生物學從模組名稱到具體內容均由「大觀念」進行架構，例如：模組一的名稱爲「分子與細胞」，其內容包含兩個「大觀念」：「細胞是生物體結構與生命活動的基本單位」；「細胞的生存需要能量和營養物質，並透過分

表1　普通高中學科核心素養

學科名稱	學科核心素養
語文	1.語言建構與運用；2.思維發展與提升；3.審美鑒賞與創造；4.文化傳承與理解
數學	1.數學抽象；2.邏輯推理；3.數學建模；4.直觀想像；5.數學運算；6.資料分析
物理	1.物理觀念；2.科學思維；3.科學探究；4.科學態度與責任
化學	1.宏觀辨識與微觀探析；2.變化觀念與平衡思想；3.證據推理與模型認知；4.科學探究與創新意識；5.科學態度與社會責任
生物	1.生命觀念；2.科學思維；3.科學探究；4.社會責任
思想政治	1.政治認同；2.科學精神；3.法治意識；4.公共參與
歷史	1.唯物史觀；2.時空觀念；3.史料實證；4.歷史解釋；5.家國情懷
地理	1.人地協調觀；2.綜合思維；3.區域認知；4.地理實踐力
資訊技術	1.資訊意識；2.計算思維；3.數位化學習與創新；4.資訊社會責任
通用技術	1.技術意識；2.工程思維；3.創新設計；4.圖樣表達；5.物化能力
體育與健康	1.運動能力；2.健康行為；3.體育品德
音樂	1.審美感知；2.藝術表現；3.文化理解
美術	1.圖像識讀；2.美術表現；3.審美判斷；4.創意實踐；5.文化理解
藝術	1.藝術感知；2.創意表達；3.審美情趣；4.文化理解
英語	1.語言能力；2.文化意識；3.思維品質；4.學習能力
日語	1.語言能力；2.文化意識；3.思維品質；4.學習能力
俄語	1.語言能力；2.文化意識；3.思維品質；4.學習能力
德語	1.語言能力；2.文化意識；3.思維品質；4.學習能力
法語	1.語言能力；2.文化意識；3.思維品質；4.學習能力
西班牙語	1.語言能力；2.文化意識；3.思維品質；4.學習能力

資料來源：中華人民共和國教育部制定《普通高中課程標準（2017年版）》。

裂實現增殖」。總之，從覆蓋性的、面面俱到的「知識點」走向探究性的、少而精的「大觀念」，是本次課程改革的一大亮點。

　　第三，強調學科實踐，實現課堂教學與學習方式的重建。將學科大觀念植入真實問題情境，讓學生運用學科觀念，親歷學科實踐，生成學科素養。所謂學科實踐，即學科知識的發明、創造與應用的實踐。它是一個學

科領域的專家從事學科探究的典型實踐。學科實踐方式既是課程內容的有機構成，也是教師教學和學生學習的基本方式。讓學生親身經歷學科知識的誕生和應用過程，像學科專家那樣去思考，走出徑直掌握「間接經驗」的誤區，是發展核心素養的關鍵。

第四，研製「學業品質標準」，讓課程評價走向專業化。將「學業品質標準」變成課程標準的有機構成部分，是本次課程改革的重要突破。所謂「學業品質」，是學生在完成特定學科課程學習後的學業成就表現；「學業品質標準」是以學科核心素養及其表現水準為主要維度，結合課程內容，對學生學業成就表現的總體描述。在各科課程標準的研製過程中，首先基於由低到高、由淺入深的「學習進階」（learning progression）的原則，將每一個學科核心素養的不同發展水準進行劃分，然後將所有學科核心素養的同一發展水準加以整合，由此形成學生學習一門學科的由低到高的不同發展水準。絕大多數學科劃分為五級發展水準（少數劃分為三級水準），其中一至二級對應共同必修課程，三至四級對應「選擇性必修課程」（即高考的選考科目），五級對應選修課程。這種設計既增加了課程標準的可操作性，又為課程評價走向專業化做出了重要探索。

從1922年新學制與新課程改革，到2017年課程改革，中國現代課程發展已走過近百年。在這個漫長里程中，教育啟蒙與教育民主恰如一盞明燈、一座燈塔，照耀、引領著無數課程人堅定前行。在此過程中，由於特定歷史階段社會面臨危機時刻，曾一度發生「救亡壓倒啟蒙」、「運動壓倒啟蒙」、社會政治需要掩蓋個人發展需要等現象，課程發展也一度陷入停滯，甚至倒退。伴隨資訊時代的到來，資訊文明為教育啟蒙與教育民主提供了前所未有的挑戰和機遇。只要我們面向未來，立足每一個學生、每一個教師的發展需求，將生生不息的中國智慧傳統與啟蒙理想、馬克思主義和世界一切先進思想有機結合，「東方教育民主」的理想終將實現，每一個學生和教師終將獲得解放。

參考文獻

中華人民共和國教育部（2001）。**基礎教育課程改革綱要（試行）**。教基
　　〔2001〕17號。

中華人民共和國教育部（2017）。**普通高中化學課程標準**。北京：人民教育
　　出版社。

中華人民共和國教育部（2017）。**普通高中生物學課程標準**。北京：人民教
　　育出版社。

中華人民共和國教育部（2017）。**普通高中語文課程標準**。北京：人民教育
　　出版社。

王策三（2004）。認真對待「輕視知識」的教育思潮──再評由「應試教
　　育」向素質教育轉軌提法的討論。**北京大學教育評論**，**3**，5-23。

王策三（2005）。**教學論稿（第二版）**。北京：人民教育出版社。

王策三（2008）。「新課程理念」「概念重建運動」與學習凱洛夫教育學。
　　課程・教材・教法，**7**，3-20。

王策三（2010）。臺灣教改與「我們的課改」。**教育學報**，**3**，10。

全國教育聯合會新學制課程標準起草委員會（1925）。**新學制課程標準綱
　　要**。上海：商務印書館。

余英時（2005）。**現代危機與思想人物**。北京：生活・讀書・新知三聯書
　　店。

呂達（1999）。**課程史論**。北京：人民教育出版社。

李澤厚（2008）。**中國現代思想史論**。北京：生活・讀書・新知三聯書店。

沈穎、南致善（譯）（1950）。**凱洛夫（主編）教育學**。北京：人民教育出
　　版社。

姜義華主編（2001）。**胡適學術文集：哲學與文化**。北京：中華書局。

張華（2001）。論綜合實踐活動課程的本質。**全球教育展望**，**8**，10-18。

張華〔2002〕。我國基礎教育新課程的價值轉型與目標重建。**語文建設**，

1，4-6。

張華（2014）。論課程領導。**教育發展研究，2**，1-9。

張華（2016）。論核心素養的內涵。**全球教育展望，4**，10-24。

張華（2019）。論學科核心素養──兼論資訊時代的學科教育。**華東師範大學學報（教育科學版），1**，55-65。

湯一介（2006）。**我的哲學之路**。北京：新華出版社。

鐘啓泉（2009）。凱洛夫教育學批判──兼評「凱洛夫教育學情結」。**全球教育展望，1**，3-17。

鐘啓泉（2015）。概念重建與我國課程創新──與〈認眞對待「輕視知識」的教育思潮〉作者商榷。**北京大學教育評論，1**，48-57。

鐘啓泉、有寶華（2004）。發黴的乳酪──〈認眞對待「輕視知識」的教育思潮〉讀後感。**全球教育展望，10**，3-7。

鐘啓泉、崔允漷、張華（2001）。**爲了中華民族的復興、爲了每位學生的發展：〈基礎教育課程改革綱要（試行）〉解讀**。上海：華東師範大學出版社。

Zhang, H. (2009). The ongoing curriculum reform in China: Philosophy, objectives, and structure. In E. Rope & A. Tero (Eds.), *International conversations on curriculum studies: Subjects, society, and curriculum* (pp.187-195). Sense Publishers.

Zhang, H. (2017). Curriculum reform and research in China: A social-historical perspective. In J. C-K Lee & K. J. Kennedy (Eds.) (2017). *Theorizing teaching and learning in Asia and Europe: A conversation between Chinese curriculum and Europe didactics* (pp. 15-37). London, UK: Routledge.

Zhang, H., & Zhong, Q. (2003). Curriculum studies in China: Retrospect and prospect. In F. P. William (Ed.), *International handbook of curriculum research* (pp. 262-263). NJ, US: Lawrence Erlbaum.

第七章

香港中小學課綱的規劃現況與實施歷史：歷史和背景，以及規劃之整體特色

李子建、葉蔭榮、霍秉坤

一、前言

作爲中西方文化薈萃的國際大都會，香港的教育體系因承受各種張力影響而形成獨有的特色。香港政府自2000年開始實施大規模的課程改革，爲世界各地提供了一個具參考價值的例子。本章首先介紹了香港中小學課程的規劃與實施策略，結合相關的官方文件和研究成果，分別就香港小學、初中和高中課程改革的主要脈絡進行了提綱挈領的歸納，展現出課程改革的全貌，並詳述了生命教育及德育和全方位學習這兩個特色課程。在此基礎上，本章第二部分深入探討了課程改革面對的問題及前瞻。筆者指出，課程決策對未來香港課程綱要規劃與實施產生重要作用，主要表現在中央層面、學校層面及實施層面上。文章進一步重點闡述了自主學習和STEM課程的現狀及發展趨勢，從課程規劃的視角提出了建議。

二、香港中小學課綱的規劃：背景和實施的脈絡

本章首先從2000年至今探討香港中小學「課綱」的規劃狀況。香港的「課綱」（或稱課程大綱）可能與臺灣和中國大陸的理解和運作有所不同。第一，香港的中小學的不同學習領域（key learning area）是屬於課程指引，只有香港中學文憑考試（如同高中階段）下科目稱爲評核大綱，大約屬於一種公開考試課程大綱。第二，香港的課程設計分爲基礎教育課程，涵蓋小學階段。中學課程則包括初中階段，以及高中的課程。

自從1997年香港回歸祖國以後，香港開始實行不同階段的教育體制和課程改革。教育統籌委員會在2000年發表了《終身學習、全人發展——香港教育制度改革建議》，奠定了教育改革的願景和方向，並確定了九年基礎教育課程的定位及建議高中和大學學制與相關課程（從高中過往2+2年轉變爲高中3年）的改革。課程發展議會（2001）發表了《學會學習：終身學習全人發展》文件，香港學者亦稱之爲香港課程發展「學會學習」（1.0版本），這本課程文件標示了課程發展的路向，參考了不少本地及其他國家地區的發展經驗，頗具前瞻性。有以下的地方是較值得注意的：(1)課程由「文件」轉變爲「學習經歷」（頁17），而「學習經歷」包括

「德育及公民教育」、「智能發展」、「社會服務」、「體藝發展」和「與工作有關的經驗」（頁18），又稱爲五種基要學習經歷。(2)課程以「課程架構」組成，包括八個學習領域（中國語文教育、英文語文教育、數學教育、個人、社會及人文教育、科學教育、科技教育、藝術教育、體育）（頁20），小學常識科（結合個人、社會及人文教育、科學教育及科技教育）（頁57），九種共通能力，以及態度和價值觀。

九種共通能力包括運用資訊科技能力、解決問題能力、溝通能力、運算能力、批判性思考能力（後來改爲明辨性思考能力）、研習能力（後來改爲自學能力）、創造力、協作能力和自我管理能力（頁22），與不同國家地區所提倡的「二十一世紀能力」、「核心素養」等頗有相近之處（李子建，2017；李子建、姚偉梅、許景輝，2019）。

課程的定義很多（李子建、黃顯華，1996），如果放在改革的脈絡下（李子建、黃顯涵，2015），課程可說是學校教育的重要載體，課程的存在是促進學生的學習和個人的全面發展。課程的實施有賴於良好的學校領導和教師的課程領導，課程內容的組織和評估需要教師作爲課程的實施者和評鑑者；課程的校本特色和策劃，期望教師和學校領導能夠互相協作和整合不同資源和資本（李子建，2010；李子建、盧乃桂、尹弘飆、張月茜，2010，頁52；李子建、黃顯涵，2015，頁10）。

課程實施與效果有賴於教師的教學效能，同時亦與教師的工作量、情緒和校內外所得到的支援有關，尤其是在新課程改革的要求下，教師要邁向多元的教學方法以至運用評估策略，另一方面需要設計和實施統整式課程，例如：中小學的STEM教育，以及初中的人文學科課程（霍秉坤、李子建、黃顯華等，2011）等，也需要安排學生的多元化體驗式學習，組織全方位學習／互動，不少學校更安排同學到香港以外地區參訪。就課程改革的狀況，香港自從2000年以來，中小學的校本課程可說是多采多姿，形式多樣，不過香港教育制度仍受考試和評估文化所影響，學生家課頗爲沉重，教師的壓力水平也頗高，如何能讓學生愉快地學習和成長，實在值得探討和反思。

經過十多年的課程實施，教育局（2014）在2014年修訂了《基礎教育

課程指引（小一至小六）》，至於《中學教育課程指引》，以及其他學習領域的課程指引，在2017年或以後逐步更新（香港教育局—學校課程持續更新，n.d.）。

表1

學會學習（1.0）（課程發展議會，2001）	學會學習2.0+（教育局，2017）
八個學習領域及小學常識科	
五個基要學習經歷	
四個關鍵的項目： (1) 德育及公民教育； (2) 從閱讀中學習； (3) 專題研習； (4) 運用資訊科技進行互動學習（頁74）	四個關鍵的項目： (1) 價值觀教育（包括基本法和教育德育及公民教育）（鍾明倫等，2018）； (2) 跨課程語文學習（包括閱讀）等； (3) 資訊科技教育和STEM教育； (4) 專題研習
核心價值（個人與社會）、輔助價值（個人與社會）、態度	態度和價值觀下的七種首要價值觀：(1)堅毅；(2)尊重他人；(3)責任感；(4)國民身分認同；(5)承擔精神；(6)誠信；(7)關愛
九種共通能力	九種共通能力（部分更新及分類）
方向：終身學習、全人發展	學生的終身學習和自主學習能力、學生的全人發展、學校課程持續更新
七個學習宗旨	七個學習宗旨（更新版）
中學學制仍是初中三年、高中二年及預科	2009年高中課程改革後，初中三年及高中三年，高中課程包括四科核心科目、選修科目（包括應用學習），以及其他學習經歷。
強調幼稚園、小學和中學的銜接（頁viii、頁85-86）	課程發展議會建議的「十五年一貫的學校課程架構」
跨學習領域：小學常識科（頁62）	跨學習領域：小學常識科、高中通識教育科和應用學習
其他重點（擇錄例子）：校本課程發展（頁62）、共同備課、促進學習的評估、照顧學習差異（頁62-64、頁72-74、頁82-83）	其他重點（李沙崙，2017年5月31日）：強化中國歷史和中華文化的學習、培養開拓與創新精神、優化資優教育、特殊教育需要
全方位學習（頁84）	全方位學習（香港教育局—全方位學習，n.d.）

　　表1比較「學會學習」（課程發展議會，2001）與「學會學習」2.0+文件（香港教育局，2017），以及相關網站資料的異同之處。總括而言，兩者課程有下列的觀察：

1. 中小學的架構邁向貫通，八個學習領域、五個基要學習經歷和九種共同能力基本上不變，課程改革邁向「聚焦、深化和持續」（教育局，2014）。

2. 課程發展方向仍然強調終身學習和全人發展，但「學會學習」2.0+及相關策略強調了學生的自主學習的能力（李子建、邱德峰，2017；高寶玉，2018）、其他相關的二十一世紀技能（李子建、姚偉梅、許景輝，2019）、OECD所提倡的開拓及創業教育（entrepreneurial education）（Lackéus, 2015），以及國家教育部（2014）所提倡的中國優秀傳統文化教育等。

3. 課程發展邁向跨學習領域，例如：高中通識教育科和應用學習、跨課程語文學習，以及近年國際重視的STEM教育等。

　　香港是中華人民共和國特別行政區之一，也是中西文化匯聚和國際的大都會，受到不同拉力的影響（課程發展議會，2001，頁10），其中課程一方面受到全球化以至亞洲地區學校課程改革趨勢的影響，另一方面香港頗重視發展校本課程，或者課程在地化的作用。香港課程發展也在一致性與多樣性之間的拉力不斷強化，學校收生的差異增加，教師需要處理學生的特殊需要和多樣性學習，但是社會仍流行競爭「為成就而學習」和考試文化（Lee, 2014, p. 28; Ng, 2009, pp. 270-271）。值得注意的是，香港的課程發展和學校教育受到「新進步主義」和「人力資源」理論的影響（甘國臻，2011，頁3及頁7），方向是裝備年輕人面對未來。就最近的「學會學習」2.0+的內涵而言，雖然課程重視STEM教育，資訊科技教育和共通能力的培養，課程仍可加強面對未來發展的元素，例如：認識5G及人工智慧對未來生活和工作的影響，規劃個人的未來，如何在國家發展「一帶一路」和粵港澳大灣區的前景下，拓展學習者的視野，包括區域性層面、國家層面及國際層面等。

三、香港小學課綱的規劃

香港小學課程改革，尤其是對小學課綱進行大規模研究的為數不多，有部分已不能在公開網站找到。由香港的課程改革文件「學會學習」（CDC, 2001）的公布開始，在最初的十多年間可說是課程改革的「發展期」，尤其是校本課程的出現，可說是雨後春筍、遍地開花。根據教育局（前稱教育統籌局）（EDB, 2008）公布的課程改革中期檢討，約90%以上的校長及小學教師表示他們發展學與教策略，以改善學生學習（p.19），自從改革後（2001年以來），較多教師（由超過30%至70%左右）從知識傳遞者的身分轉變為輔導者（facilitators）的角色（p. 20）（Lee, 2011）。從教師角度而言，仍有75%至86%的小學教師認為學生的基本能力，包括溝通、創意及批判性思考有所提高。此外，學生本身的調查結果反映超過85%的小學生教師在課堂裡提問，與他們討論，鼓勵他們發表意見，和他們去尋找答案和解決問題（EDB, 2008, p. 20; Lee, 2011）。這些結果顯示出小學階段的課程改革已取得一定的成果。這些成就一方面展示學校、教師和學生的共同努力，另一方面有賴政府和不同機構（尤其是優質教育基金）支持校本課程發展；另一方面也鼓勵大學與學校的夥伴協作（李子建，2005；顏明仁、李子建，2008）。

不過，這些課程改革也增加了教師的工作量，加上人口下降種種問題，引致學校制度的超負荷（鄭燕祥，2017）。另一佐證資料為不同年份所公布的質素保證視學報告，雖然每一年只報導和分析所抽樣的學校，但是綜合不同年份的報告，則可提供學校課程學與教的一些梗概。從教育統籌局（2002-2003）的「質素保證視學」報告可見，「大部分學校正視課程改革，但推行的策略和優次並不相同。學校大都重視學生全方位學習及全人發展。」（頁6）當時四大關鍵項目的專題研習和應用資訊科技以進行互動學習的表現，相對地不如德育及公民教育和從閱讀中學習的表現那麼出色。該年的報告指出，大部分被視學的學校只是以刪減教學內容作為「輕微調適課程」的方法（頁14）。

當我們看看2009/10年度之視學周年報告（教育局質素保證分部，

2010），該年參與外評的小學，不少都設計了具特色的校本課程，有些以校本發展為基礎，有些以思維教學為重點。至於四個關鍵項目，除了個別項目推動以外，也漸見學校以德育、公民及國民教育為題，連結閱讀、資訊科技和專題研習（頁8-9）。不過當時的資訊科技和學生電子學習的例子仍不算太多（頁35）。值得注意的是，學生的學習差異愈來愈大，學生也包括能力及成績稍遜的，因融合教育而數目增加的特殊教育需要學童，以及新來港的非華語學生等，如何處理學生的學習成為今天學與教的重要議題。

及至2017、2018年的視學周年報告（教育局質素保證及校本支援分部，2018），我們看見大體上「寬廣而均衡」的小學課程，大多有負責課程發展的專責小組，亦有不少學校注重照顧學生多樣性的項目（頁6）。同時，有不少參與外評及視學的學校以學生的自主學習作為學校的發展目標之一，小部分以培養學生自我調整學習能力作為學校的關注事項（頁19）。不過學生在學習過程中的主動性和自學策略的使用仍有待提升（頁29）。從這些不同年份的報告內容可見，香港課程與教學產生一定程度的正面改變。

就香港的課程取向而言，楊思賢（Yeung, 2014）認為不同階段的基礎教育及高中課程的改革較強調以學習者為中心，以及認知過程發展的社會重建取向（Yeung, 2014, p. 60 & p. 63），不過較強調社會效率取向會對一些全球議題、多元文化、性別和環境研究相關的教育造成一些忽視（p. 65）。最近幾年，德育及國民教育的指引受到公眾及教育界嚴厲批評而被迫擱置，而近年的社會事件令公民教育的發展路向變得政治化和缺乏明確的指引。

至2014年，教育局（EDB, 2014）指出課程發展路向邁向「聚焦、深化、持續」，香港課程發展階段可視為步入「持續深化」期。在2001至2014年期間，香港課程發展可說是成功而有具體成果，例如：梁偉倫（Leung, 2014, p. 73）指出教師願意綜合不同學科的學習內容，結合生活，對推動專題研習持正面態度，鼓勵學生進行探究（p. 73），不過仍有下列方面值得注意，例如：教師對課程改革的關鍵項目有不同的注釋（p.

75），課程調適和合作學習的效能在校間有所差異（p. 75）等。

　　就筆者之一（李子建）觀察來說，自2001年的課程改革浪潮開始，優質教育基金和教育統籌局（今爲教育局）支持了不少計劃，其中與全面改進模式有關的香港「躍進學校」計劃（李子建等，1999; Lee, 2006; Lee, Levin & Pilar, 2005），根據美國模式本地化，推廣「大、小齒輪」互動（學校規劃與課程及教學，以至家教合作）（李子建，2002a；李子建，2002b），之後學校的改進模式演變爲「優質學校改進計劃」（Quality School Improvement Project, QSIP），以及「大學及學校夥伴協作共創優質教育計劃」（University & School Partnership, USP）等不同計劃，爲學校在改進能量的建立，以至校本課程發展和學與教的完善提供不少專業的助力。此外，香港中文大學的團隊在教育局的委託下，在學與教方面推動了爲期五年的「優化教學協作計劃」（Partnership for Improvement of Learning and Teaching, PILT）（2004-2009）（李子建、張善培，2009，頁1）。同時，該團隊開展了「建立專業學習社群」計劃（李子建、馬慶堂、高慕蓮，2011），積極推動「行動研究」和「課堂教學」的探索（頁001）。

　　這些計劃嘗試將個人反思和行動研究的步驟簡化爲一個較易操作的「4P模式」（李子建，2002；李子建、馬慶堂、宋萑，2009，頁10-11），該模式重視「問」、「想」、「做」、「評」作爲流程（李子建、尹弘飆、周曉燕，2008）。通過計劃的支持、學校領導和教師團隊自身的努力，不同學校教師在學與教的探索和專業分享方面累積了不少豐富的經驗。香港大學團隊的大學與學校夥伴協作則偏向準教師和教師的專業發展（Tsui & Wong, 2006）。香港教育學院（現爲香港教育大學）的團隊則集中推動「課堂研究」（lesson study）。「課堂研究」建基於Ference Marton的變異理論，於2000至2003年開展變異理論課堂研究與處理個別差異的項目（Lo, 2009, p.170）。香港的「課堂研究」稱爲「課堂學習研究」（Lesson study）（Lo, Pong & Chik, 2005），之後發展至大規模的計劃「Variation for the Implement of Teaching and Learning」（VITAL Project）（Lo, 2009, p.175）。這些項目較強調「學習」的重要性（包括教師學習和學生學習），同時教師變爲研究者（Lo, 2009, p.177; Ko, 2018, p.12）。

「課堂學習研究」在香港的不同學科皆有應用（李樹英、高寶玉，2012；吳本韓、廖梁、李子建，2010），對香港在學習及教學的探索方面作出一定的貢獻。

　　儘管在大學與學校夥伴協作的支持下，香港學校在課程與教學改革兩方面都有一定的進度，但是值得關注的是，學校管理層與前線教師在課程改革的觀點上存在著一定的差距，而校本化的課程發展容易產生碎片化，即時而單薄的課程項目和經驗（Lee, Cheng & Ko, 2018, pp. 291-293）。此外，強調校本課程發展使中央（香港教育局）缺乏明確的引導和指導，因此片面的課程改革較易導致缺乏全球視野的現象（p. 293）。再者，校本化趨勢也會激化校間的競爭，以及增加教師的工作量和壓力。因此，政府可以考慮增加一個大型的中央網上智能平台，讓不同層次的學校改革經驗得以總結和分享（p. 298）。

四、香港初中課綱的規劃與實施

　　有別於小學課程，香港初中課程的基本定位是提供均衡而寬廣的學科學習經歷，好讓學生分別「透過八個學習領域建立多元和穩固的知識基礎」，並培養相關共通能力、價值觀及態度（香港教育局，2017，第二冊，p. 10）。換言之，按著建議課時分配，學生要從每個學習領域內所設的科目中學習，以確保他們建立適當的知識根柢，邁向高中教育（包括通識教育科）。

　　八個學習領域包括中、英文的語文教育（課時各占17-20%）、數學（課時占12-15%）、科學（課時占10-15%）、「個人、社會及人文教育」（課時占15-20%）、科技教育（課時占8-15%）、藝術教育（課時占8-10%）及體育（課時占5-8%）。其餘的課時（8%）屬彈性時間，多用作跨學習領域項目，如德育及公民教育、全方位學習活動、跨學科增潤課程等（香港教育局，2017，第二冊，頁11-12、65-67）。

　　除了「個人、社會及人文教育」和藝術教育外，大部分的學習領域下只設不同的學習／知識範疇，並無細分獨立科目。這兩個比較特別的學習

領域，是因應學校實際情況，所以仍然設有科目。例如：「個人、社會及人文教育」在六個學習範疇之下，設有六個科目——中國歷史（必修）、歷史、地理、宗教教育和生活與社會，讓學校以不同模式來組織課程（包括獨立成科模式、混合課程組織模式），從而達到「個人、社會及人文教育」的課程要求（香港教育局，2017b，頁45-47）。同樣地，藝術教育亦設有音樂、視覺藝術兩科（香港教育局，2017c，頁2-3）。這些科目皆有獨立的課程指引（中一至中三）供該科教師參考。

　　相對於高中和小學課程，有關香港初中課程的研究和論述比較罕見，學術著作大多集中於個別初中科目（如霍秉坤、黃顯華，2014）及青少年發展方面（如Law & Lee, 2012），至於整體初中課程研究，可謂寥寥可數。例如：由特區政府成立的「學校課程檢討專責小組」的諮詢文件中，大部分篇幅集中在高中課程、本地大學收生機制和整體學校課程發展方向等範疇，極少篇幅聚焦於初中課程（學校課程檢討專責小組，2019）。其實，這種在專業及學術上的忽視亦普遍存在於其他國家地區，例如：英國教育標準局研究發現，學校領導甚少投放額外資源於初中學習，初中課程發展亦並非他們的優先事項，一般的歷史、地理、外語等課堂效果更是差強人意（OfSTED, 2015）。就香港初中課程的規劃與實施，現分為以下四個大主題探討。

㈠以八個學習領域為框架的學科學習

　　雖然，香港課程改革取向強調學習者為中心、認知過程發展和社會重建（楊思賢等，2013），但是就初中課程的規劃及實踐而言，筆者認為學術理性主義（academic rationalism）取向仍是非常特出，特別在小學常識科內所分支出來的三個學習領域，包括個人、社會及人文教育（PSHE）、科學教育和科技教育。根據香港教育局《中學教育課程指引》（2017），初中課程規劃不但強調「提供學術學習經歷」（第二冊，頁24），並且需要「學生在不同學習領域與高中課程中所學概念／知識的聯繫」（第八冊，頁11）。尤其在上述三個學習領域的科目課程落實，對學校而言，可謂頗具挑戰，一方面要從小學常識科的綜合學習上，照著來

自不同學校學生的前備知識，建構相關的學科知識；另一方面，教師亦要在有限的學科時間，讓學生有足夠知識、能力和興趣，完成初中教育，以有效銜接高中的相關選修科目，以至連結高中必修的通識教育科。教育局的《新學制中期檢討與前瞻報告——持續優化不斷進步》（2015，頁10）指出高中課程的成功落實，是需要學校有效地「整體檢視不同學習領域的課程，以檢討學生於初中階段知識基礎的發展」。根據局方2015年調查，90%學校已成立整體課程小組作六年規劃，當中三分之二由校長所帶領，幫助作出持續而全面的校本課程改進（頁18）；同時，透過《中學教育課程指引》和八個《學習領域課程指引》（2017），分別向學校提供縱向課程銜接的支援和示例。這方面的發展和成效有待探討。

(二)強化跨學科和探究式學習

　　Morrison（2003）曾用「動態平衡」（dynamic balance）來形容香港課程設計的特色，其他學者則以「張力」（tensions）（Lee, 2014；香港課程發展議會，2001）或「兩難」（dilemma）來形容課程設置之間，「看似對沖又能互補」的微妙關係。其中一個示例，就是在初中推動「跨學科和探究式學習」（2015，頁30），與以學習領域／學科為本的學習作出互補，令整個學習階段經歷獲得所謂的「動態平衡」。McKinsey報告亦指出，根據多年的PISA數據顯示，有效的教學並不是從「直接傳授」與「探究式學習」策略中二選一，而是在整個課程中靈活地應用兩者，並取得平衡（Mourshed, Krawitz & Dorn, 2017）。教育局新高中通識教育科課程實施研究指出，發現普遍學校都以知識為本及直接傳授的方式進行學與教後，大多會按全班或小組討論形式開展議題探究，並提供不同的聯課和跨課活動，豐富此科的學習經歷，例如：新聞論壇、辯論及考察（香港課程發展議會等，2015，頁30），而這種以知識為本的探究模式和示例，是否如報告中預料，「對其他（初中）科目產生正面倒流效應」（頁10），尚有待研究。此外，亦為高中通識教育科的「獨立專題探究」奠定基礎，發展自主學習和探究能力（如明辨性思考）（Fung & Howe, 2012），可惜的是，基於學生學業負荷的考慮，「學校課程檢討專責小組」建議將「獨

立專題探究」成爲選修部分，此舉勢必產生「考試文化的倒流效應」，負面地影響初中課程的「動態平衡」，逐漸傾向學術理性主義。

此外，如表1所描述，學會學習2.0+提倡「主要更新重點」（major renewed emphasis），令學校課程與時並進。在中學範疇有八大重點（香港教育局，2017，第二冊，頁14）：

・價值觀教育（包括德育及公民教育、《基本法》教育）
・中國歷史與中華文化的學習
・「跨課程語文學習」
・STEM教育和資訊科技教育
・開拓與創新精神
・全方位學習
・資優教育
・中文作爲第二語言的學與教

這些主要更新重點有三大特色：(1)秉持學校課程持續更新（ongoing renewal）的概念：對學校來說，這些提議性的更新重點，並沒有一個劃一的變革時間表，意即是依校情需要持續發展各課程和既有課程改革的關鍵項目，當中大部分的焦點皆放在初中。(2)強調跨學科合作：各更新重點皆以跨學習領域、跨科組及部門的合作形式進行更新，如價值觀教育（包括《基本法》教育、跨課程語文學習、STEM教育、資優教育、中華文化與歷史等）。自2017年起，不同學校因應校情，啓動相關初中的課程發展——從全校性課程盤點（curriculum auditing）、課程內容配對（curriculum mapping），以至在初中各範疇的課程調適（curriculum adaptation）及全面性的課程變革（large-scale curriculum change）（教育局，2017，第二冊）。在教育局加強於這些跨科重點質素保證視學的情況下，各學校普遍面臨挑戰，如教師對校本跨學科課程發展理念的認識（張民生，2016）、學校的知識管理，讓專業知識能不斷創建和承傳下去（Cheng, 2019），合力持續地發展初中課程。

㈢配合校本生涯規劃（如高中選科）

　　初中課程另一個重要目標方向，就是讓學生透過三年的寬廣而均衡的學習領域學習，能夠為自己選擇在高中選修二至三科目（包括應用學習），以增強個人知識基礎（葉蔭榮，2014）。在支援學校方面，香港輔導教師協會與課程發展處合作製作《尋找生命的色彩：新高中科目選擇及個人抱負的探索》，幫助初中學生以生涯規劃及認識新高中課程理念的角度，選擇合適的選修科目（香港輔導教師協會，2008）。雖然設有以上支援計劃，根據教育局每年「高中科目資料調查」的網頁資料，中四學生在完成初中課程後，選擇三科或以上的高中選修科目百分比由2009年的51%跌至2017年的32%。這種中四選科數目的下跌，大部分持份者認為，其原因並非歸咎於初中課程所提供的學習經歷，而是歸因於大學入學要求只需要一至兩科選修科、加上正值學生人口下跌、學校提供的學科數量減少等（檢討學校課程專責小組，2019）。

　　「部分高中學生即使有能力修讀三個選修科目，也會『策略地』只修讀兩個選修科目，原因是他們相信把多點時間集中於少些科目，便較容易在文憑考試中獲得佳績，並能在現時大部分學士學位課程只按六科成績收生的前提下，增加入讀大學的機會。一定程度上，學生修讀的選修科目減少，會令知識基礎變得狹窄，反而侷限了升學及其他出路的選擇。」（頁6-7）

　　自2014年，以撥款方式鼓勵學校推行「生涯規劃」，並訂定《中學生涯規劃教育及升學就業輔導指引（第一版）》，引導學校依不同校情（如學生需要、校風、校本課程及活動），幫助學生建立能力規劃自己的生涯和職業路向（香港教育局學校發展分部升學及就業輔導組，2014）。此外，2019年的《中學教育課程指引》中，重點指出學校在進行全方位學習時，要提供合適及足夠的「與工作相關的經驗」（career-related experiences）活動（如工作影子[1]、職場探訪、與職場協作學習活動），以配

---

[1]　工作影子（job shadowing），泛指一種帶領學生在真實職場中的「近距離」觀察活動，活動大多透過跟隨某種工作的專業人士，實地體驗該類工作的恆常規律和相關職務，以及在適當機會中直接與專業人士面談。活動過程中亦會有導師幫助學生反思。

合校本「生涯規劃」，以及增加學生對職業專才教育和學制下多元出路的認識，最終能達到學生「了解本身的興趣、性向和能力，因應志向，為未來進修和就業，發展和反思個人目標」的中學課程學習目的（教育局，2017，頁21-22）。雖然如此，筆者（葉蔭榮）認為，香港「生涯規劃」的規劃和落實，與中國內地、臺灣的「生涯規劃」迥異，比較著重於「職業技能發展和反思，缺乏生命教育／德育元素」（李子建、江浩民，2015，頁90），按筆者之一（葉蔭榮）的「體驗式學習」成效研究發現，這些與生涯規劃相關的體驗活動，大多「有商業及社會機構的積極參與，確實能幫助學生的全面發展和認識有關範疇的工作世界。」報告又指出，這類別的「體驗式學習」活動能幫助學生拓寬自己的社會脈絡，包括與不同學校的同儕及社會中的專家，讓學生接觸不同人士和界別的「解難方法」、多元而積極的「前路觀」和「價值觀」。這些「社會資本」或就業認知，根據研究發現，「體驗式學習」經歷對於那些來自低社經地位家庭的學生尤為重要，並有顯著成效（葉蔭榮、馮智政，2019，研究摘要）。所以，在校本生涯規劃中的早在初中學科及非正規課程建立學生「正面前路觀」和「價值觀」是不容忽視，正如2017年《中學教育課程指引》第九冊所提倡，有效的「生涯規劃」是需要學習領域課程的學習、相關的「體驗式學習」活動和升學及就業輔導服務，相互配合的，而非侷限於幫助學生了解對工作種類的傾向，和選擇職志路向等的輔導工作（香港教育局，2017，第九冊，頁13-15）。其他國家地區亦強調學科課程滲透「生涯規劃」元素，如英國最近推出的「事業策略」沿用了格斯比事業參照工具（Gatsby Benchmarks tool）在中學全方位地推行相關事業教育事工，當中包括學科課程的聯繫和工作場所的體驗等（Department for Education, 2017）。

㈣加強中史教育及《基本法》教育

根據香港課程發展議會所公布的《中一至中五課程指引》，中國歷史科在回歸前於初中階段，只屬「文法中學」及「工業中學」人文和社會科目中的一個選修科，「職業先修學校」則無需修讀（香港課程發展

議會，1993）。回歸後，教育局在不同的主要課程文件中，提高中國歷史教育的地位，皆指明「在不同類型中學就讀的初中生，均需學習中國歷史和中華文化」，考慮到學校不管採用什麼模式來教授中國歷史，此學科的課時規定不可少於每周約兩教節（課程發展議會，2001；課程發展議會，2002a，第一冊，頁10、第二冊，頁7-8；課程發展議會，2002b，頁40）。根據2017年立法會教育事務委員會文件顯示，89%的中學在初中以獨立成科的形式來教授中國歷史；4%的學校採用綜合性課程統整模式，即以中史爲主軸，並結合世界史事件爲內容；7%學校開設以專題形式的綜合中史課程。爲進一步提升中史教育，課程發展議會在2014年5月成立專責委員會，負責檢視及修訂初中中史課程。目標包括以「詳近略遠」的原則調整古代史及現代史的比例，以及「增加社會、文化、科技、藝術等歷史元素」（香港課程發展議會，2019；香港課程發展議會，1997）。

　　比較於舊有的中史科課程，課程組織以每個歷史時期內的學習重點（如統一國家的出現和中外文化的交流）作爲基礎單位，大幅度地擺脫舊課程的「朝代模式」，並建議教師在中一階段（約五十課節），以民族的起源、統一國家的形成，南、北方長期的分裂，以及隋唐統一與開放四個學習主題作爲焦點，交代由史前、夏商周等時期，南北朝以至隋唐的悠長歷史重點。同樣地，中二階段亦會以三大學習主題，交代宋元至清末的歷史，讓學生在中三階段有充足的時間學習中國一百多年的近代史。在每一階段加插以社會、文化、科技、藝術等歷史元素爲主的延伸及選修部分，如中國婦女史、香港歷史等。

　　此外，爲加強學生對一國兩制和《基本法》的認識，2017年的《中學教育課程指引》，要求學校在初中教授51小時與《基本法》相關課題，並檢視相關學科課程中史「含量」（當中包括占中史科24小時、生活與社會或「憲法與《基本法》」單元15小時、占歷史科10小時，以及地理科2小時）。此外，教育局亦推出不同的教材和學習資源，如「憲法與《基本法》」教材套、《基本法》在線評估、《活學趣論‧基本說法─「基本法」視像教材套》等。綜合而言，學校推行實況亦面對不少挑戰，如分配課時不足、校本課程規劃、教師的相關領域的知識、學科教學知識（pedagogical content knowledge）等，這些範疇尚需全面落實和深入研究。

小結

　　最後，香港初中課程，除了有「以八個學習領域爲框架的學科學習」、「強化跨學科和探究式學習」、「配合校本生涯規劃」和「加強中史教育及《基本法》教育」四個特色方向外，加強語文能力亦是學校在初中課程落實的關注範疇，包括考慮非語文科目的教學語言安排、非華語學生的中文學習、跨課程閱讀及語文發展，以及加強初中中國語文科的經典文言篇章的學習等（香港教育局，2017，8.5）。

㈤香港高中課綱的規劃與實施

　　香港高中課綱的規劃與實施，應理解作2001年課程改革的核心部分。上文提及，香港於2001年以《學會學習：課程發展路向》爲指引，在全港範圍內推行了大刀闊斧、意義深遠的基礎教育課程改革（霍秉坤、葉慧虹，2010）；接著，教育當局即開始規劃高中的學制和課程改革。2000年，教育當局成立負責檢視高中學制的專責小組；2003年，小組發表了《高中學制檢討報告》，建議改革初中、高中、大學爲3-3-4年學制，又建議將中文、英文、數學和通識教育科訂爲高中的必修科（教育統籌委員會，2003）。香港教育統籌局（2004）發表《改革高中及高等教育學制：對未來的投資》，採納了這些建議（霍秉坤，2007，頁105）。2005年及2006年，教育局再發表了《高中及高等教育新學制——投資香港未來的行動方案》、《策動未來——職業導向教育及特殊學校的新高中學制》，以培養終身學習和全人發展爲教育目標，改革高中學制、大專學制和課程；方案期望改變學生學習取向，包括升學和多元化的出路、多樣而平衡的課程、學科與應用相互結合、靈活多樣的評估模式（霍秉坤、余玉珍，2014）。2009年，課程發展議會公布《高中課程指引——立足現在創建未來》（中四至中六），確定以基礎教育爲課程基礎，提供寬廣的高中課程（霍秉坤、余玉珍，2014）。改革後，核心科目、選修科目及其他學習經歷是組成新高中課程結構的三個重要部分。各部分所包含的科目及相關領域，見圖1所示（課程發展議會等，2013）。

四個核心科目 中國語文 英國語文 **數學** 通識教育		二至三個選修科目 從二十個選修科目、 「應用學習」課程及 「其他語言」中選擇		其他學習經歷 德育及公民教育 社會服務 藝術發展 體育發展
讀寫能力+運算能 力獨立思考	**+**	廣闊的知識基礎及 多元的學習興趣	**+**	正面的價值觀和態 度、全人發展

圖1　高中課程的學習宗旨與組成部分

資料來源：課程發展議會等（2013，頁3）。

　　高中課程改革有五個重點。首先，高中學制改革轉變巨大，涉及學制年期及升讀大學制度上的改變。而且，學制由五年中學及兩年預科改為六年制中學，故公開考試制度隨之改轉，即中學會考及高級程度會考統一被「香港中學文憑試」取代。其次，在中國語文、英國語文、數學三科傳統核心科目外增加通識教育科，旨在提高學生對社會認知和思考能力。第三，嘗試打破文、理、商分科之安排，讓學生選擇不同領域的科目。第四，課程呼應2001年全人教育的精神，兼顧知識、能力、價值教育，以「其他學習經歷」配合核心及選修科目（霍秉坤、葉慧虹，2010；霍秉坤、余玉珍，2014；教育2.1，2018；Lee, 2014）。

㈥高中課程改革實施

　　高中課程改革實施情況龐雜，涉及大量文件和研究，本文將以政府展示實施成效及兩次重要檢視的文件為基礎，簡單展示課程實施之成效及挑戰。

　　檢視課程實施成效的研究不多，較詳盡的有香港教育局的課程文件（如課程發展議會，2002、2014）、教育改革進展報告（教育統籌局，2004；教育統籌委員會，2006）、教育局質素保證視學周年報告（教育局質素保證及校本支援分部，2017、2018），以及國際研究報告和學生的水平測試（Barber & Mourshed, 2007; Barber, Donnelly & Rizvi, 2012; Mourshed, Chijioke & Barber, 2010）。

　　香港考試及評核局、課程發展議會、教育局（2013，頁6）正面評價學制改革，認爲它帶來課程、結構、評核、學習宗旨、政策目標等多方面的轉變（見表2）。此外，香港教育局推行高中學制改革十分暢順；比方說，推行「3+3+4」學制，將通識教育科訂爲核心科目之一，加入「其他學習經歷」等；學生完成高中，參加文憑試，申報大學或修讀「基礎文憑」及「毅進文憑」，政府亦獲專上院校支持，制定以四個核心科目爲計算入學分數的科目，其中包括通識教育科（課程發展議會等，2013）。政府設計基礎文憑課程和毅進文憑，爲離開中學的學生提供另類課程；學生完成基礎課程文憑或毅進文憑課程後，可作爲副學位課程認可入學資格的定位。此類課程的目的是提升學生的知識與能力，預備升學和就業（推廣職業專才教育專責小組，2020）。

表2　學制改革帶來之轉變

舊學制	新學制
能夠有效學習的學生只占小部分	所有學生都能有效學習，各取所好
有限的升學階梯	普適性高中教育，充分發揮學生潛能
以學生的學科成績爲關注點	注重學生的全人發展，知識、能力、態度和價值觀並重，拓寬思考角度和全球視野
學術成就出眾者獲最佳的照顧	照顧所有學生多樣性、「應用學習」、「其他語言」、調適課程
直接傳授	直接傳授結合探究式學習
過早分流	學習的選擇眾多，課程多元化而均衡
以學校爲本的決定和學習時間的安排	以學生爲本的決定和學習時間的安排
學術以外的發展由學校自行決定	所有學生均可體驗「其他學習經歷」
60-70%考生可以繼續學業	所有學生皆有機會繼續升學
以考試成績區分優劣，以名次決定學習的成敗	以公開評核爲標準，充分肯定學習的成就，全面發揮學生的潛能
兩個考試：香港中學會考、香港高級程度會考	香港中學文憑試：新的本地及全球升學通行證
只具外在評核	·外在評核＋學生個人自述（「學生學習概覽」） ·多元化出路
主要是由上而下的領導	多分工、共同協力

資料來源：課程發展議會等（2013，頁6）。

　　香港教育局分析香港課程改革成功因素，強調與香港傳統文化重視教育有關。教育當局認為持份者是課程改革成功的關鍵因素。無論是社會人士對教育的重視、對提升教育質素的期望，校長和老師對推動課程改革的熱忱、對教學策略的改善，還是家長對子女教育的重視和政府對教育領域的大量資源投入，這次課改成功是由所有持份者共同努力而達成的（課程發展議會，2014）。

　　各界關注官方文件與報告的信度和效度，認為教育局自我評價。然而，若加入國際研究和個別學者小型研究，仍能展示課程改革成效之面貌（霍秉坤、余玉珍，2018，頁6）。英國教育學者高度評價香港教育制度，形容香港改革理念連貫，發展緩急有序，值得借鑑；而且課程和考試改革都朝正確的方向邁進（Barber et al., 2012）。Grattan Institute肯定香港教育改革的實施取向，認為政府採取長遠和具策略性的眼光，並仔細檢視推行制度改革的系統（Jensen et al., 2012, p. 32）。

　　然而，香港課程改革絕非一帆風順，而且經持續檢視而修訂；正如趙志成（2007，頁5）估計：「在這次改革中，中學課程差不多出現了根本性的改變。……，在改變的幅度、策略和形式上，必須小心處理。當兩個巨大的變數（學制改革和課程改革）同時出現時，無論是教師或學生，在能力和適應問題上都會出現不可預見的重重困難。」自2009年推行以來，教育當局分別於2013-2015年及2017-2019年要檢視及（建議）修訂。事實上，自推行高中課程改革後，教育局一直檢視實施成效；課程發展議會、香港考試及評核局、教育局（2013，頁5）列舉評鑑時蒐集及參考之數據，茲舉涉及大量持份者的兩個例子：

・在2012年6月至2013年2月期間，委員會及工作小組分別舉辦了200場會議、138場聯絡會議、229場研討會或工作坊、482場個別或焦點小組面談，參加者共計20,000人，以檢視高中的課程。

・進行意見調查68次，超過480所學校回應調查，共有17,000人填寫問卷，如「中六學生出路調查（2012）及香港中學文憑考試調查。

㈦香港高中課綱實施的優化

課程發展議會等（2013，頁40）明白課程改革規模宏大，推行時會面對種種挑戰。教育局、課程發展議會和考試及評核局推行短期措施改善，如調整「通識教育」科的公開考試，提供課程補充指引；又如照顧學生的多樣性，包括提供更多課程選項、考題選項、加強校本支援等。此外，減輕教師和學生的繁重工作量，包括減少教師處理非教學職務、減少學生校本評核之要求等（詳見表3）。

表3　回應學校關注事項的措施

關注事項	課程	評估	支援措施及其他
釐清課程的廣度及深度	・優化課程內容	・整合試卷 ・改良試卷設計	・提供補充指引 ・提供專業發展課程
工作量	・精簡工作量大科目的課程內容 ・減少學生修讀選修單元的數目 ・總課時改為2,400±200小時，更具彈性 ・「其他學習經歷」占總課時10-15%	・整合試卷 ・精簡試卷 ・精簡「校本評核」	・提供專業發展課程
照顧學生多樣性	・提供更多選項 ・檢討「應用學習」課程的實施，提供更多選擇	・試卷中更多選項	・提供示例 ・提供專業發展課程 ・加強校本支援、聯繫網絡分享 ・列「優質教育基金」的優先主題
校本評核	・取消三科「校本評核」 ・延後推行九科「校本評核」 ・精簡各科校本評核的要求 ・以實習考試取代「體育」科的「校本評核」	・提供示例 ・提供專業發展課程 ・加強校本支援、聯繫網絡分享 ・列評估素養為「優質教育基金」的優先主題	

資料來源：課程發展議會等（2013，頁44）。

　　這次檢討延續近兩年。課程發展議會等（2015，頁61）進一步優化中國語文科、中國文學科、通識教育科和企業會財科四科目的課程及評估，協助學校實施於短期階段檢討中所提出的優化課程，讓學校面對實施高中課程的挑戰（見表4）。

表4　校本評核支援措施的建議

科目	課程	公開考試	「校本評核」	支援措施
中國語文	2015、2016學年中四級開始，加入十二篇文言經典學習材料	2018年，文憑試的試卷一相應改變		
中國文學	2015、2016學年中四級開始，更改兩篇指定學習材料		探討精簡校本評核的可能性和實施時間	
通識教育			獨立專題探究採用具規範的探究方法，並減少評核「階段」及「課業」	提供「獨立專題探究」探究方法的指引
企業會財	持續檢視刪減內容後之課程 ・發展個別科目的基礎工作 ・2016年底，探討科目的長遠發展	2015年起，獨立評核和匯報選修不同單元的科目成績		
一般科目				建立學校間之學習網絡，提供教學資源和專業發展機會

資料來源：課程發展議會等（2015，頁61）。

　　然而，2013年及2015年的修訂措施未能解決教育界的關注，學生學習壓力、教師工作量、學校處理個別差異、課程內容問題等持續成爲教師的挑戰。2017年，香港教育當局成立專責小組（檢討學校課程專責小組，2019），從四方面檢討中小學課程，包括如何1.提升學生學習能力，培養面對二十一世紀需要的素質；2.照顧不同能力、興趣、需要和抱負的學

生；3.優化課程以促進全人發展；4.促進中小學階段銜接。經兩年資料蒐集、會談交流、深入探討後，檢討學校課程專責小組（2019，頁10-22）提出全人發展、價值教育、優化課程和照顧學生多樣性、應用學習、大學收生、STEM教育等六方面的建議。值得留意，按小組的分析和建議，全人發展、價值觀教育兩方面主要涉及高小和初中階段，STEM教育涉及中小學各個階段；優化課程和照顧學生多樣性、應用學習、大學收生等三方面則聚焦高中之學習。在優化課程和照顧學生多樣性方面，建議調適高中課程和評估；在應用學習方面，建議推廣高中應用學習的選修科目；在大學收生方面，鼓勵大學靈活收生，以培育不同才能的學生。筆者認為，學校課程檢討專責小組（2019）不少建議都與高中內容及考評、升學途徑、職業相關；更直接地說，課程檢討專注於課程內容（考試內容、應用學習、評核制度）和升學途徑。

檢討學校課程專責小組（2019）談及高中課程，特別重視優化課程和照顧學生多樣性（見圖2、3）（檢討學校課程專責小組，2019，頁13-17）：

1. 維持四個核心科目；
2. 增加四個核心科目的課程及評估的靈活性，照顧學生多樣性；
3. 說明掌握數學課程必修部分基礎課題，便能最高獲取文憑試第四級成績；
4. 精簡通識教育科課程範圍、概念和內容；容許學生不選擇獨立專題探究，便能最高獲取文憑試第四級成績。
5. 減少中國語文和英國語文科考卷，簡化校本評核。

此外，檢討學校課程專責小組（2019，頁17）建議以應用學習照顧學生多樣性，故應該重視其價值；教育局應協助學校及家長理解職業專才教育，並提供不同學習體驗以擴闊學生視野；鼓勵選擇應用學習為選修科目，以配合職專教育。

最後，檢討學校課程專責小組（2019，頁18）建議改變大學收生制度，鼓勵大學提高靈活性，錄取其他範疇展現才華而未符「一般入學要求」成績的學生。

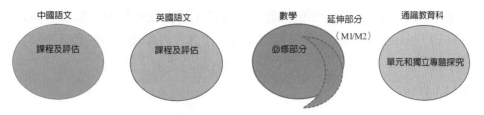

圖2　高中四個核心科目的當下架構

資料來源：檢討學校課程專責小組（2019）。

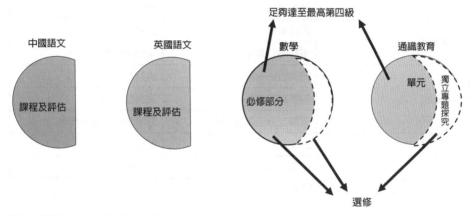

圖3　調適高中四個核心科目的建議

資料來源：檢討學校課程專責小組（2019）。

㈧香港高中通識教育科的規劃與實施

教育當局建議列通識科為高中必修科，影響深遠。2004年10月，政府建議學生必須修讀通識科，引起應否必修、知識基礎、考評設計、單元數目、教學策略、教學時數等爭議（教育統籌局，2004）。結果，通識科經三次諮詢，取得最終決定（課程發展議會、香港考試及評核局，2004、2005、2006、2007）。課程由「自我與個人成長」、「社會與文化」及「科學、科技與環境」三個學習範圍組成。除學習範圍的議題外，另設獨立專題探究的部分（課程發展議會、香港考試及評核局，2007）。此學科的課程內容採用議題、主題的方式展現，貼合近年來所強調的情境化學與教的發展。事實上，通識教育科挺具獨特性，可讓學生就個人、社會、

國家,以至全球日常生活的問題進行探討(課程發展議會、香港考試及評核局,2007)。然而,通識科之特質,使其在教學及課程的設計上與其他學科有差異,使教師實施課程時面對另類的要求(見表5)(曾榮光,2014,頁142)。

表5　傳統學科與高中通識科比較

	傳統學科	高中通識科
課程目標	學科規範思維	明辨性思維
課程內容	獨立學科	跨學科
	學科間分類強	學科間分類弱
課程形式	知識體系為本	議題為本
	知識為本學習	探究為本學習
	教學之分工區隔嚴格	教學之分工區隔模糊
課本	固定文本	多元文本
評核方式	標準化評核	非標準化評核

資料來源:曾榮光(2014)、霍秉坤(2007)。

首先,通識科設計著重培養跨學科知識和能力,應用其他學科知識和角度探究議題(見圖4),以及聯繫通識科內三個範圍之間和通識教育科與中國語文、英國語文、數學科及其他選修科目(即X1)的內容(課程發展議會、香港考試及評核局,2007,頁8):

> 本科三個學習範圍並非三個獨立的知識領域,也不是自成一體的學科……在適當的情況下,學生宜儘量將從一個學習範圍所獲得的領悟及角度,應用於另外兩個學習範圍的研習之中。

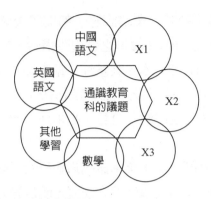

圖4　通識教育科與三年制的高中課程

　　其次，課程發展議會、香港考試及評核局（2014，頁67）列舉通識科相應的學與教策略，包括培養共通能力及多角度思維的議題探究：「教師可在直接傳授的過程中，利用思維工具（例如：腦圖、各種思維模式），促進學生的思考；或者就個別單元或議題，設計讓學生應用共通能力的課業（例如：解難課業、創作過程等），以發展學生的能力。」通識科課程結構沒有獨立學科知識系統，學與教更傾向探究和協作（曾榮光，2014）。學生藉探討和主題有關的議題，聯繫多個主題間及學科間的知識，學習多角度思維的能力。最後，通識科的評估也需要改變，因爲它不著重事實記憶的考核，而是對議題相關的事實和情景加以分析、引申和判斷（霍秉坤，2007；曾榮光，2014）。

㈨香港高中通識教育科的實施

　　明顯地，通識教育科的內容、組織、學與教的策略、評估與傳統學科不同。在實施通識教育科前，多位學者已估計困難重重。林智中、張爽（2005）認同通識科的目標，然而憂慮實施像「水中撈月」，因爲實施時面對學校行政工作、師資培訓、學生時間的投入等高昂的成本。趙志成、麥君榮（2006）指出，建構課程架系統、平衡專通學習目標、掌握教學模式、校本評核的公平等方面，均妨礙通識教育科實施。霍秉坤（2007）認爲，通識科雖然展示設計涵蓋重要理念，但是其知識基礎、課程組織、考

試文化、學與教改變、教師專業培訓等，都與學校脈絡格格不入。林智中、張爽（2013）研究2006-2009年之實施預備時，發現需要付出大量的任務成本、社會成本和心理成本。葉慧虹、霍秉坤（2010）發現，課程沒有固定學習內容，教師只按一般課程理解來處理問題，教師準備不足等因素，使通識教育科的發展困難。可見，高中通識教育科實施面對巨大挑戰。

然而，香港高中教師過去十年承擔起通識科教學範式轉移的重任（曾榮光，2014），而且有助培養學生獨立學習、明辨思考等共通能力（霍秉坤，2019）。課程發展議會等（2015，頁50）調查（2013、2014）顯示，畢業生贊同通識教育科可以培養思考能力，對學習專上課程十分關鍵（圖5），評價甚高：「通識教育科幫助我們從多角度探究議題，並加深我們對自身、社會、國家和環境的理解」和「修讀通識教育科，令我們學會欣賞和尊重不同的觀點。」（課程發展議會等，2015，頁44）筆者認為，高中通識教育科的課程設計特別，屬跨學科的特色課程，教學、學習、評核的概念明顯有別於傳統科目；實施至今，通識教育科雖然面對眾多批評，但仍在培養學生能力方面扮演重要的角色。

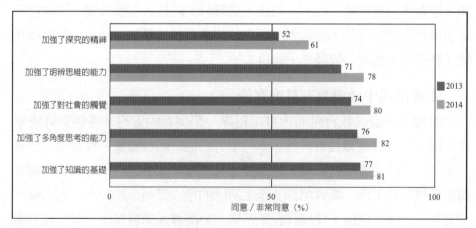

圖5　中六畢業生對通識教育科的意見

資料來源：課程發展議會等，2015，頁50。

㈩課程特色例子一：香港生命教育及價值觀教育

根據阮衛華、張志強和黃炳文（Yuen, Cheung & Wong, 2012, pp. 718）的研究顯示，大部分小學領導層及教師認為學童在價值觀和態度方面皆有顯著的改善，但是在中學方面所顯示的平均值則稍遜於小學。相對來說，小學方面，承擔（commitment）、責任感（sense of responsibility）和堅毅（perseverance）的平均值皆低於4.0（最高值為6.0）。中學方面，不同價值觀的平均值皆低於4.0，而「尊重他人」、「責任感」和「堅毅」的平均值低於3.5（pp. 718-719）。近年，石丹理及其團隊進行有關香港中學生發展研究，內容聚焦在品格特質、社會心理能力及社會行為，其中部分結果顯示初中生在下列青少年的品格特質（超過70%表示「有點符合」及「非常符合」）表現較為理想：「友好、樂於助人、尊重他人、遵守法紀、有同情心、擁有自尊」。相對而言，初中生在下列特質（少於60%表示「有點符合」及「非常符合」）表示稍遜和值得注意：公正、慷慨、勤勞、誠實、樂於奉獻、自律、謙虛、樸素、有個人修養、寬宏大量、有正義感和尊重傳統文化等（石丹理、林立，2017，頁14-15）。另一相關報告從教師觀點認為，一般香港青少年較為「自我中心」和「責任感」較低，而且道德水平較低，並有下降的趨勢（石丹理、馬汶詩，2017，頁16-17、19）。由此看來，香港學校應加強德育（石丹理、林立，2017，頁38）、品格教育和生命教育。2019年6月，教育局公布「學校課程檢討專責小組」的諮詢文件，其中建議加強「生命教育作為價值觀教育的範疇之一」，幫助學生提高「抗逆力」，建立「道德價值觀」和培養他們的責任感（頁11）。此外，該諮詢文件建議小學及初中推行生涯規劃教育，讓同學認識自我和加強對基本的職業操守的認識（頁12-13）。

就生命教育作為跨課程的價值教育的例子而言，王秉豪（2016）指出香港缺乏一個分享和總結生命教育經驗的平台，筆者之一（李子建）曾參與香港中文大學「大學與學校夥伴協作中心」和香港浸會大學的教育學系一項「生命教育計劃」研究及發展工作（2016-2017），總結優質教育基金之前資助過有關生命教育計劃的成果（頁162-163），但可惜該報告沒有保存下來和公開分享。教育局有資助大學院校（香港教育學院，

香港教育大學），推行「協助小學規劃生命教育計劃」和「協助中學規劃生命教育計劃」，但是受惠學校的數目仍有拓展的空間。另一方面，與生命教育有關的研討會和研究成果仍不算很多（王秉豪、李子建、朱小蔓、歐用生，2016）。最近李子建及甘國臻（Lee, J. C. K. & Kennedy, K. J., 2019）在Routledge出版社推出「生命及價值教育」的叢書系列，可算是首先把「生命教育」書籍系統地推廣到國際的學術平台，筆者（李子建）認為：㈠生命教育宜探討與德育、品格教育，以及其他價值觀教育在概念上和實踐上的關聯。㈡生命教育與價值觀教育宜探討二十一世紀教育議題，例如：人工智能、二十一世紀技能（李子建，2017；李子建、姚偉梅、許景輝，2019），以及聯合國教科文組織所倡議的終身學習及相關理念（例如：「學會求知」、「學會做事」、「學會共處」和「學會發展」）（UNESCO, 1996；林永豐，2012）等相互關聯。除了全球理念和議題外，生命教育如何與香港課程所提及的生涯規劃教育和共通能力的聯繫，也是值得關注的課題。就教育局委託「協助中／小學規劃生命教育計劃」的理念來說，計劃包括「教師專業發展課堂」，透過不同講題和工作坊，讓教師掌握生命教育相關的理論，以及本地的良好實踐經驗，此外，計劃安排臺灣生命教育學習團，以及學校支援，讓學員有實際的體驗學習和在校本情景下嘗試推動與深化生命教育工作（何榮漢等，2016，頁479-487）。

以另一價值觀教育（環境教育或可持續發展教育）為例，教育署在1992年及1999年公布《學校環境教育指引》後，已沒有在環境教育和可持續發展作更新和強化。不過期間出版一些教師手冊，讓教育界了解環境教育與全方位學習和可持續發展的連結（李子建，2011，頁006）。曾保強及李子建（Tsang & Lee, 2014, pp. 203、213、217）指出，香港的環境教育和可持續發展教育主要靠不同環保團體和其他非政府組織推動，其中關鍵因素透過「香港綠色學校」，鼓勵學校在學校環境建設、環境教育，學校成員參與環保活動中的不同環節，推行環境管理和環境教育（環境運動委員會，n.d.）。

總括前述的價值觀教育在香港的狀況，筆者認為不同類型價值觀教

育處於「百花齊放」，但缺乏「統籌統整」的處境。此外，在學校課程的地位而言，可算是「校本」取向和處於「邊緣化」的地位（Tsang & Lee, 2014, p. 203），尤其是多元化的辦學團體（牟利和非牟利慈善團體）和校本管理的脈絡下，如何有系統地引導和推展生命與價值觀教育，是值得進一步努力的方向。

㈠課程特色例子二：香港全方位學習的規劃與實施

全方位學習是香港中小學課程的重要特色，其目的是使課堂學習拓寬至課室以外，在正規課程之上，增潤學生的學習經歷，以至達到全人發展和終身學習的課程願景。

「全方位學習強調要讓學生在真切情境和實際環境中學習。這些切身體驗能夠令學生更有效地掌握一些單靠課堂學習，難以達到的學習目標。」（香港課程發展議會，2002a，第六冊）

全方位學習，此政策名詞首先出現於香港的教育改革文件——「終身學習、全人發展：香港教育制度改革建議」（香港教育統籌委員會，2000），它是教育制度改革的五大原則之一，主要是讓學習「超越學科課程和考試的侷限」，以及滿足學生「全面發展」的需要。就筆者之一（葉蔭榮）觀察來說，全方位學習這教改大原則，涵蓋了六種二十一世紀教育的視角。

1. **終身學習的視角**：全方位學習（life-wide learning），在西方學者經常與終身學習（life-long learning）一併使用，如德克祈說：「我們需要終身學習與全方位學習互相配合，才能打造一個學習型社會。」（Tuckett, 2017，中文翻譯）。其概念是，如若要促進一個人在離開學校和專上學院後，仍能終身學習；他需要從小養成「時時學、處處學」的習慣和能力（陳德恆，2006），打破正規教育的藩籬，達至「去制度化的學習」（de-institutionalized learning）模式（葉蔭榮，2006a; MacBeath & Turner, 1990; Resnick, 1987）。

2. **體驗式學習的視角**：教育局「學會學習2.0+」的文件中，已將全方位學習及體驗式學習相提並論，並強調學校在全方位學習活動中的反思環

節（教育局，2017，第六冊），向教師推介「體驗式學習循環」（Kolb, 1984; Tiessen, 2018）。根據由香港政策研究所及大教育平台的研究顯示，體驗式學習作爲全方位學習的主要教學模式，在個人發展及學習上給予學生正面及顯著的提升，尤其在情意社交表現方面（如動機、人際關係、人文素養等）（葉蔭榮、馮智政，2019）。葉蔭榮與馮智政認爲：「全方位學習就是體驗式學習在學校課程中展現的策略概念，目的是促進全人發展、終身學習。」（ibid, p.11）

3. **課程發展的視角**：全方位學習是香港中小學校課程的重要策略，其活動經歷能以科目爲本的課堂學習作出延伸（extending）、擴闊（enriching）及促進（enabling）的功能（葉蔭榮，2006a）。正如中學教育課程指引指出：「全方位學習與不同學習領域的課程關係密切，……」；此三種聯繫功能解釋如下：

(1)**延伸**：與多個學習範疇相關的全方位學習，有助學生深化對特定範疇，在不同層面上的了解，包括知識、技能及態度。例如：內地的交流計劃便蘊含了多個學習元素／主題，可讓參與者親身體驗及了解國家的發展，且從多角度豐富學科知識。

(2)**擴闊**：全方位學習活動中的相關知識及生活經歷不僅有助發展學生潛能，亦有助擴闊視野。例如：學習外語讓學生掌握不同的語言能力，加深對外國文化和習俗的了解。

(3)**促進**：全方位學習經歷能幫助建立學生的生活技能和共通能力，從而促進其課堂學習及全人發展。例如：學生參加領袖訓練營，可透過不同的任務發展協作能力、解難能力及自我管理能力。（香港教育局，2017；第七冊，頁4-5）

從課程聯繫上來看，學校可因應各自的校情透過不同的校本課程實踐模式，籌劃全方位學習，大致有六種：全校主題式、專題研習模式、課程統整模式、學習週模式、活動課節模式及聯課活動模式（教育局—全方位學習，n.d.）。

4. **多元發展的視角**：全方位學習不但強調正規課程和活動的聯繫性，亦聚焦於協助學生獲取全人發展，提倡在「學會學習」課程中，讓學

生參與多元化活動，從而獲得五類基要學習經歷：「德育及公民教育」、「智能發展」、「社會服務」、「體藝發展」和「與工作有關的經驗」。從課程設置角度看，這些活動不但能配合學科或各學習領域，亦能為高中課程的「其他學習經歷」（other learning experiences, OLE）奠下全面發展的基礎，而「其他學習經歷」的參與約占總課程時間的10-15%。再者，這些參與和反思亦會成為報讀香港專上教育的指定申請資料（JUPAS）。這種特色設置，在認受性方面仍有一定的爭議；不少相關專業團體仍在倡議大學於收生方面，全面落實及使用「學生學習概覽」（student learning profile）資料（教育2.1，2018）。

　　5. 課外活動的視角：與世界不少地區相較，香港的課外活動傳統是非常牢固的（馮以浤，1988），儘管全方位學習在香港已經推行一段長時間，但普遍學校仍然另有課外活動主任以統籌部分相關的全方位學習活動（如興趣小組、各運動校隊等）。相關專業團體（如課外活動主任協會）亦就全方位學習和課外活動的定義和定位，作出質疑和討論（黃毅英、周昭和，2006；曾永康，2006）。葉蔭榮在「全方位學習：延伸、擴闊、促進」一文中嘗試與英格蘭的相關政策比較，並定性香港的全方位學習政策乃是以課程為本，而英格蘭的政策「課堂外學習」（learning beyond the classrooms）乃是以學習活動為本，未試圖與正規／學科課程聯繫或作協同規劃（葉蔭榮，2006a; Bentley, 1998; Yip, 1997）。

　　6. 社會夥伴的視角：全方位學習亦可用「社會支援教育，學習走出課室」這著名口號去理解（教育統籌委員會，2000）：即學校在規劃時，必須靈活地運用不同的時、地、人塑造適合而又與平常課堂不一樣的學習情境，而這些情境需要社會上的「有心人」配合。此等社會夥伴（community partnerships）的核心是學生的學習，透過政府政策、學校和社會團體（包括商界）的協作，構建出平台式的合作模式，而這類平台式的學習經歷特別有助於學生的態度、價值觀和共通能力。

　　　　「在活動中學生更能有機地融入不同人士和界別的解難方法、正面的前路觀和價值觀。這社會資本或就業認知對社經地

位較低背景的學生尤為重要。」（葉蔭榮、馮智政，2019，頁
41）

根據上述「大教育平台」及香港政策研究所的聯合研究發現，全方
位學習活動對社經地位較低的學生的正面效果，比一般學生所獲得的裨益
多出1倍（葉蔭榮、馮智政，2019）。但是研究專家亦指出，這等「商、
社、校」協作平台模式，如若有效，便需要政府、學校和社會團體（包括
商界）等多方各自摒除那些學生學習無關的議程（agenda），令學生學習
為最終和最精純的協作議程，方能令學生獲得最佳效果（葉蔭榮，2010；
羅致光，2018）。

總括而言，香港的全方位學習自2002年推出以來，中小學皆能依校本
需要，並在以上六種視角的根基上組織多元化的學習活動。根據教育局
「新學制檢討進展報告」（新高中學習旅程——穩步邁進），教師對「其
他學習經歷」的成效，無論是培養價值觀及態度、擴闊學生視野，培養興
趣，以及促進他們成為終身學習者等，皆有頗高的評價和期望（教育局，
2013, p. 30）。儘管如此，全方位學習的全面落實，仍有不少關注點，需
要更多的專業論述。

(1)資源的運用：教育局宣布於2019年起，設立常額的「全方位學習
津貼」及「學生活動支援津貼」，後者取代舊有、非官方的「香港賽馬會
全方位學習基金」幫助清貧學生；每間中學及小學分別增加了一百十七萬
元及七十多萬元的資源。不少學校在追求善用這新增的常額資源上，感到
一定程度上的壓力。在工作量頗重的環境下，教師及中層領袖亦需要校外
專家的指導和社會各界的支援，如「大教育平台」（大教育平台，n.d.）
等。

(2)優質全方位學習的理解與更新：教育局早在推行初期已建議作
為學校多層面自我評鑑的工具（葉蔭榮，2006b；教育局全方位學習，
n.d.），但不少教師仍需要在這方面獲取適當的專業知識。再者，在「學
會學習2.0+」的課程發展新方向下，有不少新重點需要學校全方位學習策
略去配合開展，如STEM教育、開拓與創新精神（entrepreneurial spirit）、

價值觀教育、與職業專才教育等（教育局，2017，頁13-24），需要全面性的教師培訓。總括而言，學校能夠系統地籌劃（plan）、執行（implement）、檢視（evaluate）全校性的全方位學習，配合正規課程中學習，讓學生發展潛能和終身學習的能量，仍是一種挑戰。

五、問題與前瞻

㈠課程決策對未來香港課程綱要規劃與實施的作用

筆者認為，通識教育科決策過程的特點，可以為未來香港課程綱要規劃與實施提供參考。這些參考，可以從三方面來分析：中央層面的課程決策、學校層面的課程決策、決策時對實施的考慮。

首先，中央層面的課程決策仍由政府控制。香港課程發展主要是由教育統籌委員會和課程發展議會及其屬下委員會或專責小組負責（霍秉坤，2005；教育統籌委員會，2020；課程發展議，2020）。教育統籌委員會是最重要的教育諮詢組織，會依社會需要，負責就整體教育發展向政府提供意見；課程發展議會是主要就幼稚園至高中的課程發展，向政府提供意見的諮詢組織。此外，政府會依社會發展情況，擬定職權範圍設立專責小組，為政府就特定範疇提供意見，如學校課程檢討專責小組。然而，分析顯示，香港管治以行政主導，課程諮詢組織的諮詢功能仍受一定限制（霍秉坤，2005）。從研究結果可見，在整個通識科的決策過程中，政府擔當主導的角色。事實上，政府決策時仍有一定依據，包括引用外國實踐、推行試驗計劃、考慮香港整體課程改革；同時，它願意接納參與者的意見，願意採用諮詢取向。然而，該項課程決策仍以控制政治學為主導（霍秉坤、黃顯華，2011，頁31）。

其次，學校層面的課程決策，對實施中央課程有關鍵的作用。葉慧虹、霍秉坤（2010）探究通識教育科於學校層面的決策情況，發現科主任扮演課程領導的角色，對學校課程發展舉足輕重。李子建、尹弘颷、吳家傑（2010）探討學校規劃通識教育科課程時，發現對校本課程決策影響最巨大的，莫過於是教師如何詮釋課程。朱嘉穎、莊達成（2010）剖析影響

學校校長課程發展的因素，發現學校教師發展課程目標、學習機會的組織和選擇、學習評估等三方面時，受學校的辦學理念或價值取向影響最大。雖然三項研究凸顯通識教育科在學校發展的複雜性和眾多因素，但它們都說明學校教師仍是中央層面課程轉化為學校課程的關鍵人物，對學校課程決策產生重大的作用（霍秉坤、黃顯華，2011）。

第三，課程決策時必須考慮實施階段的複雜因素。霍秉坤、甘國臻、陳健生（2010，頁170）認為，課程在不同階段的發展，不同層次的利害關係人會有不同的理解。課程決策者能夠掌握實施階段利害關係人的理解，可以減少設計階段與實施階段的落差。霍秉坤、葉慧虹（2010，頁29-30）分析香港2001年課程改革時，認為該課程在決策階段的理念切合世界趨勢、社會環境和教育改革取向，然而在實施階段面對教育體系脈絡因素的抗阻。許倬雲（2003）對臺灣九年一貫課程改革的意見，值得參考：

> 「平心而論，此事最大失誤，可能在建議與執行之間，缺少了一批專業人士的評議，更缺少了一段試驗的過程……徒託空言，不如付諸行事，古有明訓，因為只有在實驗之中，方能不斷地調節……但是，這次教改的工作，似乎沒有借重教育界另一批專家的長才，早作曲突徙薪之提示，也未運用已有的實驗學校，先行試辦，甚至建議，庶幾從實踐中，一步一步改進理論所未逮。」

因此，中央層面官員在課程決策中運用權力時，必須關注不同層面對課程改革有不同的理解。他們必須關注（霍秉坤、葉慧虹，2010，頁30）：「政策層面的意念能否在學校層面實施？」

(二)學生的自主學習

基於篇幅所限，本部分集中討論香港中學課程發展的兩個重要議題：一為二十一世紀技能有關的學生自主學習，另一為STEM教育。何瑞珠

（2004）在分析香港中學生PISA結果時，發現中學生的自主學習與學業成績呈正向關係，而中學生的控制策略和自我效能是兩種最重要影響學業表現的學習策略。不過結果顯示，香港學生比其他國家較少使用自主學習策略，因此建議宜加強學生的自主學習和內在學習動機（頁87-88）。之後，劉潔玲和何瑞珠（Lau & Ho, 2015, p. l59）分析PISA 2009的數據，指出享受閱讀和控制策略影響香港學生閱讀方式的表現。不過香港學生雖然在閱讀方面有較主動的參與（engagement）和在閱讀課具正面的課堂紀律氣氛，香港學生較少運用控制策略，以及教師利用刺激和鷹架技巧較少。總括而言，受到傳統的深層學習（deep learning）取向和課程改革的影響，香港中學生在高層次閱讀過程表現較佳，不過學生的自主學習還有待進步，教師可以考慮利用不同的策略，例如：開放性活動、學生的自主性選擇等。李子建、尹弘颷和張忠華在另一研究（Lee, Yin & Zhang, 2009），分析初中學生在學習動機、學習策略使用和課堂環境的關係，結果顯示教師的參與和支持對學生的效能、內在價值和學習策略使用，呈現正面顯著和中等的影響，不過學生的參與和秩序對學生的自我效能感和策略使用，顯示正面但是微弱的影響（p. 226）。值得注意的是在香港的環境，教師的主動參與和關心也許比西方文獻所提及以學生為主的課堂，對學生的自主學習更能帶來正面和顯著的效果（p. 228）。課程改革對自我調整學習或自主學習的重視，讓部分大學（例如：香港教育大學）開展與自我學習有關的實踐共同體（communities of practice, CoP）計劃（高寶玉，2018，頁29），其中一些個案教學設計包括個人學習目標的設定，而監控學習進程及反思則包含預習、課堂學習和自評的元素，以及延伸學習等（頁40），這些模式可說是中西融合，一方面建基於西方自主學習的理念和策略，另一方面則加入了中國大陸和臺灣在課前預習的安排，較強調教師主導，以配合香港課堂的脈絡（頁48）。另一個案研究則顯示教師通過實踐共同體，增長了自主學習相關的教學知識（Huang & Ko, 2019）。

　　中國語文教學方面，劉潔玲的研究結果顯示自主學習相關教學與中學生的自主學習呈現正面的關係。而且教師的工具性支持與學生的策略使用、動機和閱讀理解表現有著較強的關係，不過學生的自主態度仍然偏

低，與學生的負面閱讀行為存在著一定的關聯（Lau, 2012, p. 427）。另一方面香港大學以謝錫金領導的研究小組，建基於語文學習的「自學」理論，設計和總結後出版《培養學生自主學習資源套（中小學適用）》，該團隊推廣的自主學習循環模式包括「目標設定與策略規劃」、「策略的實行與監控」、「學習過程中進行調節」和「自我學習評價與回饋」等（謝錫金等，2011，頁3）。從自主學習和其他課程改革的經驗看來，未來的課程宜多蒐集和聆聽學生的聲音，看看學生的需要和與他們一起同行，使學生成為課程改革的共同領導者。同時，我們要多考慮香港作為中西文化匯聚的大都市和中國特別行政區的脈絡特點。課程與教學取向和模式宜中西融合，保持中國教學法的精粹，在教師主導和以學生為本的課堂取得良好和有效的平衡（Lee, 2014, p. 345; Lee, 2016）。

㈢STEM教育與課程統整

自從2015年起，香港特區政府鼓勵學校依校情推行STEM教育，主要倡議以兩種課程形式來進行：(1)「建基於一個學習領域課題的學習活動，讓學生綜合其他學習領域的相關學習元素。」(2)「透過專題研習，讓學生綜合不同學習領域的相關學習元素。」（教育局，2016）香港中小學多為關注第二種模式。此模式的特徵大略是以跨學科、生活世界事物為題，在校曆中加插的學習日或學習週進行。當中教師運用了「課程統整」的理念，籌劃聚焦性的STEM教育活動。其實，在學會學習（包括學會學習2.0）的大框架下，學校課程可因應較自由的學習領域、加強對學生共通能力培養的重視，提供跨領域的學生學習經歷，就校本條件及情況以不同的課題或重點作課程統整，令學校課程與時並進。從變革角度看，這亦「意味著學校課程中的學科獨立性或領土主義消減」（陳健生，2008），這種學習領域與跨學科課程統整之間的張力和定位在推廣STEM教育上尤見重要。在現有以學科為主導的學習領域框架下，究竟STEM教育應否以跨學科課程統整的模式推行？如果應該，校本設計上需要突出什麼重點呢？

1. 香港為什麼需要推行STEM教育？

根據教育局文件，除了全球STEM的氛圍趨勢和本地學生的STEM相關評估與比賽有頗佳的成果外，香港STEM教育的特色（教育局，2016，pp. 5-7）可總結為（見圖6）：(1)解決日常生活問題的能力；(2)「動手做」（hands-on）的活動；(3)跨科協作／綜合學科知識；(4)整個創新設計的思維過程；(5)「共同福祉」（common good）的價值觀。這五種STEM教育特色（或課程重點）乃建基於香港課程「現時的侷限／可進一步發展的地方」（p. 6）。例如：課程改革的首十年強調「四個C」的共通能力（與二十一世紀技能等互為合作）——批判性思考（critical thinking）、創造力（creativity）、溝通能力（communication skills）和協作能力（collaboration skills）；直至學會學習2.0+，進一步強調學生解難能力的重要和現況的不足，以及綜合思維能力（即批判性思考、創造力、解難能力）在校本課程設計的重要性（教育局，2017，第二冊，p. 9）。

圖6　五種香港STEM教育特色

　　正如「檢討學校課程專責小組」指出，STEM教育並不是S+T+E+M，更不能是沒有「課程統整」下的綜合性學習（學校課程檢討專責小組，2019, p. 20），而是要讓上述五項特色展現於學生經歷中。

　　2. STEM本身的課程定位是什麼？這是一個舊思想抑或新思維？

　　有很多文獻皆以美國為STEM思想概念的始創基地，當然從狹義的角度來看，STEM的確源於美國，乃是一項新猷。但這種STEM思想精神卻一直貫徹於人類文明歷史中，由蘇美人創造車輪，以至人類怎樣處理及儲存自己的思想和知識，以便承傳等，皆看出STEM的綜合性特徵、動手做的重要、整全的設計思維循環（design thinking cycle），最後達至為別人（包括未來的社會的人類）謀福祉。可惜的是，在社會上嚴重分工的制度下（Fayol, 1949），在超消費主義（hyper-consumerism）的縱容下（Gabriel & Lang, 2006），以及在源於「工業革命」時期思維的現行學校教育制度下，二十一世紀人類（包括我們的學生）已對這種與生俱來的積極探索、不假手於人、綜合運用知識去解難的精神，可謂已漸漸因忽略而「退化」了。撇開知識與技能，究竟人類應有的**STEM習性**（STEM dispositions）是什麼？總括來說，這有待進一步探討，但肯定有以下六個要點：

・不滿足於官方答案（model answer）；
・不滿足於一種解釋；
・樂於觀摩；
・觀察事物的敏銳度；
・深度反思能力（如優質的提問、方案比較）；
・追求真、善、美（包括同理心、市場意識、誠信、審美能力等）。

　　這些「STEM習性」應成為學校跨學科學習活動的核心，從而與相關知識技能契合，轉化為首要的學習期望，令這些統整性的學校經歷，不會只流於單著重「產品」及「學科知識」的獲取（韓孝述，2016）。筆者之一（葉蔭榮）認為，以STEM習性為中心的教育才能幫助學生培育出「全面的STEM素養」，即在圖6描述的五種香港STEM特色中，聚焦培養學生的STEM所需要的習性及精神，而非只靠「串聯」不同學術領域的統整活動（學校課程檢討專責小組，2019）。

　　最後，筆者（葉蔭榮）亦認為，以培育「全面的STEM素養」為基礎定位的課程統整模式，頗切合香港的特殊情況。因香港社會上與STEM相關的工作崗位數量仍然偏低，學生將來亦未必會投身這些工作界別，單以學術知識為本的課程模式來推動STEM教育，不少學生會因此而失去興趣學習，無法做到其普及性；相反，以上文所闡述的「全面的STEM素養」為核心的課程統整模式，能給予不同職志、興趣與能力的學生，發展終身受用的思維習性和處事態度，轉移應用這些精神、習性和思維能力於平日生活中，以及非STEM的未來工作世界內。

六、總結

　　2019年6月，教育局學校課程檢討專責小組就初步建議進行諮詢（學校課程檢討專責小組，2019）。大體上，專責小組就六個方向包括在系統及學校層面的課程規劃到提出優化的意見，並重視全人發展、價值觀教育（當中包括生命教育、生涯規劃教育）、高中四個核心科目及應用學習大學教育的靈活性、推廣應用學習，以及中小學的STEM教育發展等。本章既是香港課程發展的歷史回顧，亦可算是筆者對香港學校課程相關議題的「個人」反思。我們認為未來教育當局可以考慮：

1. 建立系統而持續的學習整體（包括全方位學習）和學科常規課程發展的研究發展平台，進行定期的檢視和交流，以實證為識見（evidence-informed）及持份者參與（stakeholder participation）[2]（香港課程發展議會、香港考試及評核局、教育局，2015，頁11）等大原則作基調，協同構建未來十年中小學課程發展的新方向。

2. 加強不同學習階段及銜接研究，尤其是學生學習方面的現況和需要進行定期的分析與公布，讓教育及社區持份者討論完善的路向和概略全人發展及其價值觀（例如：幼小銜接、小學與初中銜

---

[2] 「讓各持份者參與」乃香港特區政府課程檢討的「主導原則」，旨在充分考慮不同意見，平衡社會不同持份者的多元取向。

接、高中與大學銜接、大學與工作間進修銜接）。

3. 隨著科技人工智能和大數據時代的發展，加強探討和研究科技對
教育、課程與學習的影響，以及反思未來教師和不同持份者在教
育角色的定位。

本章由三位任教於香港教育大學課程與教學學系的學者共同撰寫。李
子建為香港教育大學學術及首席副校長、課程與教學講座教授，歷任香港
考試及評核局委員會、師訓與師資諮詢委員會、課程發展議會及教師專業
發展專責小組等委員，長期參與課程與教學研究，以及香港政府教育相關
委員會的服務。葉蔭榮為高級講師，歷任香港教育局總課程發展主任（全
方位學習）及課程發展處總監（相當於首席助理祕書長），負責香港中小
學的課程發展事宜。霍秉坤為助理教授，長期研究課程政策、課程設計與
實施，以及教科書設計與使用等，歷任通識教育科及初中中國歷史及歷史
科課程發展專責委員會委員等。

參考文獻

大教育平台（n.d.）擷取自https://bigeducationplatform.com/en/home/

王秉豪（2016）。香港生命教育：挑戰與機遇。載於王秉豪、李子建、朱小蔓、歐用生（主編），生命教育的知、情、意、行（頁159-180）。新北市：揚智文化。

王秉豪、李子建、朱小蔓、歐用生（主編）（2016）。生命教育的知、情、意、行（頁159-180）。新北市：揚智文化。

石丹理、林立（2017）。**香港中學生發展研究（品格特質 社會心理能力及社會行為）**。香港：香港理工大學和富社會企業。擷取自https://www.polyu.edu.hk/cpa/PDF/Report_of_the_Study.pdf

石丹理、馬汶詩（2017）。**香港中學生發展研究（品格特質 社會心理能力及社會行為）**，第二號報告：老師的觀點。香港：香港理工大學和富社會企業。擷取自https://www.polyu.edu.hk/archive/filemanager/common/medi-arelease/20171221/report.pdf

朱嘉穎、莊達成（2010）。校本課程發展：從理想到現實——從香港幾所中學發展新高中通識教育科校本課程的經驗談起。載於國立臺北教育大學課程與教學研究所舉辦之「**第十二屆兩岸三地課程理論研討會：課程發展機制研究**」會議論文集（頁258-276），臺北市。

何瑞珠（2004）。**從PISA剖析香港中學生的學習策略與學習成效的關係（教育政策研討系列之56）**。香港：香港中文大學教育學院，香港教育研究所。

何榮漢、李子建、王秉豪、李璞妮、江浩民（2016）。知行合一，同步向前——香港教育學院執行「協助中／小學規劃生命教育計畫」的經驗。載於王秉豪、李子建、朱小蔓、歐用生（主編），生命教育的知、情、意、行（頁476-490）。新北市：揚智文化。

吳本韓、廖梁、李子建（2010）。課堂學習研究：香港的一種校本課程發展

及教師專業發展模式。**課程研究【8月（香港特刊）】**，51-68。

李子建（編著）（2002a）。**課程、教學與學校改革：新世紀的教育發展。**香港：中文大學出版社。

李子建（2002b）。前言。**大學與學校夥伴協作共創優質教育計劃通訊**（頁1-2）。香港：香港中文大學教育學院、大學與學校夥伴協作中心。

李子建（2005）。香港學校效能與改善：回顧與前瞻。**教育學報，33**(1-2)，1-23。香港：香港教育研究所。

李子建（2011）。香港可持續發展教育：狀況、挑戰與展望。載於李子建（主編），**海峽兩岸及港澳可持續發展教育研究**（頁3-17）。廣州：廣州教育出版社。

李子建（2017）。21世紀技能教學與學生核心素養：趨勢與展望。**河北師範大學學報（教科版），19**(3)，72-76。石家莊：河北師範大學。

李子建（主編）（2010）。**校本課程發展、教師發展與夥伴協作。**北京：教育科學出版社。

李子建（編著）（2002）。**課程、教學與學校改革：新世紀的教育發展。**香港：中文大學出版社。

李子建、尹弘飈、吳家傑（2010）。新高中通識教育科的校本課程決策：一項初步的探究。載於國立臺北教育大學課程與教學研究所舉辦之「**第十二屆兩岸三地課程理論研討會：課程發展機制研究」**會議論文集（頁428-444），臺北市。

李子建、尹弘飈、周曉燕（2008）。以「4-P模式」促進教師專業發展：香港「優化教學協作計劃」的經驗。**教育研究與發展期刊，4**(2)，17-47。

李子建、江浩民（2015）。生涯規劃教育理論與實踐：邁向優質教育。**香港教師中心學報，14**，89-106。

李子建、邱德峰（2017）。學生自主學習：教學條件與策略。**全球教育展望，46**(1)，47-57。上海：華東師範大學。

李子建、姚偉梅、許景輝（編著）（2019）。**二十一世紀技能與生涯規劃教育。**臺北：高等教育文化事業出版公司。

李子建、馬慶堂、宋萑（2011）。建立教師專業學習社群與促進行動研究。

載於李子建、馬慶堂、高慕蓮（編著），**建立中國語文科及數學科專業學習社群：理論與實踐**（頁3-14）。南京：南京師範大學出版社。

李子建、馬慶堂、高慕蓮（編著）（2011）。**建立中國語文科及數學科專業學習社群：理論與實踐**（頁3-14）。南京：南京師範大學出版社。

李子建、張善培（2009）。導言。載於李子建、張善培（主編），**優化課堂教學：教師發展、夥伴協作與專業學習共同體**（頁1-5）。北京：人民教育出版社。

李子建、黃顯涵（2015）。課程變革的國際及兩岸三地形勢。載於林德成、徐慧璇、李子建、陳健生、黃顯涵、張爽（編著），**學校課程變革：智慧與挑戰**（頁2-17）。香港：學術專業圖書中心、香港教育學院。

李子建、黃顯華（1996）。**課程：範式、取向和設計**（第二版）。香港：中文大學出版社。

李子建、趙志成、潘天賜、譚萬鈞、鄧薇先（1999）。**香港躍進學校計劃與優質教育**。香港：香港中文大學教育學院、香港教育研究所。

李子建、盧乃桂、尹弘飈、張月茜（2010）。課程與教學領導、教師發展對學校改進的作用。載於李子建（主編），**校本課程發展、教師發展與夥伴協作**（頁42-61）。北京：教育科學出版社。

李沙崙（2017）。**學會學習2+**。香港教育局新聞公報《局中人語》。擷取自https://www.edb.gov.hk/tc/about-edb/press/insiderperspective/insiderperspective20170531.html

李樹英、高寶玉（2012）。**課堂學習研究實踐手冊**。合肥：安徽教育出版社。

林永豐（2012年）。核心素養／能力（core competencies）。**教育大辭書**。擷取自http://terms.naer.edu.tw/detail/1453916/

林智中、張爽（2005）。通識教育科：水中撈月？**香港教師中心學報，4**，35-42。

林智中、張爽（2013）。香港高中課程改革：通識教育科的人力成本。**課程與教學，16**(1)，159-178。

星島日報特刊組（2019）。**2020-2021大學聯招選科指南**。香港：星島日報出

版有限公司。

香港教育局（2014）。**基礎教育課程指引——聚焦・深化・持續**（小一至小六）。香港：香港特別行政區教育局。

香港教育局（2015）。**新學制中期檢討與前瞻報告：持續優化不斷進步**。香港：香港特別行政區教育局。擷取自https://334.edb.hkedcity.net/doc/chi/MTR_Report_c.pdf

香港教育局（2016）。**推動STEM教育：發揮創意潛能報告**。香港：香港特別行政區教育局。

香港教育局（2017）。**中學教育課程指引**。香港：香港特別行政區教育局。

香港教育局（2017b）。**個人、社會及人文教育學習領域課程指引**（小一至中六）。香港：香港特別行政區教育局。

香港教育局（2017c）。**藝術教育學習領域課程指引**（小一至中六）。香港：香港特別行政區教育局。

香港教育局（2010）。**視學周年報告2009/10**。擷取自https://www.edb.gov.hk/attachment/tc/sch-admin/sch-quality-assurance/reports/insp-annual-reports/qa_annual_report0910_c.pdf

香港教育局（2013）。**新學制檢討進展報告：新高中學習旅程——穩步邁進**。擷取自https://cd1.edb.hkedcity.net/cd/cdc/tc/reports.html

香港教育局（2017）。**視學周年報告2016/17**。擷取自https://www.edb.gov.hk/attachment/tc/sch-admin/sch-quality-assurance/reports/insp-annual-reports/qa_annualreport_1617_tc.pdf

香港教育局（2018）。**視學周年報告2017/18**。擷取自https://www.edb.gov.hk/attachment/tc/sch-admin/sch-quality-assurance/reports/insp-annual-reports/qa_annualreport_1718_tc.pdf

香港教育局—全方位學習（n.d.）。擷取自https://www.edb.gov.hk/tc/curriculum-development/major-level-of-edu/life-wide-learning/index.html

香港教育局學校發展分部升學及就業輔導組（2014）。**中學生涯規劃教育及升學就業輔導指引**（第一版）。擷取自https://lifeplanning.edb.gov.hk/uploads/page/attachments/CLP-Guide_Chi_15_Clear-version.pdf

香港教育局─學校課程持續更新（n.d.）。擷取自https://www.edb.gov.hk/tc/
　　curriculum-development/renewal/index.html

香港教育統籌局（2003）。**視學周年報告2002/03**。擷取自https://www.edb.
　　gov.hk/attachment/tc/sch-admin/sch-quality-assurance/reports/insp-annual-
　　reports/QA_report_02-03_Chi.pdf

香港教育統籌局（2004）。**改革高中及高等教育學制──對未來的投資**。香
　　港：香港教育統籌局。

香港教育統籌局（2005）。**高中及高等教育學制──投資香港未來的行動方
　　案**。香港：香港教育統籌局。

香港教育統籌局（2006）。**策動未來──職業導向教育及特殊學校的新高中
　　學制**。香港：香港教育統籌局。

香港教育統籌委員會（2003）。**高中學制檢討報告**。香港：教育統籌委員
　　會。

香港教育統籌委員會（2006）。**教育改革進展報告（四）**。香港：教育統籌
　　委員會。

香港教育統籌委員會（2020）。教育統籌委員會簡介。擷取自https://www.
　　e-c.edu.hk/tc/overview/index.html

香港輔導教師協會（2008）。尋找生命的色彩：新高中科目選擇及個人抱負
　　的探索。**香港輔導教師協會與課程發展處合作研究計劃之「從事業輔導
　　角度為新高中學生作準備」（2007-2010）**。香港：香港輔導教師協會。
　　擷取自https://cd1.edb.hkedcity.net/cd/lwl/ole/article/career_aspirations_stu-
　　dent_chi.pdf

香港課程發展議會（1993）。**中一至中五課程指引**。香港：政府印務局。

香港課程發展議會（1997）。**中學課程課綱：中國歷史科（中一至中三）**。
　　香港：香港教育署。

香港課程發展議會（1999）。**學校環境教育指引**。香港：課程發展議會。

香港課程發展議會（2001）。**學會學習──終身學習全人發展**。香港：課程
　　發展議會。

香港課程發展議會（2002a）。**基礎教育課程指引──各盡所能，發揮所長**

（小一至中三）。香港：課程發展議會。

香港課程發展議會（2002b）。個人、社會及人文教育學習領域指引。香港：課程發展議會。

香港課程發展議會（2009）。高中課程指引：立足現在創建未來（中四至中六）。香港：課程發展議會。

香港課程發展議會（2014）。基礎教育課程指引——聚焦‧深化‧持續。擷取自http://www.edb.gov.hk/tc/curriculum-development/doc-reports/guide-basic-edu-curriculum

香港課程發展議會（2019）。個人、社會及人文教育學習領域——中國歷史科課程指引。香港：香港教育局。擷取自https://www.edb.gov.hk/attach-ment/tc/curriculum-development/renewal/PSHE/CHist_Curr_Guide_S1-3_Chi_final.pdf

香港課程發展議會（2020）。課程發展議會職權範圍。擷取自https://cd1.edb.hkedcity.net/cd/cdc/tc/cdc.html

香港課程發展議會、香港考試及評核局（2004）。新高中課程及評估架構建議：通識教育科（第一次諮詢稿）。香港：香港教育局。

香港課程發展議會、香港考試及評核局（2005）。新高中課程及評估架構建議：通識教育科（第二次諮詢稿）。香港：香港教育局。

香港課程發展議會、香港考試及評核局（2006）。新高中課程及評估指引（中四至中六）通識教育科（暫定稿）。香港：香港教育局。

香港課程發展議會、香港考試及評核局（2007）。通識教育科課程及評估指引（中四至中六）。香港：香港教育局。

香港課程發展議會、香港考試及評核局（2014）。通識教育科課程及評估指引（中四至中六）。香港：香港教育局。

香港課程發展議會、香港考試及評核局、教育局（2013）。新學制檢討進展報告：新高中學習旅程——穩步邁進。香港：香港教育局。

香港課程發展議會、香港考試及評核局、教育局（2015）。新學制中期檢討與前瞻報告：持續優化、不斷進步。擷取自http://334.edb.hkedcity.net/doc/chi/MTR_Report_c.pdf

高寶玉（2018）。香港自主學習的探索：融合東西方理念的嘗試。**課程研究**，**13**(1)，29-53。

屠莉婭、陳靜靜、劉淑芸（譯）（2011）。**解讀香港教育──香港學校課程的新趨勢**（原作者：甘國臻）。香港：中文大學出版社。

張民生（2016）。在中小學課程改革中，要重點關注跨學科、實踐與創新──由STEM教育引發的思考。**上海課程教學研究**，**1**，3-4。

教育2.1（2018）。**香港教育改革與發展透析1997-2017**。香港：三聯書店。

教育統籌委員會（2000）。**終身學習・全人學習──香港教育制度改革建議**。香港：教育統籌委員會。

教育部（2014）。關於印發《完善中華優秀傳統文化教育指導綱要》的通知。教社科[2014] 3，擷取自http://old.moe.gov.cn/publicfiles/business/htmlfiles/moe/s7061/201404/166543.html

許倬雲（2003年8月4日）。也談教改。**中國時報**，A15版。

陳健生（2008）。課程統整初探。**教育曙光**，**56**(3)，88-98。

陳德恆（2016）。全方位學習。載於曾永康、洪楚英、朱惠玲（合編），**課外活動：探究與管理**（頁27-36）。香港：香港中文大學香港教育研究所。

黃毅英、周昭和（2006）。課外活動、非正式課程與全方位學習。載於曾永康、洪楚英、朱惠玲（合編），**課外活動：探究與管理**（頁43-59）。香港：香港中文大學香港教育研究所。

曾永康（2006）。再談課外活動在學校課程的定位與角色。載於曾永康、洪楚英、朱惠玲（合編），**課外活動：探究與管理**（頁23-26）。香港：香港中文大學香港教育研究所。

曾榮光（2014）。確認高中通識科的時代與教育意義：課程社會學的分析。**教育學報**，**42**(1)，141-160。

馮以浤（1988）。**課外活動研究**。香港：廣角鏡出版社。

楊思賢、林德成、梁偉倫和羅耀珍（2013）。**課程改革與創新**。香港：香港大學出版社。

葉慧虹、霍秉坤（2010）。香港高中通識教育科的校本課程發展機制。載於

國立臺北教育大學課程與教學研究所舉辦之「第十二屆兩岸三地課程理論研討會：課程發展機制研究」會議論文集（頁277-294），臺北市。

葉蔭榮（2006a）。全方位學習：延伸、擴闊、促進。載於曾永康、洪楚英、朱惠玲（合編），**課外活動：探究與管理**（頁3-13）。香港：香港中文大學香港教育研究所。

葉蔭榮（2006b）。跑出課室：優質架構。載於曾永康、洪楚英、朱惠玲（合編），**課外活動：探究與管理**（頁105-113）。香港：香港中文大學香港教育研究所。

葉蔭榮（2010）。「其他學習經歷」和「學生學習概覽」：優質概念。載於**共建OLE特刊**。香港：香港教育局。擷取自https://cd1.edb.hkedcity.net/cd/lwl/ole/post_symposium_2010/booklet/booklet_p16_22.pdf

葉蔭榮（2014）。新高中選修部分增強個人知識基礎。香港教育局新聞公報《局中人語》。擷取自https://www.edb.gov.hk/tc/about-edb/press/insider-perspective/insiderperspective20140413.html

葉蔭榮、馮智政（2019）。「體驗式學習」活動成效研究：第一階段報告。香港：香港政策研究所教育政策中心、大教育平台。擷取自http://www.hkpri.org.hk/research/detail/impact-study-experiential-learning

趙志成（2007）。**新高中課程帶來的憂慮與挑戰**。香港：香港中文大學教育學院、香港教育研究所。

趙志成、麥君榮（2006）。**香港通識教育課程發展評析**。香港：香港中文大學教育學院、香港教育研究所。

鄭燕祥（2017）。**香港教改：三部變奏**。香港：中華書局（香港）有限公司。

學校課程檢討專責小組（2019）。學校課程檢討專責小組諮詢文件。擷取自https://www.edb.gov.hk/attachment/tc/about-edb/press/consultation/TF_CurriculumReview_Consultation_c.pdf

學校課程檢討專責小組就初步建議開展諮詢（附圖／短片）（2019年6月28日）。**香港特別行政區政府新聞公報**。擷取自https://www.info.gov.hk/gia/general/201906/28/P2019062800293.htm?fontSize=1

學會學習2+ ——香港學校課程（n.d.）。擷取自https://www.edb.gov.hk/tc/curriculum-development/renewal/framework.html

霍秉坤（2019）。香港面對「世界改變」的挑戰：共通能力的培養。**全球教育展望，7**，97-110。

霍秉坤（2005）。香港課程諮詢組織：架構、特色和評議。**教育研究學報，20**(2)，265-287。

霍秉坤（2007）。香港通識教育科的理念與實施：社會層面與學校層面之間。**教育曙光，55**(2)，104-121。

霍秉坤、甘國臻、陳健生（2010）。學校課程決定的基礎：政策制訂者對課程政策的理解。**教育政策論壇，13**(1)，143-176。

霍秉坤、余玉珍（2014）。香港新高中學制之課程改革：變與未變。**課程研究，9**(1)，1-32。

霍秉坤、余玉珍（2018）。香港課程改革成效之析評。**課程研究，13**(1)，1-27。

霍秉坤、李子建、黃顯華等（2011）。初中學生在人文學科的預期學習成果：高中教師的視角。載於教育局課程發展處個人、社會及人文教育組，**新樹新天：人文學科的課改現場**（頁104-135）。香港：政府物流服務署。

霍秉坤、黃顯華（2011）。香港新高中通識教育科課程制定的過程與性質。**課程研究，6**(2)，31-61。

霍秉坤、黃顯華（2014）。香港初中中國語文科課程決定：誰主浮沉。**課程與教學，17**(1)，179-208。

霍秉坤、葉慧虹（2010）。香港課程改革十年回顧：脈絡視角的評析。**課程研究，5**(1)，1-37。

環境運動委員會。**香港綠色學校獎**——自我評核手冊。擷取自https://www.epd.gov.hk/epd/tc_chi/news_events/events/events_self_assessment.html；https://school.ecc.org.hk/tc_chi/highlights/highlights_1.html

推廣職業專才教育專責小組（2020）。職專教育：3A創未來。擷取自https://gia.info.gov.hk/general/202001/23/P2020012300512_335971_1_1579766325119.pdf

謝錫金、羅嘉怡、林偉業、李黛娜（2011）。**培養學生自主學習資源套（中小學適用）**。香港：香港大學、優質教育基金。

鍾明倫、李子建、秦偉燊、江浩民（2018）。香港課程改革下的價值教育：回顧與前瞻。**香港教師中心學報，17**，19-35。香港：香港特別行政區教育局。擷取自https://www.edb.org.hk/HKTC/download/journal/j17/A02.pdf

韓孝述（2018年12月23日）。STEM教育的三個誤區（上）。**明報**。擷取自https://news.mingpao.com/pns/%E4%BD%9C%E5%AE%B6%E5%B0%88%E6%AC%84/columnist/20181223/s00204/1545503513965

顏明仁、李子建（2008）。從多元視角看九七年後的香港課程改革。**香港教師中心學報，7**，1-13。香港：香港特別行政區教育局。

羅致光（2018）。香港教育的社校、商校合作模式。載於教育2.1，**香港教育改革與發展透析1997-2017**（頁230-234）。香港：三聯書店。

Barber, M., & Mourshed, M. (2007). *How the world's best-performing schools come out on top*. London, UK: McKinsey & Company.

Barber, M., Donnelly, K., & Rizvi, S. (2012). *Oceans of Innovation: The Atlantic, the Pacific, Global Leadership and the Future of Education.* London: Institute for Public Policy Research.

Bentley, T. (1998). *Learning Beyond the Classrooms: Education for a Changing World.* London: DEMOS.

Cheng, E. (2019). *Successful Transposition of Lesson Study: A Knowledge Management Perspective*. Singapore: Springer Briefs in Education.

Curriculum Development Council, HKSAR (2000). *Learning to Learn: The Way Forward in Curriculum Development (consultation document)*. Hong Kong: Government Printer. Retrieved from https://www.edb.gov.hk/attachment/en/curriculum-development/cs-curriculum-doc-report/learn-learn-1/overview-e.pdf

Curriculum Development Council, HKSAR (2001). *Learning to Learn-Life-long Learning and Whole-person Development*. Hong Kong: Education Department.

Department for Education (2017). *Careers strategy: making the most of everyone's skills and talents.* London: Crown. Retrieved from https://assets.publishing.service.gov.uk/government/uploads/system/uploads/attachment_data/file/664319/Careers_strategy.pdf

Education Bureau (2008). *Improving learning, teaching and the quality of professional life in schools: A mid-term report on curriculum reform to school heads and teachers.* Hong Kong: Education Bureau.

Education Bureau (2014). *Basic Education Curriculum Guide-To Sustain, Deepen and Focus on Learning to Learn.* Retrieved from https://www.edb.gov.hk/tc/curriculum-development/doc-reports/guide-basic-edu-curriculum/index.html

Fayol, H. (1949). *General and industrial management* (C. Storrs, Trans.). London: Sir Isaac Pitman & Sons.

Fung, D. & Howe, C. (2012). Liberal Studies in Hong Kong: A New Perspective on Critical Thinking through Group Work, *Thinking Skills and Creativity*, *7*(2), 101-111.

Gabriel, Y. & Lang, T. (2006). *The Unmanageable Consumer.* London: SAGE.

Jensen, B., Hungert, A., Sonnemann, J., & Burns, T. (2012). *Catching up: Learning from the best school systems in East Asia.* Victoria, Australia: Grattan Institute.

Ko, P. Y. (2018). An exploration on the self-directed learning in Hong Kong---an attempt in integrating the eastern and western ideas. *Journal of Curriculum Studies, 13*(1), 29-53.

Kolb, D. A. (1984). *Experiential learning: Experience as the source of learning and development (Vol. 1).* Englewood Cliffs, NJ: Prentice-Hall.

Lackeus, M. (2015). Entrepreneurship in education: what, why, when, how. *Entrepreneurship 360*, background paper. Retrieved from https://www.oecd.org/cfe/leed/BGP_Entrepreneurship-in-Education.pdf

Lau, K. L. & Ho, E. S. C. (2015). Reading performance and self-regulated learning of Hong Kong students: What we learnt from PISA 2009. *The Asia-Pacific Education Researcher, 25*, 159-171. DOI: 10.1007/s40299-015-0246-1

Lau, K. L. (2012). Instructional Practices and Self-regulated Learning in Chinese Language Classes. *Educational Psychology, 32*(4), 427-50.

Law, B. M., & Lee, T. Y. (2012). Importance of emotional competence in designing an anti-drug education curriculum for junior secondary school students in Hong Kong. In *Positive Youth Development: A New School Curriculum to Tackle Adolescent Developmental Issues* (pp. 57-66). Nova Science.

Lee, J. C. K. & Kennedy, K. J. (2019). *Routledge Series on Life and Values Education.* https://www.routledge.com/Routledge-Series-on-Life-and-Values-Education/book-series/RSLVE

Lee, J. C. K. (2006). Hong Kong: Accelerated schools for quality education project (ASQEP) experiences. In J. C. K. Lee & M. Williams (Eds.), *School improvement: International perspectives* (pp.159-174). New York: Nova Science Publishers, Inc.

Lee, J. C. K. (2014). Curriculum reform in Hong Kong: Historical and changing socio-political contexts. In C. Marsh & J. C. K. Lee (Eds.), *Asia's high performing education systems: The case of Hong Kong* (pp.17-32). London: Routledge.

Lee, J. C. K. (2016). East Asian contexts of small class teaching: Policies and practices. In P. Blatchford, K. W. Chan, M. Galton, K. C. Lai and J. C. K. Lee (Eds.), *Class size: Eastern and western perspectives* (40-56). New York/London: Routledge.

Lee, J. C. K., Levin, H. & Soler, P. (2005). Accelerated schools for quality education: A Hong Kong perspective. *The Urban Review: Issues and ideas in public education, 37*(1), 63-81.

Lee, J. C. K., Yin, H. B. & Zhang, Z. H. (2009). Exploring the Influence of the Classroom Environment on Students' Motivation and Self-regulated Learning in Hong Kong. *The Asia-Pacific Educational Researcher, 18*(2), 219-232.

Lee, J. C. K. (2011). Curriculum and teaching reforms: Contexts, implementation and sustainability. Hong Kong: Hong Kong Institute of Education

Lee, T., Cheng, Y. C., & Ko, J. (2018). Curriculum reform with a school-based approach: Intellectual, structural and cultural challenges. *School Leadership & Management, 38*(3), 278-301.

Leung, W. L. (2014). "Learning to learn" basic curriculum. In C. Marsh & J. C. K. Lee (Eds.), *Asia's high performing education systems: The case of Hong Kong* (pp.70-83). London: Routledge.

Lo, M. L. (2009). The development of the learning study approach in classroom research in Hong Kong. *Educational Research Journal, 24*(1), 165-184.

Lo, M. L., Pong, W. Y., & Chik, P. P. M. (Eds.) (2005). *For Each and Everyone: Catering for Individual Differences through Learning Study*. Hong Kong: Hong Kong University Press.

MacBeath, J. & Turner, M. (1990). *Learning out of School: Homework, Policy and Practice*. Glasgow: Jordanhill College.

Morrison, K. (2003). Complexity theory and curriculum reforms in Hong Kong. *Pedagogy, Culture & Society, 11*(2), 279-302.

Mourshed, M., Chijioke, C., & Barber, M. (2010). *How the world's most improved school systems keep getting better.* London, UK: McKinsey & Company.

Mourshed, M., Krawitz, M., & Dorn, E. (2017). *How to Improve Student Educational Outcomes: New Insights from Data Analytics.* McKinsey Report.

Ng, C. H. (2009). 'Learning for achievement' as a collective goal in rec-culturing teaching and learning in Hong Kong classrooms. In C. H. C. Ng & P. D. Renshaw (Eds.), *Reforming learning: Concepts, issues and practice in the Asia-Pacific region* (pp. 255-275). The Netherlands: Springer.

OfSTED (2015). Key Stage 3: the wasted years? London: Government Publishing Service.

Resnick, L. B. (1987). *Education and learning to think*. Washington, DC. National Academy Press.

Task Force on Review of School Curriculum (2019). *Task Force on Review of School Curriculum Consultation Document*. Retrieved from https://www.edb.

gov.hk/attachment/en/about-edb/press/consultation/TF_CurriculumReview_ Consultation_e.pdf

The Chinese University of Hong Kong & Hong Kong Baptist University (2007). *Research and Development Work on Quality Education Fund Life Education Projects (2006-2007): Evaluation Report*. Retrieved form https://qcrc.qef.org. hk/Publish/upload/fr_life_education_projects.pdf

Tiessen, R. (2018). Improving student reflection in experiential learning reports in Post-Secondary Institutions. *Journal of Education and Learning*, 7(3), 1-10.

Tsang, E. P. K. & Lee, J. C. K. (2014). ESD projects, initiatives and research in Hong Kong and Mainland China. In J. C. K. Lee & R. Efird (Eds.), *Schooling for Sustainable Development Across the Pacific* (pp. 203-221). The Netherlands: Springer.

Tsui, A. B. M. & Wong, A. T. Y. (2006). Issues in School-University Partnership. In C. K. Lee & M. Williams (Eds.), *School Improvement: International Perspectives* (pp. 175-192). New York: Nova Science Publishers.

Tuckett, A. (2017). The rise and fall of life-wide learning for adults in England. *International Journal of Lifelong Education*, 36(1-2), 230-249.

UNESCO (1996). *The Treasure Within*. Paris: UNESCO.

Xu, H. & Ko, P. Y. (2019). Enhancing teachers' knowledge of how to promote self-regulated learning in primary school students: A case study in Hong Kong. *Teaching and Teacher Education, 80*, 106-114.

Yeung, S. Y. (2014). Ideology and priorities of school curriculum in Hong Kong. In C. Marsh & J. C. K. Lee (Eds.), *Asia's high performing education systems: The case of Hong Kong* (pp. 51-69). London: Routledge.

Yip, S. (1997). *Getting Results: Study Support in Tower Hamlets*. London: London Borough of Tower Hamlets.

Yuen, T. W. W., Cheung A. C. K. & Wong, P. M. (2012). A study of the impact of the first phase of the curriculum reform on student learning in Hong Kong. *International Journal of Educational Management, 26*(7), 710-728.

第 八 章

中央─校本雙軌並行的課程發展模式：澳門正規教育課綱的制定、實施與評核

黃素君、謝金枝

一、前言

　　課程是落實國家／地區教育願景與目標的重要管道和載體，正如 Apple（1990, 2014）所言，教育非中立的企業（enterprise），而課程更是承載「國家意識形態」（state ideology）的「官方知識」（official knowledge）。因此研究國家／地區課程的發展，也就是探究該國家／地區的政府對於課程所賦予的目的和期許。課程的發展也並不是處於一種單向式的政府意志，而是處於一種歷史、社會和文化場域中的互動關係。是故，本文探究澳門課程發展的模式是建基於歷史、社會和文化的脈絡下的教育發展體系而開展，並且立足於Apple的課程觀點，即便課程是投射國家／地區的管治意志，以揭示澳門課程發展歷程中的論述、持份者之間的權力關係互動，乃至全球化的語境如何對澳門課程發展的模式帶來了影響等。

　　本研究的範圍是澳門特別行政區正規教育（幼兒教育、小學教育、初中教育及高中教育）的課程發展，並聚焦在1991年的《澳門教育制度》（法律第11/91/M號）頒布後所啟動的史上第一輪，由政府推動的澳門基礎教育改革（蘇朝暉、梁勵、王敏，2009）及2006年的《非高等教育制度綱要法》公布後所制定的《本地學制正規教育課程框架》，即第15/2014號行政法規（澳門特區政府印務局，2014）和《本地學制正規教育基本學力要求》，即第10/2015號行政法規（澳門特區政府印務局，2015a）的相關課程文件，並通過檢視其制定、實施與評核這三個過程以剖析澳門課程發展歷程、論述和模式。

　　本文分爲七部分：一、前言，說明本文所持的立場及探究的主旨與範圍；二、澳門概況，介紹澳門的地理、人口與經濟概況；三、澳門教育的背景和發展，以整體教育的背景與發展爲介紹重點；四、澳門課程發展的背景和脈絡，特別聚焦在教育的核心——課程的發展背景及脈絡；五、澳門正規教育課綱的制定、實施與評核（鑑），並對相關的課程文件進行較詳細的介紹；六、澳門課程發展的特徵與挑戰，從澳門的課程發展背景、脈絡及課綱的制定、實施與評核（鑑），歸納出澳門課程發展的特徵並提出可能的挑戰；七、結語。

二、澳門概況

澳門位於中國南海北岸，地處珠江口以西，北面與廣東省的珠海市相連，東與香港相鄰，基於其獨特的地理優勢促成了中西文化交流的重要樞紐。自明清以來，在長達四世紀多中國傳統文化與來自歐洲大陸和東南亞的文化交融和碰撞，既是歐洲國家在遠東地區的第一塊領地，也是中國通往國際的南大門。這種歷史和文化的沉積形成了澳門社會的獨特性和迥異的發展軌跡，也折射出不一樣的教育發展圖譜。

澳門經歷葡萄牙人管治四百餘年，並於1999年12月20日回歸中華人民共和國，成爲中華人民共和國澳門特別行政區（下簡稱特區政府），奉行「一國兩制」，享有《中華人民共和國澳門特別行政區基本法》賦予的權利，落實「澳人治澳」、「高度自治」等基本原則。澳門由澳門半島、氹仔島和路環島三部分組成。由於近年不斷填海造地，根據澳門統計暨普查局（2018）的資料顯示，澳門的土地總面積由1989年的17.4平方公里至2018年的32.9平方公里（不包括澳門大學新校區），在接近三十年間土地增加了接近16平方公里，這個增幅反映著人口持續增加和城市的急遽發展，截至2018年止，澳門總人口爲667,400，按年增長14,300。面對自身資源匱乏的問題，加上回歸前經過全球性的金融風暴洗禮，社會發展受制，回歸以後澳門特區政府逐以博彩業爲「龍頭行業」（澳門特區政府印務局，2001，10），開放博彩權，吸引大量外資，使澳門走出了金融風暴的困境，並且成爲了全球人均收入（gross domestic product）增長最快的城市之一，更於2006年首次超越了香港27,526美元，達至28,436美元。經濟上的急速增長，既爲城市帶來豐碩的資源，爲社會發展提供較充裕的條件，但同時也產生了一些社會的壓力和問題，如貧富差距愈益兩極化、消費主義的擴張，加上博彩業迅速發展也對教育環境帶來了負面的影響。本研究正是在這個特殊的社會、經濟、政治和文化脈絡下，探究澳門的學校課程的發展。

三、澳門教育的背景和發展

本文的研究主體是「澳門正規教育課綱的制定、實施與評核」,因此有必要對於澳門的教育發展有扼要的回顧。本節首先回顧回歸以前的教育發展和論述,其次概述回歸之後的教育發展條件和論述。

㈠私立多元辦學與回歸前的教育制度建設

雖然葡人政府在澳門已長達四百多年,但是卻採用一種另類的殖民方式,即便以疏離和漠視華人事務的管治手段,以凸顯及鞏固其管治的優勢地位(Vong, 2016)。由於澳葡政府(回歸前的政府,以下簡稱澳葡政府)時代對華人教育採漠視的態度,促成了華人教育自力更生的局面,逐漸形成了澳門的學校教育以私立學校為主體,官立學校為小眾的「小政府大市場」格局(Vong & Wong, 2010)。現今公立與私立學校在數目上比例懸殊,既是澳門教育多元的特色,但反映著一種歷史的沉積,折射出澳門—葡國政府對教育缺乏參與和承擔,因而形成了民間團體冒起積極為華人子弟提供教育。現時的澳門教育仍承襲了民間辦學的傳統,辦學機構主要由教會、商會、同鄉會、工會、坊會、慈善團體等服務組織構成。以2018 / 2019學年為例,全澳學校數總共74所,當中官立學校[1]占10所,私立學校占64所(教育暨青年局,2019a,17),便是最佳的佐證之一了。這種長期「放任」與「多元」的格局對於發展地課程也帶來一定的影響,同時也影響了政府在推行課程改革上的一些特別的策略,即本文文題—「中央—校本」的意涵,是指中央與校本之間在課程上的互動、互相對弈和互相談判的可能。

上世紀80年代,隨著香港回歸的議題冒起,澳門的社會也慢慢地出現變化,尤以1987年《中華人民共和國政府和葡萄牙共和國政府關於澳門問題的聯合聲明》(葡萄牙共和國國會,1988),以下簡稱《中葡聯合聲明》的簽署後,澳門隨即進入回歸前的過渡期,面對澳門管治權的即將移

---

[1] 本文同的官立是等同其他地區的公立學校,但由於原葡文「oficial」是指官辦學校,為保留原意,本文沿用官立。

交，澳葡政府於是決意彌補過去的空白，也啓動了一系列的社會改革。當中，教育也成爲了一個施政發展的重點議題，於1988年開始籌組教育改革工作，並於1991年，頒布首個面向以華人爲主體組成的全體居民、史上第一個較完備教育法律的《澳門教育制度》（澳門立法會，1991）。該法律成爲澳門教育發展史上的一個重要分水嶺，並將澳門教育帶上普及化、公共化和法制化的道路，並且透過一系列的法令法規對當時學校課程及學校制度進行規範。事實上，回歸前的教育發展，傾向於透過立法的方式對於教育管治範圍的界定、規範，乃至制度上的建設（Vong & Wong, 2010），對於教育素質上的討論、關注和追求是回歸以後教育的主要論述，也是課程發展和改革最大的推手。

㈡回歸後建立強勢管治和規範措施

回歸後，特區政府採取積極態度參與教育事務，擴大教育管治的範疇和內涵，其中以2006年經立法會通過並正名爲《非高等教育制度綱要法》（澳門特別行政區，2006）尤爲明顯。該法規是全面規範非高等教育領域的地區性教育綱領，規範了澳門的教育體制，並在之後的幾年裡頒布了幾個重大的教育子制度（sub-systems）。首先，在2007/2008學年起，落實推行十五年的免費教育。於翌年，將「教育興澳」爲教育發展的指導方針（澳門特別行政區，2010，63）。並於2011年公布《非高等教育發展十年規劃（2011-2021）》（澳門特別行政區，2011），是澳門特區政府在眾多施政範疇中首個十年規劃，足見對教育十分重視。

其後，在2012年初通過了先後經歷二十年醞釀和討論的有關私立學校教師的發展階梯，即《非高等教育私立學校教學人員制度框架》（以下簡稱《私框》）（澳門特別行政區，2012）的法律，對私立學校教師的工作內涵、入職及發展提出了新的論述和規範，意味著對教師教育帶來了多方面的挑戰和新的要求，但同時亦爲課程改革注入了可能的元素。此外，爲了進一步對教育素質的積極干預，在2014年公布了《本地學制正規教育課程框架》〔以下簡稱《課框》（澳門特區政府印務局，2014）〕，對學生學習時間、學習領域、學習科目進行了更細緻的規範。其後幾年，也就不

同的教育階段公布了相關的《基本學力要求》（以下簡稱《基力》），
主要針對教學原理和學習內容進行規範。再者，在2018年的施政報告中提
出，「全力落實教育興澳，人才建澳的發展戰略。隔年加大教育資源投
入，強化制度建設，實踐教育公平。」（澳門特區政府印務局，2017c，
15），並且對學校教育提出了新的要求：

> 在非高等教育方面，《本地學制正規教育課程框架》及
> 《本地學制正規教育基本學力要求》行政法規，將於2019/2020
> 學年起全面實施，以推動科學設置課程。有序推行以學校自評
> 爲核心，結合外評的學校綜合評鑑新模式。（同上）

縱觀回歸後，特區政府無論在教育的覆蓋面和力度都是加強了。當
中，在2007學年起推行的十五年免費教育就是最佳的佐證之一。前澳門教
育暨青年局（是負責非高等教育的事務，以下簡稱教青局）的顧問郭曉
明（2009）指出，澳門近十多年來的教育是從「以量的發展爲主」過渡到
「質量並重」，同時秉持著四個基本原則：一、教育制度的正義性；二、
對教育自由的保護；三、從制度上保障受教權；四、重視教育市場的作用
與學校的法律地位（p. 68-69）。事實上，這四個基本原則一方面既是體
現追求教育作爲人類權利的一種普世價值，另一方面也是因應過去歷史條
件而採取的一種權變策略（strategy making），用以推進教育的發展。譬
如說，第一點和第三點是從制度上確保受教權和平等的受教育機會，這種
普世教育的論述在落實和推進上能獲得各方的持份者歡迎的。

然而，基於歷史的原因，或是基於《中華人民共和國澳門特別行政
區基本法》規定，「社會團體和私人可依法舉辦各種教育事業」，以及
「澳門特別行政區各類學校均有辦學的自主性，依法享有教學自由和學術
自由」（澳門政府，1993）的保障前提下，雖然力推「中央」課程，但是
基於「校本」享有高度的自主權，所以課程實施成效不彰。正如郭曉明
（2009）指出，「澳門憲制性法律十分重視對居民、學校、學生和社會團
體的教育自由的保護」，因此，「教育制度的變革必須堅持彈性化的制

度安排，以相對寬鬆且具彈性的制度設計」，而且必須考慮和持份者的參與，包括「教育決策的民主參與，以及學校層面校政的多元參與」（p. 69）。立足於澳門，私立學校為主的教育市場本就是一個現實的課題，而市場的考慮是滿足消費者的需要，任何政府的介入（無論是基於大眾的福祉為由，或是中央集權手段），對於澳門運行已久的「市場模式」，都是一種新的挑戰。因此，上述的第二和第四點的原則，主要是鑑於現實的考量的折衷策略。當然，隨著全球化推進，特別是近十多年來澳門引進了一些國際的測評作為本地教育改革的推手，這種崇尚競爭和淘汰的競技賽，跟澳門原來的教育市場的運作有相當大的兼容性，成為推動教育／課程改革的新元素。

四、澳門課程發展的背景和脈絡

課程是教育改革的核心，常被視為達成優質教育的一個重要的通道（Stabback, 2016），也是社會、政治、經濟和文化脈絡下一個權力和知識的角力場（Apple, 1990, 2013），更反映著社會上不同持份者的教條和實踐之間的競賽和更替（Kliebard, 2004），以回應社會當下和未來的發展需求。本節從時間序呈現澳門課程發展的背景和脈絡，第一、二部分是回歸前課程的熱議和制度上的建設；第三、四部分則是回歸後課程發展的進路。

㈠課程成為了回歸前政治角力的場地

澳門近代課程的發展萌芽於上世紀90年代，是《澳門教育制度》的產物，也是當時澳葡政府與民間的一場角力。隨著澳門踏入政治過渡期，澳葡政府也啟動了一系列的社會改革。在教育方面，首先於1989年通過總督批示（Governo de Macau, 1989），成立由8人組成的「澳門教育改革技術委員會」，該委員會成立的宗旨是因應在過渡期的需要，並且在符合《中葡聯合聲明》的精神的前提下，「為著未來的澳門特別行政區的文化、教育、科技政策，尤其是教學語言，包括葡語教學，以及學歷認可和學歷對等⋯⋯」（p. 691），進行研議和提交澳門教育制度的提案。該批示標示

了教育改革的路向，並且將葡語教學、建立澳門本土的教育制度（包括統一學制）和免費教育掛勾，在當時揭起了一場官民之間的激辯。

根據澳門教育歷史學者劉羨冰（2013）在其〈澳門回歸前政府強推葡語教育的經過〉論文中指出，當時葡萄牙政府早在澳門政治過渡期前早已開始部署，只借著課程改革的命題，以「促進葡萄牙語言和文化在國外傳播，使其被列入別國課程計劃」（p. 52）作爲殖民主義的延續。Bray與Koo（2004）也有近似的評論，認爲葡人過去四百年對澳門教育都不管，卻在這特殊時刻推廣葡萄牙語，是反映著殖民政府的夕陽心態，希望延續其影響力。當時，澳葡政府嘗試將教授葡語作必修科，並以此爲私立學校換取政府資助爲條件。然而，一直以私立學校爲主體的澳門學校體制，政府在華人教育中長期缺位，這個干預帶給教育界和民間的不滿及反對，並沒有帶來預期中的效果。經過了兩年，澳門首個《澳門教育制度》於1991年8月29日經立法通過，標誌著澳門教育新的方向，並且爲課程發展和政府的介入提供了一個法理的依據。

(二)回歸前的課程制度建設

《澳門教育制度》是教育發展的母法，既明確劃定了政府在教育事務中的管治範圍和範疇，也將政府與不同教育的持份者的關係明確化（Vong & Wong, 2010）。當然，這個教育制度也明確地反映著政府對課程的關注，並希望透過課程而達致制度中的教育目標。首先，在1994年7月18日分別公布了法令第38/94/M號，即《學前及小學教育之課程組織》（澳門政府，1994），以及法令第39/94/M號，即《初中教育之課程組織》（澳門政府，1994）的課程指導框架。其後，於1996年9月16日公布法令第54/96/M號，即《技術職業教育之課程組織》的指導框架（澳門政府，1996）。又於1997年11月10日分布了法令第46/97/M，即《高中教育課程組織》課程指導框架（澳門政府，1997）。此外，有關《藝術教育之法律體系》（澳門政府，1998），即法令第4/98/M號，亦於1998年1月26日公布，這是回歸前最後一份關於課程組織的指導文件。除了指導性的課程框架組織之外，1994年9月當時的教育暨青年司（現時的教育暨青年

局）統籌「課程改革工作小組」，該小組於1994年至1999年間先後為各教育階段和學科編定了課程大綱和教學計劃，並於官立學校全面試行，對於私立學校並沒有強制性，私立學校可依需要參考或採用。

在回歸之前，澳門的課程發展主要是透過建立制度框架，並且只在官立學校範圍內推行。而指導性的課程組織框架實際上也是因應當時學校的實際情況而編制；換言之，該課程框架仍然保留了相當大的彈性，反映著學校多元的實踐，並沒有很多規範的意涵。以《初中教育之課程組織》中的課時規定來說明，文件附件中指出「每節課最少為35分鐘、最多為50分鐘」（澳門政府，1994，735），這個規限只是將當時澳門不同學校的課節中的最少和最多作為一個現實的描述而已。因此，回歸前的澳門課程發展對於私立學校來說，流於一種象徵的意義多於實質的意義（Vong & Wong, 2010）。

㈢回歸後多管道的中央─校本協作模式

自1999年12月20日回歸以後，澳門特別行政區政府（以下簡稱特區政府）在教育的參與十分積極，一方面透過成立教育發展基金以「資金推動的政策」而非鐵腕政策，另一方面透過市民受教權作為政府介入的依據，在學校層次上去引起課程和教學改革方面的改變（Vong, 2016; Vong & Wong, 2010）。事實上，根據《基本法》乃至《澳門教育制度》中明確指出，私立學校享有「辦學自主」和「學術自由」，這無疑是在法律上「被賦予了毋庸置疑的課程自主權」，因而形成「政府在課程領導方面的作用受到很大限制」（蘇朝暉等，2009，58）。要在課程發展上有所突破，既不能「硬推」，也不能「無為而治」，因此在回歸後，在課程發展上採取了不同的形式介入。譬如說，2000年及2001年分別邀請了北京師範大學、澳門大學教育學院，以及澳門幾所的中學、小學和幼稚園，進行了政府牽頭，大學與學校協作的課程改革計劃（黃素君等，2010；蘇朝暉等，2009），是回歸後最早期的「中央─校本」課程改革的模式，凸顯了中央課程領導的角色，但校本實踐的理念。

當然，2001年之後推行的「小班化教學」也是一種課程改革的進路，

然而當時的推行主要是教育行政機構對少子化的回應，作爲解決當前私立學校困局的一個突破口，並沒有爲課程發展帶來實質性的東西（黃素君，2015）。2006年公布的《非高等教育制度綱要法》取代了回歸前公布的《澳門教育制度》，並且在教育目標和回歸施政的現實層面上作出了調整，例如：「重新界定教育的目標」，更爲符合澳門的特點和需要；「設立教育發展基金」，可以推動澳門教育優先的發展；「調整學制」，將小學預備班納入幼兒教育階段，將高中統一爲三年制（原有高中課程有學校採用兩年制），以及「改進課程與教學」，由特區政府規劃各教育階段的「課程框架和基本學力要求」，並且建立教學人員制度框架，以「促進教師專業發展和職業保障」等（郭曉明，2009，70-74）。回歸以後的課程發展思路，從宏觀的層面調整了教育目標，並且透過受教權利和政府提供教育的義務建立起來，這明顯爲政府介入課程取得了一個合法和合理的地位，而2007學年始全面推行的十五年免費教育，直接地建立了政府與私立學校的一種緊密的關係，雖然名義上是私立學校，但實質上是屬於公帑營辦的私立學校，這種關係上的改變，爲澳門課程的改革帶來了新的機遇。當然，在2012年公布的《私框》，重新建立了政府與教師的關係，而當中的政府發放的教師專業發展津貼，也成爲教師問責和政府推行改革的重要導引，爲推動課程改革注入了新的動力。縱觀回歸後的課程發展策略，特區政府從宏觀制度的建設上，透過「權利」和「義務」的關係建立，例如：受教的權利和義務、維護教育素質的權利和義務、教師／學校發展的權利和義務等，重新建立了一種「中央—校本」管治的關係，形成推動課程改革一股大的動力。

㈣走向細緻化的課程發展和國際測評的模式

2006年公布《非高等教育制度綱要法》起著指導教育發展的方向，隨後也對回歸前的一些法規進行了修訂。在課程改革方面，於2014年公布了《課框》，隨後在《課框》的基礎下，依不同的教育階段，公布了《基力》，包括2015年《幼兒教育基本學力要求》（澳門特區政府印務局，2015b）、2016年《小學教育階段中文基本學力要求》（澳門特區政府印

務局，2016）、2017年《初中教育階段中文基本學力要求》（澳門特區政府印務局，2017a）和《高中教育階段中文基本學力要求》（澳門特區政府印務局，2017b）。有別於回歸前，澳門特區政府在課程發展上，透過編定各教育階段的《基力》以維護「學生在學習所需達到的水平的權力」（蘇朝暉等，2009），以建立在課程發展的領導地位。此外，特區政府對教科書的介入也是課程發展的另一進路。有關教材的討論，自上世紀90年代已有不少的討論，譬如Bray等人（1994）指出了澳門當時的狀況既沒有統一的課程，在教材上又嚴重依賴進口的教材，並不能滿足本土的需要。

　　因此，在新的一波課程發展上，政府在教材的介入是具有合理和「合法」性（legitimate）的。事實上，教科書作為官方的認可、權威的知識與文化（Apple, 2014）和社會有效的知識（Olson, 1980），是課程重要的載體。面對回歸後的「後殖民化」和在全球化的新自由主義經濟中尋求「國家認同」的雙重過程（Vong, 2016），教青局遂於2008年與人民教育出版社共同出版了小學《品德與公民》（試行版）教材，其後於2016年出版修訂版；2018年和2019年先後出版了初中和高中的《品德與公民》。另外亦於2018年與人民教育出版社，聯合出版了《中國歷史》澳門高中教材試行版。除了在教科書出版的介入外，特區政府也透過不同的國際測評介入課程的發展和評鑑。澳門自2003年起參與PISA（Programme for International Student Assessment，國際學生能力評估，以下簡稱PISA）原是一個非課程為本的能力測試，但是經歷多年的測試，或是希望從排名榜上作出改善，都會帶來教與學的改變和影響。2016年，教青局引入另一國際測評，促進國際閱讀素養研究（Progress in International Reading Literacy Study，以下簡稱PIRLS），在未來也會引入國際數學與科學教育成就趨勢調查（The Trends in International Mathematics and Science Study，以下簡稱TIMSS）。從上面的發展情況來看，能清晰地看出課程新的發展方向：1.規範化的《基力》作為學生的水準保障；2.出版本地教材回應當前社會需要；3.利用國際測評推動課改和監察教育質素。

五、澳門正規教育課綱的制定、實施與評核

澳門有依法辦教育的傳統（郭曉明，2004）。在澳門的正規教育課程發展歷程中，共有兩次重要的課程框架的改革，是在重要教育法令公布之後。一次是在1991年的《澳門教育制度》（法律第11/91/M號）頒布後所啓動的史上第一輪由政府推動的澳門基礎教育改革（蘇朝暉等，2009）（以下稱爲《澳門教育制度》時期）。第二次是修正《澳門教育制度》後公布《第9/2006號法律——非高等教育制度綱要法》，各種課程發展相關法令也陸續公布（以下稱爲《非高等教育制度綱要法》時期）。本段將探討這兩次課程框架的發展過程。

㈠《澳門教育制度》時期的課程框架之發展

1.背景、歷程與成品

1987年簽署《中葡聯合聲明》，澳門開始進入回歸前的過渡期。「葡國政府決意彌補過去的空白，1988年開始籌組教育改革工作」（黃素君等，2010，4），於1991年頒布《澳門教育制度》法規。此時期的《課框》發展，主要是依據《澳門教育制度》的第53條：「爲發展《本法律》，將頒布『課程發展』的補充法例。」依據此法，陸續於1994年公布法令第38/94/M號，針對幼兒教育、小學教育預備班、小學教育的課程發展提出指導方針及法令第39/94/M號，制定初中教育課程發展的指導方針，並於1995年在一所官校試行幼兒教育、小學教育及初中教育的《課框》（黃素君等，2010）。1997年公布法令第46/97/M號，制定高中教育課程編排之指導性框架，隔年在同一間官校試行（黃素君等，2010）。「政府與學校在擬定上述課程文件的過程中，曾經有過多次往來的協商與競合」（單文經等，2009）。

前述幼兒教育到高中教育階段的課程發展方針，是屬於課程框架的性質，如表1到表6。此外，法令第38/94/M號第7條第3款提到「教育暨青年司設立一小組，負責爲本法規所指之各教育程度制定不同科目組別及科目之大綱，但不影響私立教育機構制定本身之大綱」，因此除了課程框架之外，教育暨青年司（1999年回歸後改爲教育暨青年局）也於1994年9月正

式籌組「課程改革工作小組」，在1994年至1999年期間為幼兒教育、小學教育預備班、小學、初中及高中開發了全套的課程大綱（包括教學計畫）（蘇朝暉等，2009）。這些課程大綱分為教育階段、年級及科目或科組制定，是依據前述的課程框架，在官立學校試行所發展而成的更具體、細節的分科指引，重點以檢核方式呈現如表7，並舉一例說明教學／學習組織計畫內容，如表8。

表1　不同教育階段的課程框架之共通原則

概念	說明
學年	每年9月1日到翌年8月31日；此期間實際進行教學活動的時間不得少於180日。
教學大綱	1. 教學大綱是對教學過程作出指導的工具，用以制定教學目標與實質內容。 2. 教學內容及教學方法之選擇應符合學生之教育心理發展狀況及有關教學階段之目標，鼓勵學生積極參與及激發其作為理性、道德及社會主體之自主性。 3. 教育暨青年司（葡文縮寫為DSEJ）設立一小組，負責為本法規所指之各教育程度制定不同科目組別及科目之大綱，但不影響私立教育機構制定本身之大綱。
課程計畫之實施	課程計畫先透過教學實驗之方式實施，並經過評核及或有效改進後方逐步普及。

資料來源：澳門政府（1994）。

表2　幼兒教育課程計劃

培訓範圍	每週節數	原則
1. 發展感情、社會情感及道德活動。 2. 表現體格——運動及美感之活動。 3. 發展以母語交流及表達之活動，尤其口語、寫字及理解能力。 4. 認識社會環境之活動。 5. 開始學習數字（由0至10）及理解空間、形狀、大小及量度等概念活動。	23-36	1. 幼兒教育是全面及綜合化。 2. 每節課為25-35分鐘。 3. 每週總課時為805-900分鐘 4. 建議開始學習前，先以遊戲方式作準備活動，使用活動教學方法及考慮學生之體能與智力，以及感情及情感之平衡。

資料來源：同表1。

表3　小學教育預備班課程計劃

培訓範圍	每週節數	原則
1. 口語表達、繪畫、勞作及運動活動。	8-12	1. 每節課為25-35分鐘。 2. 每週總課時為805-1,190分鐘。 3. 建議開始學習前，先以遊戲方式作準備活動，使用活動教學方法。 4. 在各培訓領域發展之活動，亦應注重感情、社會情感及道德發展。
2. 開始學習母語，可以開始學習第二語言。	8-10	
3. 開始學習算術、運算及幾何圖形。	3-6	
4. 與環境有關之活動	2-6	

資料來源：同表1。

表4　小學教育課程計劃

組別	培訓內容（科目）	每週節數		指導
		一至四年級	五至六年級	
1. 品德教育	道德教育 公民教育 宗教教育	1-2		1. 品德教育三科由教育機構自行決定，至少開設一科。 2. 教學語言依教育機構之教學語言來選定。 3. 第二語言，私立教育機構可在中文、葡文及英文中選一種；官立教育機構遵照《澳門教育制度法律》第35條之規定。 4. 對第二語言之教學內容必須詳細考慮，應注意學童之年齡及所採用之教學方法。 5. 每節課為35-45分鐘。
2. 基礎知識	教學語言 第二語言 數學	18-20	19-22	
3. 常識	社會 自然科學 健康衛生 歷史 地理	4-6	5-7	
4. 美育及體育	視覺教育 手工 音樂 體育	4-8		
5. 輔助課程		由教育機構訂定		
每週最少及最多節數		28-38	30-40	

資料來源：同表1。

表5　初中教育課程計劃

培訓範圍	培訓內容	每週節數 中一至中三	指導
1. 品德教育	道德及公民教育 宗教教育	1-3	1. 每節課為35-50分鐘。 2. 每週總課時為1,480-1,850分鐘。 3. 品德教育，教育機構至少開設其中一門學科，同時注重環保教育和情感發展教育及性教育。如所選之科目是宗教教育，則其大綱應該加強道德及公民教育之內容。 4. 應增加教學語言、數學及外語之課時，以創造條件使學生充分掌握口語及文字之表達能力，對概念之運用及強化其嚴謹及學術性之推理能力。 5. 依《澳門教育制度法律》第4條、第35條及第50條之規定，教育機構在中文、葡文或英文中自行選擇教學語言及第二外語，根據教育機構之自主及教育計劃，以必修、選修性質於學習計劃中開設第三語言。 6. 視覺教育、音樂與體育活動，教育機構至少開設其中兩門科目，而學生必須修讀體育運動科。
2. 一般基礎培訓	教學語言 第二語言 第三語言	13-18	
	數學	5-8	
	物理及自然科學 人文及社會科學	7-14	
	視覺 音樂 體育運動	3-8	
3. 工藝技術教育及輔助課程 （此組別亦具有指導學生將來選擇職業及有助於其將來加入社會經濟活動，以及個人之全面發展目的，尤其在下列組別：資訊、工藝、家政、藝術、語言、商業及經濟基本概念及其他。）		此組別每週總節數應根據各機構本身教育計劃之特性而安排。	
每週總節數		36-45	

資料來源：澳門政府（1994）。

表6　高中教育課程計劃

培訓			科目	每週時數 （百分比）	原則
一般培訓			教學語言A或B 第二語言 數學A或B 體育 德育 電腦	50-60%	1. 教育機構依據《澳門教育制度法》第4條、第35條及第50條之規定，得在中文（必須包括普通話之教授）、葡文或英文中選擇教學語言及第二語言。 2. 教學語言A或B及數學A或B的A為高級程度，B為普通程度，根據選修培訓課之課程設計而定。
選修培訓	核心科目	人文及社會經濟學科	外語（第三語言） 文學[1] 中國文學 歷史	20-30%	

培訓			科目	每週時數（百分比）	原則
			中國歷史 社會 經濟 地理		3. 根據各教育機構之教學計劃，德育科目尤其包括道德、公民及宗教教育。 4. 應在三個核心科目其中一個，選擇至少兩個科目。 5. 每節課為40或45分鐘。 6. 每週課時不包括課程輔助活動。
		科學及技術學科	物理 化學 生物 繪圖及立體幾何學 科技		
		藝術	音樂 造型藝術 藝術史 設計		
	其他科目		教育機構得提供一些列於或未列於核心科目欄內之科目	10-25%	
每週課時（節課）				35-45節課 （1,400-1,800分鐘）	

資料來源：澳門政府（1997）。
註1：指英國文學或葡國文學。

表1到表6是澳門各個教育階段的課程框架的內容與規範。以下的表7是更細部的課程大綱內容，除了初中及高中教育的大綱中多列一項預計節數之外，其他的課程大綱都包含序言、總目標、教學法指引、範疇內容及評核。至於具體的「教學／學習組織計劃」主要包含目標、內容、工作建議與評核的細部指引。茲舉初一數學代數的第七章百分數為例，呈現各細項的內容，如表8。

表7　各個教育階段的課程大綱內容

教育階段	課程大綱內容					
	序言	總目標	教學法指引	範疇內容	評核	預計節數
幼兒教育	✓	✓	✓	✓	✓	
小學教育預備班	✓	✓	✓	✓	✓	
小學教育	✓	✓	✓	✓	✓	
初中教育	✓	✓	✓	✓	✓	✓
高中教育	✓	✓	✓	✓	✓	✓

資料來源：整理自教育暨青年司課程改革工作組（1999a、1999b、1999c、1999d）（無日期a）。

表8　初一數學代數的第七章百分數之教學／學習組織計劃內容

目標	內容		工作建議	評核
	代數			
	第七章　百分數			
1. 明白百分數的意義和用途 2. 能敘述百分數、小數和分數之間的關係 3. 能利用百分數解答簡易應用題	1. 百分數的意義 2. 小數、分數和百分數 3. 母數、子數和百分率的關係 4. 折扣 5. 利潤和虧損 6. 單利息		1. 以同一組數據，讓學生比較以小數、分數和百分數表達的異同，以及各種表示方法的優、缺點。 2. 讓學生透過對購物收據、定期存款單等生活中的實例，了解百分數在日常生活中的廣泛應用。 3. 因為百分數的應用性很廣泛，可以用分組討論的方式學習。把有總結性、分析性及具有一定難度的題目，經教師啓發，學生分組討論，以組員互相幫助的形式完成學習的內容。由教師在每組中任抽一個學生代表其組，對有關問題作出解答，作為該組同學的成績評核。	評核可採用下列形式進行： 1. 堂上提問 2. 課堂練習 3. 黑板演示 4. 課外作業 5. 測驗 評核的重點在於： 1. 應用百分數解決實際問題的能力。

資料來源：教育暨青年局課程發展資訊網（無日期）。

2. 實施與成效

　　單文經等人（2007）受澳門教青局的委託進行〈澳門非高等教育課程的檢視與改革路向〉的研究中，有一部分是關於1999年所發展的各個教育

階段的課程大綱的實施與成效，以問卷調查與訪談方式蒐集資料並進行分析。筆者認為可作為課程實施與成效的參照，摘錄彙整如下。

(1)課程大綱在學校的使用不普及

表9　採用〈課程大綱〉的學校數（百分比）及採用原因之統計

原因	全面使用	大部分使用	約半數使用	小部分使用	沒有使用	總數
課程大綱作為參考	4	1	4	3	2	14
因為教科書的原因	0	3	0	3	4	10
因為要配合公開考試	0	1	0	2	2	5
學校課程與大綱接近	1	1	0	1	1	4
因為歷史的原因	0	0	0	1	0	1
沒有說明原因	2	0	0	5	5	12
總數（百分比%）	7（15.2）	6（13.0）	4（8.7）	15（32.6）	14（30.4）	46（100）

資料來源：單文經等人（2007）。澳門非高等教育課程的檢視與改革路向專案研究報告書（課程改革及發展委員會議報告版），頁161。澳門特別行政區政府教育暨青年局委託之專案研究報告。澳門：教育暨青年局。

由表9的統計發現，在46所填答的學校中，半數（以上）使用大綱的學校比例占36.9%（15.2+13.0+8.7），但小部分使用及沒有使用的占63.0%（32.6+30.4）。整體而言，此大綱的普及率不高。主要原因是此大綱只規範公立學校使用，私立學校完全自由決定，而公立學校屬少數，因此全面採用的學校不多。學校採用大綱與否的考量點在於歷史因素、大綱與學校課程的符合程度、配合公開考試、學校採用的教科書、把大綱作為參考。至於學校未採用大綱，是因為學校認為自己的課程設計已經不錯；有些學校認為大綱有些鬆散或者是需要的硬體太多，學校無法配合（單文經等，2007）。

(2)教師翻閱及熟悉大綱的程度有限

表10　中小幼教師使用大綱及熟悉大綱程度的分析

問題	答案選項	小幼（百分比%）	中學（百分比%）
是否曾經翻閱大綱	有	59.0%	43.7%
	沒有	40.5%	55.7%
認識大綱的程度	十分認識	1.8%	1.4%
	頗認識	5.2%	4.6%
	一般認識	52.7%	39.3%
	頗不認識	27.5%	35.5%
	十分不熟悉	11.6%	18.5%

資料來源：整理自單文經等人（2007）。澳門非高等教育課程的檢視與改革路向專案研究報告書（課程改革及發展委員會議報告版），頁171。澳門特別行政區政府教育暨青年局委託之專案研究報告。澳門：教育暨青年局。

　　由表10發現中小幼教師不曾翻閱大綱的百分比不低，都在40%以上。在曾經翻閱大綱的中小幼教師中，熟悉程度較高的（十分認識及頗認識）比例為6-7%，其他為一般認識到十分不熟悉。可能因為此大綱對公立學校教師才有規範作用，大部分私立學校教師可以自由參閱，所以大部分填答的教師對大綱認識的程度不是那麼深入。例如：有小學教師在訪談時提到「看《課程大綱》主要是由於個人工作需要及感興趣」（單文經等，2007）。整體而言，教師對課程大綱的評價偏向負面，認為大綱較老舊、不太適合學校的資源、脈絡及實務，內容不夠充實。但是中文、音樂、藝術、德育及體育老師覺得大綱不錯（單文經等，2007）。

(二)《非高等教育制度綱要法》時期的課程框架的發展

1.背景、歷程與成品

　　根據2014年公布的澳門《本地學制正規教育課程框架》（簡稱《課框》）的界定，「正規教育課程框架」是指「由政府訂定的正規教育的幼兒教育、小學教育、初中教育及高中教育課程的基本架構，內容主要包括

課程發展準則、學習領域的劃分、教育活動時間的安排,小學教育、初中教育及高中教育階段尚包括主要科目的設置」。制定的背景是:(1)因應澳門回歸以後的社會、政治、經濟及文化的變動,對教育的新要求而做出的調整;(2)配合非高等教育制度及教學人員制度的優化,課程也需要調整;(3)依據《非高等教育制度綱要法》(簡稱《綱要法》)的規定制定《課框》及《基力》,以及(4)1991年的《澳門教育制度》已延用二十年,有些條文不適合現況,需要調整(教育暨青年局教育研究暨教育改革輔助處,2014)。事實上,此階段的《課框》及《基力》的制定即是依據《綱要法》來進行(黃逸恆,2013)。此時期的課程改革可分為四個階段:前期準備時期、制度建設時期、實施推廣時期及持續發展時期(黃逸恆,2019),《課框》及《基力》的發展也經歷此過程。

《課框》的制定是由澳門教青局在2006年底、2007年及2008年分別啟動幼兒、小學、初中及高中教育階段課程框架的研究工作。依陸榮輝(2013, 4-5)的採訪整理,整個《課框》的發展歷程是:

> 2008年到2009年間與兩岸近十位的課程改革顧問交流;2008年針對澳門幼兒教師召開講解交流諮詢會議,並在教育委員會上進行諮詢;2009年針對學年上課日數下限進行學校問卷調查,並與澳門中華教育會及澳門天主教學校聯會代表開會諮詢;2010年與兩學會進行諮詢並與之組成工作小組,深入討論,針對建議進行《課框》的調整;2010年6月及2011年7月分別在教育委員會議上分別就《課框》諮詢稿及修訂稿進行諮詢;2010年7-10月間及2011年7-9月間針對澳門大眾展開兩輪的公開諮詢,透過各種意見表達的管道蒐集意見:講解交流會、信函、電郵、報刊、電話、電台、互聯網、教師培訓等途徑。

教青局並於2011/2012學年及2012/2013學年起分別開始推行幼兒及小學教育階段的課程先導計劃,鼓勵學校(教育暨青年局課程發展資訊網,2016a、2016b、2016c、2016d、2016e)率先實施《課框》及《基力》(參

見表11）；教青局在根據意見修正之後提出法規文本（陸榮輝採訪、整理，2013），於2014年頒布《課框》，分六個學年度逐步推展（教育暨青年局教育研究暨教育改革輔助處，2015），到2019/2020學年度已覆蓋所有正規教育的範圍，如圖1。

表11　《課框》與《基力》的先導計劃學校與資源

教育階段	學年度	參與學校	資源與支持
幼兒	2011/2012 至 2013/2014	培道中學（南灣分校）、澳門坊眾學校、濠江中學附屬幼稚園、海星中學（只參加2011/2012學年度）、教業中學附屬小學暨幼稚園分校、青洲小學，以及鄭觀應公立學校	1. 每所參與的私立學校均獲教育發展基金提供每班／年度澳門幣45,000元（約臺幣180,000元）資助。 2. 教青局為參與學校，各安排一位「內地優秀教師來澳交流計劃」之幼兒教師駐校，直接支援學校落實本計劃的各項工作。 3. 教青局為學校安排相關的講解會、工作坊，並提供計劃所需的各類文件範例或指引。
小學（第一階段）中文、數學	2012/2013 至 2013/2014	濠江中學附屬小學、青洲小學、教業中學（分校）、培正中學、培道中學（南灣分校）、聖保祿學校、澳門坊眾學校，以及鄭觀應公立學校	1. 每所參與的私立學校均獲教育發展基金提供每班澳門幣50,000元（約臺幣200,000元）資助，以及學校設立專項小組的費用，資助額以每人／年度澳門幣50,000元（約臺幣200,000元）計算。 2. 參與專項小組的教師獲減免每週不少於5課節的教學工作。 3. 安排固定每週連續2節的共同教研時間。 4. 請高校中文、數學科專家團隊，為參與學校提供學術支援及教師培訓。 5. 為學校安排「內地優秀教師來澳交流計劃」之中文及數學教師或教研員每週駐校，協助學校開展教研活動及落實本計劃的各項工作。 6. 教青局為學校安排相關的講解會，提供所需文件範例或指引。

教育階段	學年度	參與學校	資源與支持
小學（第二階段）英文、常識	2014/2015 至 2015/2016	濠江中學附屬小學、青洲小學、教業中學（分校）、培正中學、聖保祿學校，以及澳門坊眾學校	與第一階段相同，但以英文及常識科為主。
初中中文科及數學科	2014/2015 至 2015/2016	勞工子弟學校（中學部）、濠江中學、廣大中學、培正中學、聖玫瑰學校、粵華中文中學、澳門坊眾學校、培華中學、澳門工聯職業技術中學、教業中學、高美士中葡中學	1. 參與專項小組的教師獲減免每週不少於5課節的教學工作。 2. 安排固定每週連續2節的共同教研時間。 3. 資助學校設立專項小組的費用，資助額以每人／年度澳門幣65,000元（約臺幣260,000元）計算。 4. 請高校中文、數學科專家團隊，為參與學校提供學術支援及教師培訓。 5. 為學校安排「內地優秀教師來澳交流計劃」之中文及數學教師或教研員每週駐校，協助學校開展教研活動及落實本計劃的各項工作。 6. 教青局為學校安排相關的講解會，提供所需文件範例或指引。
高中中文科及數學科	2015/2016 至 2016/2017	濠江中學、粵華中文中學、教業中學、培道中學	

資料來源：教育暨青年局課程發展資訊網（2016a、2016b、2016c、2016d、2016e）；教育暨青年局（2016d）。

實施內容	教育階段		學校年度						
			14/15	15/16	16/17	17/18	18/19	19/20	…
課程框架及基本學力要求	幼兒	一至三		15/16實施					
	小學	一至三			16/17實施				
		四至六				17/18實施			
	初中	初一				17/18實施			
		初二					18/19實施		
		初三						19/20實施	
	高中	高一				17/18實施			
		高二					18/19實施		
		高三						19/20實施	

圖1 《課框》與《基力》的實施日程

資料來源：教育暨青年局（無日期）。

　　《基力》是指「由政府訂定的、要求學生在完成各教育階段的學習後所應具備的基本素養，包括基本的知識、技能、能力、情感、態度及價值觀」（教育暨青年局教育研究暨教育改革輔助處，2015，5）。《基力》的發展是依據《綱要法》的第22條規定：「政府須規劃各教育階段的課程框架，訂定學生須達到的基本學力要求，其具體內容由專有法規訂定」。澳門特區政府先於2014年公布《課框》，再公布第10/2015號行政法規《本地學制正規教育基本學力要求》（教育暨青年局教育研究暨教育改革輔助處，2015）。

　　根據教育暨青年局教育研究暨教育改革輔助處（2015，3-4），《基力》的發展歷程是：

> 2007-2009年就基本學力要求的定義、內涵、功能，以及幼兒教育、小學教育階段的基本學力要求具體內容與兩岸四地的專家交流；2008年召開幼兒教育基本學力要求講解交流會，向全澳學校領導及教師徵詢意見；2011年則召開小學教育階段基本學力要求的講解交流會；2011/2012學年依序推行課程發展先導計劃，實施基本學力要求，於此同時也通過教師培訓活動，蒐集教學人員對基本學力要求的意見。蒐集各方意見並對文本加以修訂，再向有關教育團體及學校代表徵詢意見，而後制定《基力》的行政法規。

　　為了協助學校落實《基力》，教青局也發展各階段的「課程指引」（簡稱《指引》），提供案例，協助教師理解及落實《基力》（教育暨青年局教育研究暨教育改革輔助處，2015）。《綱要》時期所發展的課程大綱文件包括《課框》、《基力》以及《指引》。

　　《課框》適用的教育階段包括本地學制正規教育的幼兒教育、初中教育及高中教育，適用的學校包括公立學校及本地學制的私立學校。《課框》也定義重要概念。例如：「半學日」，指「學校在午膳時間前或後提供教育活動不少於70分鐘」及「一學日」，指「學校在午膳時間前及後提

供教育活動各不少於70分鐘」；規定每學校年度，學校實際進行教育活動的總時間不得少於一百九十五學日。《課框》中並陳述幼兒教育、小學教育、初中教育及高中教育的課程發展準則、界定校本課程發展的範圍、教師的安排與組織及各個教育階段的課程計劃表，如表12、表13、表14及表15（澳門特區政府印務局，2014）。

表12　幼兒教育課程計劃表

一至三年級			
教學活動	學習領域	每週的教育活動時間（分鐘）	幼兒教育階段的教育活動總時間（分鐘）
	健康與體育	1,200至1,650	140,400至193,050*
	語言		
	個人、社會與人文		
	數學與科學		
	藝術		
非教學活動			

資料來源：澳門特別行政區印務局（2014）。

*總分鐘數是幼兒教育三個學年的總和。

表13　小學教育課程計劃表

一至六年級					
教學活動	學習領域	科目	小學教育階段各科目的教學活動時間（分鐘）[1]	每週的教學活動時間（分鐘）[2]	小學教育階段的教學活動總時間（分鐘）[3]
	語言與文學	第一語文（教學語文）	49,920-83,200	1,080至1,400	224,640至291,200
		第二語文	41,600-58,240		
	數學	數學	33,280-49,920		
	個人、社會與人文	品德與公民	不少於8,320		
		常識	不少於33,280		
	科學與科技	資訊科技	不少於8,320		

一至六年級				
體育與健康	體育與健康	不少於16,640		
藝術	藝術	不少於33,280		
其他科目		0-66,560		
餘暇活動		小學教育階段不得少於14,240分鐘		
其他教育活動		教學活動及餘暇活動以外的教育活動		

資料來源：同表12。

註：1為小學六年該科的總教學分鐘數；2是每一週所有科目教學的總分鐘數；3是整個
　　六年的小學教學總分鐘數。

表14　初中教育課程計劃表

一至三年級					
	學習領域	科目	初中教育階段各科目的教學活動時間（分鐘）[1]	每週的教學活動時間（分鐘）[2]	初中教育階段的教學活動總時間（分鐘）[3]
教學活動	語言與文學	第一語文（教學語文）	20,600-37,080	1,120至1,600	115,360至164,800
		第二語文	20,600-37,080		
	數學	數學	20,600-28,840		
	個人、社會與人文	品德與公民	不少於8,240		
		地理	不少於5,440		
		歷史	不少於6,920		
	科學與科技	自然科學	不少於12,360		
		資訊科技	不少於4,120		
	體育與健康	體育與健康	不少於8,240		
	藝術	視覺藝術	不少於4,120		
		音樂	不少於4,120		
	其他科目		0-49,440		
餘暇活動			初中教育階段不得少於7,040分鐘		
其他教育活動			教學活動及餘暇活動以外的教育活動		

資料來源：同表12。

註：1為初中三年該科的總教學分鐘數；2是每一週所有科目教學的總分鐘數；3是整個
　　初中三年的教學總分鐘數。

表15 高中教育課程計劃表

				一至三年級		
		學習領域	科目	高中教育階段各科目的教學活動時間（分鐘）[1]	每週的教學活動時間（分鐘）[2]	高中教育階段的教學活動總時間（分鐘）[3]
教學活動	必修	語言與文學	第一語文（教學語文）	18,600-26,040	1,200至1,720	111,600至159,960
			第二語文	18,600-26,040		
		數學	數學	14,880-26,040		
		個人、社會與人文	品德與公民	不少於3,720		
			地理	不少於2,800		
			歷史	不少於2,800		
		科學與科技	自然科學	不少於5,600		
			資訊科技	不少於3,720		
		體育與健康	體育與健康	不少於7,440		
		藝術	視覺藝術	不少於2,800		
			音樂	不少於2,800		
		其他科目		0-48,360		
	選修	語言、社會與人文及經濟類科目 數學及自然科學類科目 體育及藝術類科目 技能導向教育科目		不少於27,840		
餘暇活動				高中教育階段不得少於6,240分鐘		
其他教育活動				教學活動及餘暇活動以外的教育活動		

資料來源：同表12。

註：1為高中三年該科的總教學分鐘數；2是每一週所有科目教學的總分鐘數；3是整個高中三年的教學總分鐘數。

　　《基力》的訂定是依循2015年公布的《本地學制正規教育基本學力要求》，其適用之教育階段與學校範圍和《課框》一致。茲參考相關文件（澳門特區政府印務局，2015a、2015b、2016；教育暨青年局，2016c），將主要內涵及特徵歸納如表16。

表16　《基力》的內涵、功能與特徵

	內涵	1. 指由政府訂定的、要求學生在完成各教育階段的學習後，應具備的基本素養。 2. 包括基本的知識、技能、能力、情感、態度及價值觀。 3. 是學生必備的最基礎也是最重要的素養，它是對學生的基本要求，不是最高要求。
	功能	1. 是管理及評核課程、編寫及選用教材、指導及規範教學，以及評估學校教學質量的標準。 2. 學校應確保學生達到相應教育階段的基本學力要求。 3. 學校根據基本學力要求及其教育理念、辦學特色及學生發展的需要，編寫、選用各學習領域或科目的教材，選擇教學內容，制定教學計劃，創設良好的教育環境，組織、實施教育教學。
特徵	基本理念	1. 指該教育階段（如小學教育、初中教育）之該科目課程發展的基本思想或觀念，它體現著該課程的性質、價值、功能及發展方向之定位。 2. 例如：「關注幼兒教育的全面性、啟蒙性」是幼兒教育階段的基本學力要求的基本理念之一。
	課程目標	1. 是該教育階段（如小學教育、初中教育）之該科目的課程所應達到的總目標，而非具體要求。 2. 例如：「培養學生學習中文的興趣、良好的學習習慣和自學能力，使之掌握學習中文的基本方法」，是小學中文（第一語文即教學語文）的課程目標之一。
	內容	1. 完成該教育階段（如小學教育、初中教育）之該科目的學習後，學生所應具備的基本素養的具體要求。 2. 每一條基本學力要求的行文表述，一般包含以下基本構成要素：行為主體、行為動詞、表現程度的副詞、行為條件、行為表現內容。 3. 例如：「A—1—1能安靜、專心、有禮貌地聽別人說話」代表小學中文（第一語文即教學語文）聽（A）範疇中，1-3年級（首個1）的第1項基本學力要求。

資料來源：澳門特區政府印務局（2015a、2015b、2016）；教育暨青年局（2016c）。

　　「課程指引」是在《課框》、《本地學制正規教育基本學力要求》及各教育階段《基力》後的第四份課程文件，「是指導學校實施課程的指導性文件」（教育暨青年局，2015）。「課程指引」因教育階段不同而有不同的設計。幼兒教育階段的「課程指引」是以一個整體的方式呈現；小學、初中及高中主要以科目或領域呈現。例如：中文、葡文、英文、數學、常識、社會與人文、自然科學、資訊科技、體育與健康及藝術等（教育暨青年局，2016c）。各科課程指引因為學科性質有一些差異，但也有共通處，包括課程定位與發展方向、基本學力要求的解讀、校本學力要求的訂定及課程內容建議、課程實施、評核與資源。以下以小學常識科為例，呈現其「課程指引」的內涵，如表17。

表17　小學常識課程指引的內涵

內容結構	內涵	說明
前言	1. 源起 2. 目的	1. 編訂《小學常識課程指引》旨在結合《課框》中的有關規定，並落實相應的《基力》，從而有效地統整及協調課程，確立澳門教育的基本水準，以達致澳門課程變革的目標。 2. 由於《基力》的表述較上位和概括，課程指引將為教師提供充分的支援，幫助學校及教師有效地將《基力》轉化為學校課程，並落實到課堂教學。
課程定位與發展方向	1. 背景 2. 課程的基本理念 3. 課程定位	說明此課程指引的性質、基本理念及在年級、課程性質、學習方式及與其他學科關聯的定位。
《基力》的解讀	1. 《基力》的涵義 2. 《基力》的功能 3. 本科目《基力》的結構及設計思路 4. 本科目《基力》的課程目標解讀 5. 本科目各範疇《基力》詳解	1. 說明《基力》是最基本的要求，目的在於確立各學習領域或科目的課程基準，規範學校的課程與教學及引導教材的編寫和選用。 2. 指引中對於基本學力要求的解讀逐題陳列。例如：「能指出生、老、病、死是人生必經的歷程（A-1-1）」，此一「學力」基本要求的詳解是：「生、老、病、死、生理與心理變化的概況；各個階段的基本責任」。

內容結構	內涵	說明
校本學力要求的訂定及課程內容建議	1. 如何訂定校本的基本學力要求 2. 《基力》與各年級的配對參考	對學校如何依據《基力》發展學校特色校本課程提出建議，包括影響校本課程發展的因素及校本課程發展程序的建議。
課程實施	1. 課程實施的基本理論 2. 本科目的學與教 3. 學校課程資源的開發、建設與利用 4. 學校的課程領導 5. 教師的專業發展	針對如何實施小學常識課程提出相關的建議與示例，包括理論依據、教學策略的建議（科學探究及合作學習），也提出各種課程實施的配套，如資源的開發、領導及專業發展。
課程評核	1. 評核的目的 2. 評核應依循的基本原則 3. 本科目的評核策略與方式	說明評核的目的，是蒐集和詮釋學生學習表現（包括知識、技能和情意）的資訊，用於評價學習成果和教學成效，以了解學生學習的情況與困難，並向教師提供反饋以修正課程和教學設計，並提出評核的作法及相關建議。
課程資源介紹	1. 教材與相關出版物 2. 網路資源 3. 社區資源 4. 學校資源管理	課程資源是指所有對學與教有幫助的資料來源。此部分介紹常識科的學與教資源的教材與相關出版物、網路資源及社區資源。
附錄	1. 校本課程設計示例 2. 科學探究示例 3. 專題研習示例 4. 合作學習示例 5. 作業和工作紙示例 6. 課程調適示例 7. 為不同目的而設的評核示例	列出各校的課程實施的成果作為示例，也提出許多評核使用的表格。包括教師觀察記錄表、自我評核表格、學生活動反思、同儕互評表格、家長評估表格、學習記錄表及專題研習報告的評核。
參考資料	1. 參考文獻 2. 網路資源	列出課程指引中，引用的文獻、法規及網路資源。

資料來源：教育暨青年局（2016b）。

2. 實施與成效

　　《課框》及《基力》從2015／2016學年度開始逐年實施，到2019／2020學年度才覆蓋所有正規教育範圍（教育暨青年局，無日期）。澳門坊眾學校從2011／2012學年開始參與先導計劃，並且在中小幼教育階段實施

（陸榮輝採訪、整理，2015）；培正中學也參與小學中文的先導計劃，可以作爲實施的例子（表18）。目前爲止尚未有正式的官方《課框》及《基力》的成效評估報告，但是澳門《教師雜誌》曾經訪問《課框》及《基力》先導學校的教師（呂達富、李淑華採訪、整理，2016；陸榮輝採訪、整理，2015），教青局也持續進行學校綜合評鑑及專項評鑑（教育暨青年局，2018），並於2003年開始參與學生能力國際評估計劃（PISA），也於2016年參與全球學生閱讀能力進展研究（PIRLS）（教育暨青年局，2019；澳門特別行政區政府新聞局，2018），可以提供實施成效的訊息，整理如表19。

表18　《基力》的實施歷程與挑戰

學校	實施歷程	實施的挑戰
澳門坊眾學校	1. 熟悉《基力》的內容。 2. 理解每一條《基力》。 3. 思考如何把《基力》融入課堂教學中。 4. 做好各年級實施《基力》的配對與安排。 5. 檢視學校原課程與《基力》的對應，不足時補充以及發展各年級更具體的、可對應《基力》的具體目標，若發現某一年級的目標較高時則往下調、延展或深入。	1. 特定教學內容涉及許多《基力》，不太清楚應把重心放在哪裡。 2. 如何適當地將《基力》分解融入至各年級。 3. 如何確認學生是否已經達到《基力》，尤其是抽象的情意目標。
培正中學	1. 對照《基力》要求，檢視教材及教學。 1.1 過去中文教材兼顧人文及品德，中文特性不夠凸顯。對照《基力》後發現教材一些篇目偏德育功能，閱讀及寫作較不凸顯，因此對原有教材做了調整，也發掘了更多閱讀、寫作的教材。 1.2 檢視後發現生字量未達《小學基力》要求，而且各年級的生字量難易度不一，因此中文科組針對各年級的識字教學及生字量進行調整及補充。 1.3 檢視中文教學發現過去會著重文本結構分析及語言表達特色，教師共同研討，嘗試由教學目標出發，形成單元整組教材的序列性。 2. 著手研究單元整體教學在學生閱讀能力培養方面的階梯性與層次性，備課時從單元整體去思考。	1. 最初不太了解《基力》是指什麼？應如何理解、掌握或運用它？ 2. 對小學《基力》有關閱讀量的要求，確實感到一些壓力。

資料來源：陸榮輝採訪、整理（2015）；呂達富、李淑華採訪、整理（2016）。

表19　《課框》及《基力》的實施成效

文獻來源	面向	細項	結果
教育暨青年局（2018）	課程與教學的管理	法規	有學校的課程不符合法規。
		科組	主要設中、英、數的科組。
		教學進度表	一般都有制定教學進度表。
		興趣班	許多學校的興趣班不是全校學生參與，項目也未盡多元化。
		觀課	學校較少推行觀課活動。
	課堂的教與學	課堂教學	1. 有80%或以上的課節中，教師能在上課前將所需教材教具備齊。 2. 有70%或以上的課節中，教師能充分了解所授單元的內容、事先妥善設計教學，教學活動不偏離主題，且注意目標的達成。 3. 有75%的幼稚園課節中，教師能掌握活動的流程與活動間的銜接。 4. 有62%的小學課節中，課堂能維持緊湊流暢的教學步調。 5. 有70%的中學課節中，教學目標明確、具體，適合學生能力，並與教學活動相聯繫。 6. 只有36%或以下的中小學課節中，教師使用開放式問題，以激發討論並促進學生進一步思考；於每節課堂結束前，教師指導學生自行整理學習重點。 7. 32%或以下的幼稚園課節中，課堂的活動能讓學生發現、建構及運用知識。
		學生表現	1. 71%或以上的課節中，大部分學生情感投入、積極參與課堂活動。 2. 只有36%或以下的課節中，學生主動提問、能共同探索或解難。
		學生評核	1. 學校一般對學生評核工作都有規範。 2. 過去學校雖然十分重視學生的評核，但全部或大部分科目既有紙筆測試，也把課堂表現、作業、報告等的學生學習過程表現納入成績計算當中的學校不多。 3. 仍須在評核理念方面，改變學生評核以篩選、分等級為核心的想法，從而發揮學生評核是讓學生取得學習成功及促進學習。

文獻來源	面向	細項	結果
澳門特區政府新聞局（2018）、教育暨青年局（2019）	PIRLS	閱讀	特區政府於2016年首次參加這項國際性研究，共有56所學校，4,059名小學四年級學生參加。PIRLS 2016澳門研究結果於2017年12月5日公布，在參與的50個國家或地區中，澳門小四學生取得546分，位列第十九。
	PISA	數學、科學、閱讀	澳門從2003年開始參加PISA，在PISA 2018的79個國家／經濟體中，澳門15歲學生的閱讀、數學和科學素養，三項都名列第三，為澳門參加歷屆PISA測試所取得之最佳成績。
呂達富、李淑華採訪、整理（2016）	小學中文	教師成長	1. 教師以單元為切入點，不再受限教材，教師扮演了課程設計者、實施者及評鑑者的角色，培養課程發展的能力，逐漸形成課程觀。 2. 教師透過教案討論、磨課、觀課及議課等，促進教師間的交流與合作，逐漸形成科組共同的價值觀。 3. 教師不斷嘗試新的教學法，提高教師教學水平及學生學習成效。
		對學校帶來的改變	1. 《基力》明確了學科的特性，課程能以《基力》為核心，促進真實閱讀情境的創設，凸顯語文素養的培養。 2. 有了《基力》的指引，了解標準所在，較有遵循，在學生作業方面的訓練更多維度，學習更多元。 3. 教師轉化壓力為動力，提升專業素養，使課堂回歸學科特性，著重閱讀策略的指導，培養學生如何運用所學的知識和方法。
陸榮輝採訪、整理（2015）	幼兒、小學與初中	教師成長	1. 教師以《基力》為教學依據，非僅照教材內容設計教學，在組織各類教學活動時以提升學生能力出發，從學生角度加以考量。 2. 科組過去開會談論多是教什麼內容、測驗的範圍，現在較關注學生哪些面向有所不足，學校科組應開展何種活動或有何措施去提升學生這方面的不足。 3. 讓學生的學習延伸到生活之中，強調生活中的應用。 4. 透過共同備課，可以學習其他教師的長處。 5. 更關注學生對知識的發現過程。

立學校的關係，重新建立了管理者與被管理者的關係，亦透過公共問責重新確立了雙方的權利和義務。正如Westbury等人（2016）指出，正是這種「公立」（public）的學校和教育造就了政府參與課程改革的機會。誠然，政府的強度介入也反映學校的自主性因應「公共化」的程度增加而被削弱。

2. 細緻和強力的「中央」課程發展路線

根據上一節的討論，澳門現時的課程發展較為接近國外的國家為本的課程制定（state-based curriculum-making）的模式，即便政府公布有權威的文件和課程大綱，內含課程目標及教學內容等（Rosenmund, 2016; Sivesind & Westbury, 2016）。澳門課程權威性的文件是《課框》，以法規的形式公布，具有強制性的意涵。《課框》不單包括課程目標，而且具體訂定學習範疇、學科和學習時間。《課框》內除了對課程時間的描述以外，同時也規定了「餘暇活動」與「其他活動」的時間的比例和應用。這也等於說，《課框》既規範了學生全方位的學習生活，同時也規範了身為執行者的教師與學校的工作內涵和時間。此外，在課程發展的同時，澳門教育當局亦介入了教材的出版。過去有不少學者（Bray et al., 1994; Lo, 2005）就澳門學校採用的教材有不少的評論，包括欠缺本地教材、政府對於本地應用的教材沒有任何制度。郭曉明（2005）也指出，教科書的問題「成為了制約澳門教育發展的重要因素」（p. 77），主因是教材可能良莠不齊，以及沒有本土化的教材。

當然，教科書作為一種權威與具影響力的文本和官方知識（Apple, 2014），能在每日的教與學生活中將課程目標和教育願景落實。事實上，澳門政府介入出版品德及公民和中國歷史的教科書既是回應了長期以來欠缺本土化教材的實際需要，也是善用了教科書作為官方知識傳播的管道的優勢，特別是回歸以後公民身分認同的現實需要（Vong, 2016）。從《課框》的公布至教科書的出版，可以看出澳門特區政府在課程推行上的參與決心和焦點，主要是填補缺席良久的本土化教材。因此，這種以「中央」為主導的教材編制，特別是品德及公民教育學科在市場上欠缺同類教材的前提下，對學校而言是填補了他們的需要，也成為了學校的當然選擇。

3. 多元評核和國際測評作質素保證

過去，不少學者例如：Bray與Hui（1991, p. 191）、Bray與Packer（1993）等評論，認爲澳門長期以來欠缺地區性的統一考試是「不尋常的特徵」（unusual feature）。事實上，這種不尋常的特徵也是反映了過去政府並沒有參與華人教育的事務，處於一種弱勢政府管治的格局。雖然回歸以後特區政府對教育的投入增加，採取積極和強勢領導的態度，但是要改變長期以來的學校格局和文化也並非一蹴而就之事，起碼現階段而言，建立學校統一考試並不是澳門教育發展的主流論述。隨著課程改革的推進，檢核教與學的成果就非常重要了。現階段的課程評鑑採取四個進路。一是推動學校採用多元評核，《本地學制正規教育學生評核制度》（教育暨青年局，2016）的諮詢於2016年啓動，以評核帶動教學改革（assessment for learning）。二是透過檢定《基力》的實施，學校需要依《基力》進行教學。三是透過國際測試作爲教育制度質素的檢核。澳門自2003年起參與PISA，由於澳門長期欠缺本地的統一考試制度，因此PISA的引入成爲了特區政府檢視教育質素的主要手段。除了PISA以外，PIRLS在2016年也引入，接下來將會引入TIMSS。四是以資助學校的方式鼓勵學生報考公開考試，例如：透過教育發展基金資助學生報考國際英語測試系統（International English Testing System，簡稱IELTS）、托福英文考試（Test of English as a Foreign Language，簡稱TOFEL），以及國際溝通英語測驗（Test of English for International Communication，簡稱TOEIC）（教育暨青年局，2018）。澳門現階段的課程評鑑方面也有「不尋常」的特徵，主要透過引入國際的測評來檢核地區課程的成效。要知道這類的國際測試的共通點，以PISA爲例，主要是能力導向的非課程相關的測試（OECD, 2018）。因此，若以此作爲學生能力或某方面素養的檢視尚可以接受，但以此作爲課程評鑑和把關的手段，無疑是將整個課程矮化了。

4. 課程框架的發展歷程具有一定的嚴謹性

(1) 課程框架的發展都經歷研究、發展、推廣、採用、評鑑階段

澳門的兩次課程框架的發展都有其時代背景，也是對於現有課程問題的檢討（研究），再依據問題提出創新計劃（發展），草擬課程文件，

再經過持份者的意見、諮詢（傳播）而成初稿。之後進行小規模的試用、評估，再逐年實施。此發展過程基本上與黃政傑（1994）及IBE-UNESCO（2017）的觀點相符。但是「評鑑」主要發生在課程先導計劃的實施過程中，對於正式在學校實施《課框》之後，尚未有正式而系統性的針對性評鑑，是《課框》發展歷程中較弱的一環，值得未來關注。

(2) 《課框》的發展具有計畫、系統、周全、知情、針對性、廣泛支持與包容等特徵

IBE-UNESCO（2017）認為理想的課程框架發展應該有效地計劃、系統性地徵詢各種利害關係人的意見、考慮目前課程框架的不足、蒐集可信有效的建議作為課程決定的依據、有熟悉課程發展的人帶領、目標清晰有依據、透過會議、研討會及簡介等提供相關訊息及看重利害關係人的意見等。澳門的《課框》的發展具有上述的特徵，可視為較為理想的課程框架發展歷程。

5. 課程框架的發展朝向一貫、統整、減負、多元及均衡

比較兩次的澳門課程框架發展，2014年到2019年間的發展與1991年到2006年間的發展，新近一次的課程發展具有一貫、統整及均衡的特徵（教育暨青年局教育研究暨教育改革輔助處，2014）。例如：過去的中小幼課程分別由三個法令規範，現在整合成同一個行政法規（一貫）；設立學習領域，重視課程的綜合性（統整）；過去高一分組，現在規定高中必須文理兼修（統整）；小學從1710／1800分鐘（包括輔助課程）調為1400分鐘（不含餘暇活動）；初中1850分鐘（包括輔助課程）調為1600分鐘（不含餘暇活動）；高中1800分鐘（包括輔助課程）調為1720分鐘（不含餘暇活動）（減負）；強調「多元評核」及「多元課程」（包含餘暇活動）（多元）；強化引導與規範──《綱要法》加強了政府在課程領導的作用、《課框》加強對學校課程的規範、訂定各教育階段課程發展的準則、學習領域設置、必修科目、總課時、每週時數及各科時數。保有學校的彈性與自主──學校在遵循《課框》與《基力》的前提下，自主進行校曆、每年年級的課時、具體的科目設置、每個科目每週上課時數、選修課程的設置；自主決定開設綜合的社會與人文、自然科學與藝術或者相應的分科課

程（均衡）。

(二)挑戰

一個地區的課程發展跟其歷史背景、社會脈絡有著密切的關係。澳門課程發展承載著歷史的沉澱和現時發展的機遇，在迎向未來的同時也面對著一些挑戰。

1.國際測評成為了課改的動力

剛公布的2018年PISA結果中，澳門在全球中排名第三位，在教青局的新聞發布中以「PISA 2018學生素養表現理想澳門教育質量持續兼快速進步」（教育暨青年局，2019）為標題，表達了政府對於PISA結果的高度重視。事實上，PISA的測評只是局部的，並不能與教育總體的質量畫上等號。相反，不少的國際學者如Lawn（2006, 2011）、Lawn與Grek（2012）、Meyer與Benavot（2013）等，很早關注類似PISA的國際測評已成為一種「軟性管治」（soft governance），影響著地區的教育發展。如前所述，澳門欠缺了地區的統一考試，因此國際測評就成為澳門政府教育改革的「借力」，但是到底誰是誰的借力呢？是澳門改革的借力？或是國際組織擴張其「軟性管治」的勢力呢？澳門課程有必要平衡本土的需要和國際發展的現實，很明顯，澳門課改的動力之一是以中央為主導、推動參與國際化測評為本的路徑，學校在這方面的參與是相對低的，主要是配合政策和執行政策。

2.能力導向（competence-driven）的測評導向與身分認同的相容議題

從澳門課程發展的脈絡來看，回歸後的課程發展逐漸邁向規範，並且聚焦於品德及公民科和中國歷史科的發展，更先後出版這兩科本地的教材，目的是回應回歸以後身分認同的重構，凸顯了澳門本土課程的屬性。然而，另一邊，卻大力推動以能力為導向的測評；換句話說，課程發展與評核方法出現了錯配。事實上，能力為導向或是素養為本（literacy-based）的測評之所以能跨地域，主要是去除了地區／國家的文化的元素。如果從這個角度思考，這種所謂中性的能力和素養的提煉，無疑是跟課程中要傳遞的文化身分和國民身分（national identity）拉不上關係，甚至是背道而馳

了。能力的培養並非不重要，但是這畢竟只是教育目標的一個部分，回歸整全的課程才能培養出具有本土意識和具國際視野的全球公民。

3. 課程框架發展中的「評鑑」元素待強化

不論是黃政傑（1994）、IBE-UNESCO（2017）或是Tyler（1970）的課程發展模式，「評鑑」都被列為重要的一環。雖然澳門的課程發展歷程中也進行了學校綜合評鑑及專項評鑑，但以兩次的課框的發展來看，雖然先導計劃針對課程框架及《基力》進行試用，在學校中進行了形成性的評鑑，但針對《課框》與《基力》的實施與成效的正式評鑑，似乎仍待重視。尤其到2019／2020學年度，《課框》與《基力》的實施已擴展到正規教育的中小幼所有教育階段，有必要針對這兩部分進行評鑑。雖然澳門在PIRLS及PISA都取得不錯的成績，但評鑑的對象並未包含所有正規教育階段的學生，還是有必要強化評鑑的功能。

4. 教師的專業能力之提升

《基力》即是「目標」。以Tyler（1970）的觀點，在確立目標之後，接著需要選擇能夠達成目標的經驗（內容與活動），然後將經驗適切地組織，再實施、再評鑑以了解是否達成預定的目標。在此歷程中，教師扮演主要的課程設計角色，與過去以教科書為主的教學明顯不同。因此，教師的課程設計者、研究者、實施者及評鑑者的專業角色格外重要。因應澳門《基力》的實施，教師的課程發展專業素養及能力是提升學習成效的核心，透過職前及在職培訓以促進教師的專業能力的提升，成為此波課改的挑戰。

七、結語

近代的課程發展的流向主要是從宏觀以中央為本的課程（centralized curriculum）模式，朝著以學校課程發展為本（school-based curriculum development，簡稱SBCD）的模式，甚至是以人為本的發展方向（Clandinin & Connelly, 2015）。例如：香港（Lo, 1999）、英國（Braund, 2010）、澳洲（Kennedy, 1992）和新加坡（Chen, Wang, & Neo, 2015）等，都分別在上世紀80年代中期起推行校本課程，期望透過帶來「一種根本性的改

變」，特別是在「學習觀、組織、管理、管治和決策上」，更爲強調一種「負責任的自由、學校社區所有成員的責任和問責」（Skilbeck, 2005, 121）。相反的，澳門的課程發展，特別是回歸以後卻從多元分散的局面走向更規範的中央管理的模式。誠然，「校本」或「中央」的課程發展模式並不是互相排斥或是取代的關係，而是反映著國家或是地區對於課程管治的理念和論述。值得關注的是，無論是哪一種課程發展模式，都有其需要面對的挑戰。澳門在從「多元」、「自由多樣」的學校課程走向中央—校本的整合課程發展模式的歷程中，也出現不同的挑戰與議題，有必要在啓動下一波課程改革時，納入論述及決策歷程。

參考文獻

全國人民代表大會（1993）。中華人民共和國澳門特別行政區基本法。北京：全國人民代表大會。

呂達富、李淑華採訪、整理（2016）。配合小學基力實施，促進學科教學效能——培正中學參與「小學教育課程先導計劃」的經驗與分享。教師雜誌，**52**，24-29。

教育暨青年局（2015）。幼兒教育課程指引。取自http://www.dsej.gov.mo/crdc/guide/data/infant_guide_2015c.pdf

教育暨青年司課程改革工作組（1999a）。幼兒教育及小學教育預備大綱。取自http://www.dsej.gov.mo/crdc/course/kid/Kid99.pdf

教育暨青年司課程改革工作組（1999b）。小學數學（小一）大綱。取自http://www.dsej.gov.mo/crdc/course/Primary/doc/Pmath199.pdf

教育暨青年司課程改革工作組（1999c）。初中道德及公民教育試行大綱。取自http://www.dsej.gov.mo/crdc/course/Junior/word/Jcivil99.pdf

教育暨青年司課程改革工作組（1999d）。高中中國語文試行大綱。取自http://www.dsej.gov.mo/crdc/course/Senior/word/Schin299.pdf

教育暨青年局（2016a）。《本地學制正規教育學生評核制度》諮詢文件。取自https://www.gov.mo/zh-hant/wp-content/uploads/sites/4/2017/02/dse-j201610c.pdf

教育暨青年局（2016b）。小學常識科課程指引。取自http://www.dsej.gov.mo/crdc/guide/data/primary/General_Studies_guide_c.pdf

教育暨青年局（2016c）。基本學力要求簡介。取自http://www.dsej.gov.mo/crdc/edu/Requirements_Basic_Academic_Attainments_intro_c.pdf

教育暨青年局（2016d）。**2016/2017**學校年度「學校發展計劃」資助申請章程。取自http://www.dsej.gov.mo/～webdsej/www/grp_sch/edudev_fund/1617_subsidio_reg_c.pdf

教育暨青年局（2018a）。**2017/2018學校年度「學校發展計劃」資助結果**。取自http://appl.dsej.gov.mo/eduenquiry/edu/eduweb/schinf/schsubsidy.jsp?year=2017

教育暨青年局（2018b）。**學校綜合評鑑總結報告摘要**。取自https://portal.dsej.gov.mo/webdsejspace/addon/upload/Upload_viewfile_page.jsp?id=55015&sid=&

教育暨青年局（2019a）。**PISA 2018學生素養表現理想，澳門教育質量持續兼快速進步**。取自https://www.gov.mo/zh-hant/news/310069/

教育暨青年局（2019b）。非高等教育統計數據概覽——第四章學校基本資料。取自http://mirror1.dsej.gov.mo/dsej/stati/2018/c/edu_num18_part4.pdf

教育暨青年局（無日期）。《本地學制正規教育課程框架》及《本地學制正規教育基本學力要求》。取自https://portal.dsej.gov.mo/webdsejspace/internet/Inter_main_page.jsp?id=21349

教育暨青年局教育研究暨教育改革輔助處（2014）。《本地學制正規教育課程框架》的研制背景與內容。**教師雜誌，45**，2-7。

教育暨青年局教育研究暨教育改革輔助處（2015）。《本地學制正規教育基本學力要求》行政法規簡介。**教師雜誌，48**，2-9。

教育暨青年局課程發展資訊網（無日期）。《初一數學教學／學習組織計劃》。取自http://www.dsej.gov.mo/crdc/course/Junior/JMath1.htm

教育暨青年局課程發展資訊網（2016a）。課程先導計劃——幼兒教育先導計劃。取自http://www.dsej.gov.mo/crdc/project/pilot_infant.html

教育暨青年局課程發展資訊網（2016b）。課程先導計劃——小學教育先導計劃。取自http://www.dsej.gov.mo/crdc/project/pilot_primary.html

教育暨青年局課程發展資訊網（2016c）。課程先導計劃——小學教育先導計劃（第二階段）。取自http://www.dsej.gov.mo/crdc/project/pilot_prima-ry_2.html

教育暨青年局課程發展資訊網（2016d）。課程先導計劃——初中教育先導計劃。取自http://www.dsej.gov.mo/crdc/project/pilot_junior.html

教育暨青年局課程發展資訊網（2016e）。課程先導計劃——高中教育先導

計劃。取自http://www.dsej.gov.mo/crdc/project/pilot_senior.html

郭曉明（2004）。澳門課程變革的背景與可能路徑。行政期刊，**66**(4)，1019-1032。

郭曉明（2005）。論政府對澳門教科書事務的有限介入。全球教育展望，**34**(7)，77-80。

郭曉明（2009）。回歸以來澳門教育制度的變革。全球教育展望，**38**(5)，67-74。

郭曉明（2016年10月）。**澳門非高等教育制度變革的進展與展望**。澳門非高等教育制度與規劃前瞻研討會會議手冊（頁4-9）。澳門：教育暨青年局。

陸榮輝採訪、整理（2013）。「正規教育課程框架」的研制背景與訂定過程——專訪教育暨青年局郭小麗副局長。**教師雜誌，42**，2-9。

陸榮輝採訪、整理（2015）。「基本學力要求」——更新教育觀念，促進專業成長——澳門坊眾學校教學人員專訪。**教師雜誌，45**，45-54。

單文經、張國祥、田　野、張春莉、黃素君、謝建成、梁成安、王秉正、鄭祖基、伍美蓮、施達明、黃榮金、魏冰（2007）。**澳門非高等教育課程的檢視與改革路向專案研究報告書**（課程改革及發展委員會議報告版）。澳門特別行政區政府教育暨青年局委託之專案研究報告。澳門：教育暨青年局。

單文經、黃素君、宋明娟（2009）。三十年來澳門地區課程政策的理論反思。**西南大學學報：社會科學版，4**，75-84。

黃政傑（1994）。**課程評鑑**。臺北市：師大書苑。

黃素君（2015，10月22日）。**《私框》如何成為優化澳門小班化教學的可能**。「第十一屆長三角地區小班化教育研討會」暨「第五屆大中華地區小班化教學會議」。江蘇。

黃素君、吳娟、孫旭花（2010）。澳門校本課程改革的「雙城故事」：「遙控」vs.「浸入」式的U-S夥伴協作兩種校本支援路徑。**《課程研究》**（香港特刊），1-28。

黃逸恆（2013）。邁向優質教育，推進課程改革：非高等教育課程發展歷程

和方向。**教師雜誌，40，**59-64。

黃逸恆（2019）。**澳門課程改革歷程與主要內容。**澳門：教育暨青年局。

黃顯華、徐慧璇（2006）。臺灣課程改革理論基礎再思。**課程研究，1(1)，**
　　21-45。

葡萄牙共和國國會（1988）。**中華人民共和國政府和葡萄牙共和國政府關於**
　　澳門問題的聯合聲明。澳門：澳門印刷局。

劉羨冰（2013）。澳門回歸前政府強推葡語教育的經過。**教育史研究，**
　　12(4)，51-61。

鄭錫杰、黃俊鴻（2016）。落實「課框」與「基力」，有助師生的教與學成
　　功──聖保祿學校參與「小學教育課程先導計劃」的經驗與分享。**教師**
　　雜誌，52，30-34。

澳門立法會（1991）。**第11/91/M號法律（澳門教育制度）。**澳門：澳門政
　　府印刷署。

澳門政府（1994）。**法令第38/94/M號（學前及小學教育之課程組織）。**
　　取自https://images.io.gov.mo/bo/i/94/29/dl-38-94.pdf

澳門政府（1994）。**法令第39/94/M號（初中教育之課程組織）。**取自https://
　　images.io.gov.mo/bo/i/94/29/dl-39-94.pdf

澳門政府（1996）。**法令第54/96/M號（技術職業教育之課程組織）。**取自
　　https://images.io.gov.mo/bo/i/96/38/dl-54-96.pdf

澳門政府（1997）。**法令第46/97/M號（高中教育之課程組織）。**取自https://
　　images.io.gov.mo/bo/i/97/45/dl-46-97.pdf

澳門政府（1998）。**法令第4/98/M號（藝術教育之法律體系）。**取自https://
　　images.io.gov.mo/bo/i/98/04/dl-4-98.pdf

澳門特別行政區（2010）。**中華人民共和國澳門特別行政區政府：二零一**
　　零年財政年度施政報告。取自https://www.gov.mo/zh-hant/wp-content/up-
　　loads/sites/4/2017/11/cn2010_policy.pdf

澳門特別行政區（2011）。二〇一二年財政年度施政報告──附錄五《非高
　　等教育十年規劃（**2011-2020**）》。取自https://images.io.gov.mo/cn/lag/
　　lag2012_cn.pdf

澳門特別行政區（2012）。**第3/2012號法律《非高等教育私立學校教學人員制度框架》**。取自https://images.io.gov.mo/bo/i/2012/12/lei-3-2012.pdf

澳門特別行政區政府新聞局（2018）。**2018澳門年鑑**。取自http://yearbook.gcs.gov.mo/uploads/yearbook_pdf/2018/myb2018c.pdf

澳門特區政府印務局（2001）。**中華人民共和國澳門特別行政區政府二零零二年財政年度施政報告**。取自https://bo.io.gov.mo/edicoes/cn/raem/lag2002/

澳門特區政府印務局（2014）。**第15/2014號行政法規《本地學制正規教育課程框架》**。取自https://bo.io.gov.mo/bo/i/2014/26/regadm15_cn.asp

澳門特區政府印務局（2015a）。**第10/2015號行政法規《本地學制正規教育基本學力要求》**。取自https://bo.io.gov.mo/bo/i/2015/29/regadm10_cn.asp

澳門特區政府印務局（2015b）。**第118/2015號社會文化司司長批示（幼兒教育基本學力要求）**。取自https://bo.io.gov.mo/bo/i/2015/30/despsasc_cn.asp#118

澳門特區政府印務局（2016）。**第19/2016號社會文化司司長批示（小學教育階段中文基本學力要求）**。取自https://bo.io.gov.mo/bo/i/2016/09/desp-sasc_cn.asp#19

澳門特區政府印務局（2017a）。**第56/2017號社會文化司司長批示（初中教育階段中文基本學力要求）**。取自https://bo.io.gov.mo/bo/i/2017/26/desp-sasc_cn.asp#56

澳門特區政府印務局（2017b）。**第55/2017號社會文化司司長批示（高中教育階段中文基本學力要求）**。取自https://bo.io.gov.mo/bo/i/2017/26/desp-sasc_cn.asp

澳門特區政府印務局（2017c）。**中華人民共和國澳門特別行政區政府：二〇一八年財政年度施政報告**。取自https://images.io.gov.mo/cn/lag/lag2018_cn.pdf

澳門統計暨普查局（2018）。**澳門總面積：陸地面積**。取自https://www.dsec.gov.mo/TimeSeriesDatabase.aspx?KeyIndicatorID=11

蘇朝暉、梁勵、王敏（2009）。澳門課程改革的背景、取向與展望。全球教

育展望，**38**(5)，55-66。

Apple, M. W. (1990). *Ideology and curriculum*. New York, NY: Routledge.

Apple, M. W. (2013). *Knowledge, power, and education: The selected works of Michael Apple*. New York, NY: Routledge.

Apple, M. W. (2014). *Official knowledge: Democratic education in a conservative age*. New York, NY: Routledge.

Braund, M. (2010). Curriculum development in the United Kingdom: Themes, trends and tensions. In J. Kirlo & A. Naumann (Eds.), *Curriculum development: Perspectives from around the world* (pp. 346-359). The Association of Childhood Education (ACEI).

Bray, M. & Hui, P. (1991). Curriculum development in Macau. In C. Marsh & P. Morris (Eds.), *Curriculum development in East Asia* (pp. 181-201). London, England: Falmer Press.

Bray, M. & Koo, R. (2004). Postcolonial patterns and paradoxes: Language and education in Hong Kong and Macao. *Comparative Education, 40*(2), 215-239. doi:10.1080/0305006042000231365

Bray, M. & Packer, S. (1993). *Education in small states: Concepts, challenges and strategies*. Oxford, England: Pergamon Press.

Chen, D. -T., Wang, L. -Y., & Neo, W. -L. (2015). School-based curriculum development towards a culture of learning: Nonlinearity in practice. *British Journal of Educational Studies, 63*(2), 213-228. doi:10.1080/00071005.2015.1034236

Clandinin, D. J. & Connelly, F. M. (2015). Stories to live by: Narrative understandings of school reform. *Curriculum Inquiry, 28*(2), 149-164. doi:10.1111/0362-6784.00082

Governo de Macau. (1989). *Despacho 16/GM/89*. Macau: Imprensa de Macau.

International Bureau of Education, United Nations Educational, Scientific and Cultural Organization〔IBE-UNESCO〕(2017). *Developing and implementing curriculum frameworks*. Geneva, Switzerland: IBE-UNESCO.

Kennedy, K. (1992). School-based curriculum development as a policy option for the 1990s: An Australian perspective. *Journal of Curriculum and Supervision*, *7*(2), 180-195.

Kliebard, H. (2004). *The struggle for the American curriculum, 1893-1958*. New York, NY: Routledge Falmer.

Lawn, M. (2006). Soft governance and the learning spaces of Europe. *Comparative European Politics*, *4*(2-3), 272-288.

Lawn, M. (2011). Standardizing the European education policy space. *European Educational Research Journal*, *10*(2), 259-272. doi:http://dx.doi.org/10.2304/eerj.2011.10.2.259

Lawn, M. & Grek, S. (2012). *Europeanizing education: Governing a new policy space*. Oxford, England: Symposium Books.

Lo, Y. C. (1999). School based curriculum development: The Hong Kong experience. *Curriculum Journal, 10*(3), 419-442. doi:10.1080/0958517990100307

Lo, Y. C. (2005). Curriculum reform. In M. Bray & R. Koo (Eds.), *Education and society in Hong Kong and Macao: Comparative perspectives on continuity and change* (pp. 161-174). Netherlands: Springer.

Meyer, H. -D., & Benavot, A. (2013). Introduction. In H. -D. Meyer & A. Benavot (Eds.), *PISA, power, and policy-The emergence of global education governance* (pp. 9-26). Oxford, England: Symposium Books.

OECD. (2018). *FAQ-Overview*. Retrieved from http://www.oecd.org/pisa/pisafaq/

Olson, D. R. (1980). On the language and authority of textbooks. *Journal of Communication, 30*(1), 186-196. doi:10.1111/j.1460-2466.1980.tb01786.x

Ozga, J., Dahler-Larsen, P., Segerholm, C., & Simola, H. (2011). *Fabricating quality in education: Data and governance in Europe*. London, England: Routledge.

Rosenmund, M. (2016). Propedeutics to an international comparative analysis of state-based curriculum-making. *Journal of Curriculum Studies, 48*(6), 815-832. doi:10.1080/00220272.2016.1186739

Skilbeck, M. (2005). School-Based curriculum development. In A. Lieberman

(Ed.), *The roots of educational change* (pp. 109-132). Netherlands: Springer.

Sivesind, K. & Westbury, I. (2016). State-based curriculum work and curriculum-making: Norway's Læreplanverket 1997. *Journal of Curriculum Studies*, *48*(6), 766-782. doi:10.1080/00220272.2016.1186741

Stabback, P. (2016). What makes a quality curriculum? *UNESCO International Bureau of Education*. Retrieved from https://unesdoc.unesco.org/ark:/48223/pf0000243975

Tyler, R. W. (1970). *Basic principles of curriculum and instruction*. Chicago, US: The University of Chicago.

Vong, S. K. (2016). Harmonizing a melody?! *Asian Education and Development Studies*, *5*(1), 71-93. doi:10.1108/aeds-06-2015-0021

Vong, S. K. & Wong, M. W. (2010). Made in Macao: How history, politics and teachers frame curriculum practice. *Curriculum and Instruction Quarterly*, *13*(4), 61-109.

Westbury, I., Aspfors, J., Fries, A. -V., Hansén, S. -E., Ohlhaver, F., Rosenmund, M., & Sivesind, K. (2016). Organizing curriculum change: an introduction. *Journal of Curriculum Studies*, *48*(6), 729-743. doi:10.1080/00220272.2016.1186736

國家圖書館出版品預行編目資料

中小學課綱之國際經驗／黃政傑等合著；黃政
傑，謝金枝主編. -- 初版. -- 臺北市：五
南，2020.09
　面；　公分
ISBN 978-986-522-144-7（平裝）

1.課程綱要　2.教學研究　3.中小學教育

521.7　　　　　　　　　　109010579

1I3H

中小學課綱之國際經驗

叢書主編 ― 黃政傑

主　　編 ― 黃政傑（297）　謝金枝

作　　者 ― 黃政傑、林子斌、林永豐、侯一欣、高新建、
　　　　　　梁忠銘、張　華、李子建、葉蔭榮、霍秉坤、
　　　　　　黃素君、謝金枝

發 行 人 ― 楊榮川

總 經 理 ― 楊士清

總 編 輯 ― 楊秀麗

副總編輯 ― 黃文瓊

責任編輯 ― 陳俐君、李敏華

封面設計 ― 王麗娟

出 版 者 ― 五南圖書出版股份有限公司

地　　址：106台北市大安區和平東路二段339號4樓

電　　話：(02)2705-5066　　傳　　真：(02)2706-6100

網　　址：http://www.wunan.com.tw

電子郵件：wunan@wunan.com.tw

劃撥帳號：01068953

戶　　名：五南圖書出版股份有限公司

法律顧問　林勝安律師事務所　林勝安律師

出版日期　2020年9月初版一刷

定　　價　新臺幣350元

經典永恆·名著常在

五十週年的獻禮——經典名著文庫

五南，五十年了，半個世紀，人生旅程的一大半，走過來了。
思索著，邁向百年的未來歷程，能為知識界、文化學術界作些什麼？
在速食文化的生態下，有什麼值得讓人雋永品味的？

歷代經典·當今名著，經過時間的洗禮，千錘百鍊，流傳至今，光芒耀人；
不僅使我們能領悟前人的智慧，同時也增深加廣我們思考的深度與視野。
我們決心投入巨資，有計畫的系統梳選，成立「經典名著文庫」，
希望收入古今中外思想性的、充滿睿智與獨見的經典、名著。
這是一項理想性的、永續性的巨大出版工程。
不在意讀者的眾寡，只考慮它的學術價值，力求完整展現先哲思想的軌跡；
為知識界開啟一片智慧之窗，營造一座百花綻放的世界文明公園，
任君遨遊、取菁吸蜜、嘉惠學子！